한결같은 마음을 가진 사람들

한결같은 마음을 가진 사람들
석천(錫川) 설교집 **1**

2025년 6월 13일 처음 펴냄

지은이	김종수 외
엮은이	석천을 그리는 사람들
펴낸이	김영호
펴낸곳	도서출판 동연
출판 등록	제1-1383호(1992. 6. 12.)
주소	서울시 마포구 월드컵로 163-3, 2층
전화/팩스	(02)335-2630 / (02)335-2640
이메일	yh4321@gmail.com
인스타그램	https://www.instagram.com/dongyeon_press

Copyright ⓒ 김지희, 2025

이 책은 저작권법에 따라 보호받는 저작물이므로 무단 전재와 복제를 금합니다.
잘못된 책은 바꾸어드립니다. 책값은 뒤표지에 있습니다.

ISBN 978-89-6447-263-7 03040

한결같은 마음을 가진 사람들

김종수 외 함께 지음

석천(錫川) 설교집 ①

동연

프롤로그

'차렷'과 '쉬어'를 번갈아

석천 김종수 목사님 귀천(歸天) 2주기를 맞이하면서 생전에 기록으로 남기셨던 설교들을 모아 (추모집에 이어) 첫 번째 설교집을 출간하게 되었습니다.

어느 식당에 "한 번도 안 먹어본 사람은 있어도, 한 번만 먹어본 사람은 없는 맛"이라고 쓰여 있는 문구를 봤습니다. 너무 맛있는 음식이어서 먹어본 사람은 반드시 다시 와서 먹게 되는 음식이라는 것입니다. 긍지와 자부심 가득한 선언이요 선전 문구입니다. 높은 자존감으로 콧노래 부르며 행복하게 음식을 만드는 주방장의 모습이 눈앞에 그려집니다. 그 주방장은 바로 생전의 석천이었습니다. 어머니가 주방에서 정성껏 음식을 만들 듯이 석천은 삶의 현장과 교회 공동체의 숨결과 함께 하나님의 음성을 생생하게 들려주셨습니다. 마치 예수께서 "듣는 자는 살아나리라"(요 5:25)고 하신 말씀을 우리는 석천의 주옥같은 설교들을 통해서 경험합니다.

실의와 절망 가운데 두 제자가 터벅터벅 엠마오로 내려갑니다. 성경을 풀어줄 때까지도 몰라보다가 "떡을 가지사 축사하시고 떼어 그들에게 주시니"(눅 24:13-31) 비로소 눈이 열려 예수님을 알아차리게 됩니다. "길에서 우리에게 말씀하시고 우리에게 성경을 풀어 주실 때에 우리 속에서 마음이 뜨겁지 아니하더냐'(눅 24:32)라고 고백하는 두 제자처럼 석천이 풀어 주는 하늘 양식을 혼자 먹기 아까워 이렇게 설교집을 출간하게 된 것입니다. 참으로 마땅하고도 당연한 일입니다. 그래서 기쁘고 고마울 뿐입니다.

고무줄이 팽창하기만 하면 이내 그 탄력을 잃어버리게 됩니다. 팽창과 이완을 더불어 견지해야 고무줄의 기능을 제대로 할 수 있습니다. 마치 최고조의 긴장 자세인 '차렷'만 하고 있다가는 이내 쓰러지게 되는 것과 마찬가지입니다. '차렷'과 '쉬어'를 번갈아야 하는 것처럼 석천이 풀어 주는 말씀은 추상같이 준엄한 채찍이 되어 '차렷'하게 합니다. 그러면서도 직접 석천을 만나 그 너털웃음 소리를 한 번이나노 듣게 되면 모든 긴장이 해소되어 한없이 느긋하고 여유로워지는 것을 경험하게 됩니다.

생전에 석천과 식사를 자주 하였는데 하얀 셔츠에 음식물이 자주 묻곤 하였습니다. 음식을 먹으면서 얼마나 감칠맛 나게 드시고, 열심히 드시는지 타의 추종을 불허할 정도입니다. 저는 이 순간 차렷에서 쉬어로 전환되곤 했습니다. 자연스럽게 '쉬어' 상태로 옮겨다 주는 석천의 얼굴과 웃음소리가 오늘은 한없이 그립습니다. 사무치게 그리워집니다.

석천의 설교는 되새김하면서 음미하는 사람들에게 성장과 성숙으로 진일보하게 하는 동력의 말씀이 됩니다. 석천의 설교를 만나다 보면 그 방대하고도 폭넓은 독서량과 사색의 깊이를 가늠하기 어려울 지경입니다. 홍수에 정작 마실 물이 없는 형국에서 석천을 투과한 설교는 감로수로 우리의 가슴을 적셔줍니다. 겉으로 보기에는 눈이 멀쩡하나 앞을 보지 못하는 청맹과니 같은 우리의 눈을 번쩍이게 합니다. 석천의 육은 우리 곁을 떠났으나 생생하게 살아 있는 말씀으로 우리 곁에 있으니 얼마나 다행스럽고 또 행운인지 형용모순입니다. 감지덕지입니다.

들숨과 날숨으로 생명이 이어가듯이 차렷과 쉬어로 우리 곁에 계신 석천의 말씀, 첫 번째 출판을 진심으로 환영하고 기뻐합니다. 이번에도 사랑의 수고를 아끼지 아니한 '석천을 그리는 사람들'과 목포 동안교회 담임이신 김경희 목사님께 감사한 마음 지극합니다. 참 고맙습니다.

황현수
(대기리교회 목사, 석천을 그리는 사람들 대표)

추 모 의 글

네가 그리우면 나는 울었다

당신이 떠난 지 벌써 1년이 되었네요. 처음 부음을 들었을 때 그 충격과 놀라움이 이루 말할 수 없었어요. 이제는 당신의 이름으로 된 카톡에는 낯선 여성이 나타나요. 오늘은 시민단체가 준비한 추모제를 드리고 있어요. 지난번에 천안에 있는 묘소에 참배하고 추모집 출판기념회도 성황리에 했어요. 저녁에는 당신이 좋아했던 식당 북경에 너무 많은 사람이 모여서 자리가 부족할 정도였어요. 당신은 항상 사람 대접하기를 좋아했지요. 항상 먼저 돈을 내고 베풀기를 좋아했어요.

이렇게 추모의 열기가 뜨거운 것을 보면서 당신을 다시 한번 생각해 보았어요. 당신을 우상같이 따르는 황현수 목사와 영원한 부목사처럼 당신이 간 후에도 곁을 떠나지 않고 온갖 수고를 다한 김경희 목사를 보면 부러움과 질투심이 날 정도예요. 당신은 떠났지만 이렇게 좋은 사람을 많이 남겨둔 것을 볼 때 든든하고 복된 분이라 생각이 드네요

당신이 처음 목포에 와서 낯설고 외로울 때 나는 친구가 되었어요 언제나 부르면 달려갔지요. 당신을 태우고 해남도 가고 어디든 같이

---

* 이 추모사는 목포시민단체연합의 '1주기 석천 추모의 밤' 행사에서 낭독되었다.

다녔어요. 어제는 당신이 살던 현대아파트, 골드클래스를 보았어요. 당신이 누리지 못한 하루의 삶을 내가 누리고 있다는 생각을 해보았어요. 복길교회에 있을 때 강단 교류도 해 내가 산돌교회에서 설교도 했어요. 나는 어머니에게 줄 낙지 한 접을 당신께 드렸고 사모님에게 시금치 한 바구니를 드렸어요. 당신은 내게 사과 한 박스를 주셨지요.

당신은 숨김없이 모두 이야기했어요. 우리는 신과 인생, 역사에 대해 이야기했어요. 당신은 진보적인 사람이었어요. '우리가 모두 하나님'이라 말했고 '전태일의 이름'으로 기도했어요. 그때는 이해하기 힘들었지만, 지금은 이해하고 있어요. 당신은 언제나 우리보다 앞서갔어요. 이영재 목사는 당신이 떠난 후 대화할 상대가 없다고 아쉬워했어요. 무슨 질문이든 당신이 결론을 내렸고 명쾌하게 답을 주었어요.

당신은 시민단체와 가까이했어요. 이렇게 많은 시민단체가 당신을 사랑하는 모습을 보고 다시 느낍니다. 교인들보다 더 순수하고 아름답다는 생각이 듭니다. 당신은 시민단체가 오히려 체질이 맞는 것 같아요. 당신은 1인시위도 하고 평통사, 버스노조, 환경 연합, 여성단체, 세월호 등과 함께했지요. 엊그제는 당신이 함께한 환경 연합 강연회도 참석했어요.

당신이 어느 임직식에서 설교할 때 힘없는 모습을 보았어요. 예전 같지 않았어요. 당신은 성서학당 운영위원장도 그만 내려놓고 싶다고 여러 번 말했어요. 아마 당신 몸의 상태를 알고 그렇게 했던 것 같아요. 그러나 그때는 브레이크 없는 차 같았어요. 많은 사람에게 당신이 필요했고 그에 부응해야 했으니까. 그러나 당신의 몸은 몇 번 쓰러져서 구급차에 실려 가고 여러 곳이 아프다는 말을 들었어요.

당신은 평소에 농구를 좋아하고, 탁구 실력도 뛰어나서 게임을 하면 내가 당신을 이길 수가 없었어요. 코로나 때는 고전 모임도 취소하자며 올 때는 마스크를 착용하고 손에는 비닐장갑을 끼고 그렇게 건강에 신경 쓰고 아파트 계단을 오르내렸죠. 차를 타고 갈 때도 옆에서 자고, 이야기하다가도 자고 있었어요. 그것은 당신의 건강에 적신호인 것을 이제야 알게 돼요.

제 아내는 말하기를 당신이 이렇게 위대한 줄 몰랐다고 늘 감탄해요. 그러면서 내가 죽으면 개미 새끼 한 마리도 오지 않을 터라고 하면서 어느 날은 김종수 목사를 따라 한다고 걱정해요. 과로해서 죽을까 봐 그런 것 같아요.

당신은 죽지 않았어요. 이렇게 많은 사람의 마음속에, 기억 속에 살아 있기 때문이에요. 당신이 없는 성서학당, 고전 모임, 평통사, 목포의 거리를 우리는 활기차게 걷고 있어요. 목포는 영원히 잊을 수 없는 당신의 고향이에요. 오늘 당신의 영전에 꽃 한 송이를 바칩니다.

당신이 뿌린 많은 씨앗이 이제 많은 열매를 맺고 있어요. 당신의 무덤에 새겨진 요한복음 13장 1절, "세상에 있는 자기 사람들을 사랑하시되 끝까지 사랑하시니라"는 말씀처럼 당신은 모든 사람을 사랑하고 가셨어요.

때로 무안 청계서부교회도 주일에 사모님과 깜짝 방문했고, 해남 옥매교회도 방문하셨어요. 전상규 목사는 당신이 입은 검은 와이셔츠를 입고, 마치 당신의 기운을 받는 것처럼 기뻐했어요.

내가 목회지로 어려움이 있어 추천사를 부탁할 때 당신은 나를 위해 추천사를 써주었어요. 나의 좋은 점을 잘 표현해 주었어요. 때로 당신이 나를 서운하게 한 적도 있어요. 고전 공부할 때 내가 발제를 잘하지 못하자 잘한 사람들이 오지 않았다고 빨리 끝내자고 했죠. 나는 더 열심히 공부하게 되었어요.

당신이 동분서주하며 창립한 전남NCC는 위기도 있었지만 이제 안정을 찾아 당신의 뒤를 이어가고 있어요. 당신이 하늘에서 기도해 주고 응원해 주었다고 믿어요. 당신은 부재중이지만 이제 우리는 당신의 머리로 생각하고, 가슴이 되어 사랑하고, 손이 되어 글을 쓰고, 발이 되어 뛰어다니고, 눈이 되어 지켜보고, 입이 되어 말하겠어요.

우리는 만날 때에 떠날 것을 염려하는 것과 같이
떠날 때에 다시 만날 것을 믿습니다.

아아, 님은 갔지마는
나는 님을 보내지 아니하였습니다.

제 곡조를 못 이기는 사랑의 노래는
님의 침묵을 휩싸고 돕니다.

_ 한용운, 〈님의 침묵〉

2024. 6. 28.
황인갑
(전남NCC 전 회장, 청계서부교회 목사)

고故 김종수金琮洙 목사 발자취

1956년 4월 1일(양력)	출생
1978	연세대 신학과 졸
1981~1983	한빛교회 전도사
1983	연세대 대학원 신학과 졸
	KNCC 인권위원회 70, 80년대 한국 인권 상황 백서 작성 참여
1983~1985	유학(독일교회 지원)
1986년 12월	목사 안수(강원노회)
1986~1988	원주열린교회 시무
1989~1998	서울 대치교회 시무
	청목회 회장
	목회자정의평화실천위원회 임원
1998~2002	서울 성음교회
2002~2009	우리겨레하나되기 서울 공동대표
2002~2011	서울 하늘샘교회 개척
2002~2016	총회 구역 공과 집필위원
2002~2023	평통사 평화통일연구소 이사

2004~2023	예수살기
2005	평양 방문
2007, 2019	민주평화통일자문회의 자문위원
2008~2011	두리반강제철거대책위원장
2011~2023	통일의길 이사
2011~2023	목포산돌교회
2012~2023	평통사 목포 대표
2012~2023	목회신학대학 강의
2014~2023	목회자를 위한 성서학당
2017~2023	총회구역공과 집필위원장
2018~2023	예수살기 광주전남 대표
2020~2022	전남NCC 초대 회장
2023년 6월 28일	영면

저서

『산돌의 아침 — 매일 성서 묵상(구약)』(동연, 2023)

『주의 사랑으로 우리를 구하소서(사순절)』(만우와장공, 2023)

『그리스도와 함께 나의 십자가, 나의 부활에 이르기까지』(만우와장공, 2022)

『전에는… 이제는… — 참회의 기도』(동연, 2021)

『십자가와 함께 부활에 이르는 여정(사순절)』(만우와장공, 2021)

『그 빛이 어둠 속에 비치니(대림절)』(만우와장공, 2019)

『예수, 위로의 마을에서 꾸짖다 — 설교자를 위한 성서 읽기』(동연, 2018)

『마음의 눈을 밝히는 기다림(대림절)』(만우와장공, 2018)

『다시 부르는 마리아의 노래(대림절)』(만우와장공, 2017)

『하늘 샘물 흐르는 곳에』(하늘샘교회, 2005)

차 례

프롤로그
  '차렷'과 '쉬어'를 번갈아 _ 황현수 / 4

추모의 글
  네가 그리우면 나는 울었다 _ 황인갑 / 7

고故 김종수金琮洙 목사 발자취 / 11

석천 설교집(2012년도)

주현절
온전한 사람: 말을 다스리는 사람 (약 3:1-12)	20
믿음이 오기까지 (갈 3:23-24, 4:1-4)	30
너무 멀리는 나가지 말아라 (출 8:25-28)	41
그리스도의 남은 고난을 채워가는 교회 (창 4:1-16, 골 1:24-25)	52

사순절
너희는 무엇을 보러 광야에 나갔더냐? (사 40:1-5, 마 11:7-10)	64
여리고와 베델 (왕하 2:19-25)	73
주인이 바뀌었습니다 (행 9:1-9, 빌 3:12-14)	83
이제는 그대가 길이어라 (요 14:1-6)	94
나는 십자가 곁에 있는가? (요 19:25-27)	105

부활절

아흔아홉 마리를 들에 두고 (눅 15:1-7)   112
한결같은 마음을 가진 사람들 (사 26:1-7)   122
홉니와 비느하스를 생각하며 (삼상 2:22-32)   133
누가 누구에게 하는 말씀인가? (엡 5:21-25, 6:1-9)   142

성령강림절

성령의 본질 — 자유 (갈 5:13-26)   154
우리를 보시오! (행 3:1-10)   164
제 가슴을 칠 때입니다 (삿 21:1-7)   175
초대받은 사람에서 초대하는 사람으로 (눅 14:15-24)   185

창조절

창조의 영을 일으키소서 (시 104:1-35)   196
주께서 나를 신실하게 여기셔서 (딤전 1:12-17)   209
의롭게 하시는 의 (롬 3:20-26)   219
루스에서 베델로 (창 28:10-22)   228
겨자씨 공동체 (막 4:30-32)   239

대림절 · 성탄절

안나의 기다림 (시 27:4-6, 눅 2:36-38)   252
오직 야훼가 다스리실 것입니다 (삿 8:22-23)   261
성탄의 표징-포대기에 싸여 구유에 누인 아기 (눅 2:8-14)   272
삼가야 하는 지난날의 본보기 (고전 10:1-13)   282

서평 · 감상

그의 인격이라는 베틀을 통해 _ 김원배	297
곁에 머물다 _ 문환희	303
말씀과 삶을 하나로 엮은 설교 _ 김영일	312
삶이 된 말씀, 길이 된 언어 _ 이석주	317
석천의 설교를 느끼며… _ 전상규	321
본질적인 그 '무엇'을 찾는 설교 _ 최은기	323

에필로그
말씀에 대한 사랑이 여기에 남아 _ 김경희 / 327

석천을 그리는 사람들(명단) / 332

일러두기

1. 석천 설교집에 나오는 성경은 새번역을 사용하였습니다.
2. 현재의 인권 감수성(예수님이 만난 성서 속 약자들에 대한) 기준에 다소 걸리는 표현들이 있습니다. 성경 본문과 설교 당시의 문화를 감안하여 그대로 유지하였음을 알려드립니다.
3. 성경 원어는 음역으로만 표시했습니다.
4. 본문의 소제목은 편집자가 넣은 것임을 알려드립니다.
5. 책의 전체 분량과 각 설교의 가독성을 위해 원문에서 덜어낸 부분이 있습니다. 중복된 내용 위주로 덜어내려 애썼지만, 설교의 풍부함을 느끼고자 하신다면 원문을 검색하여 읽으시기 바랍니다. (Daum Cafe "목포산돌교회")

석 천 설 교 집

2012년도

주현절

온전한 사람: 말을 다스리는 사람(약 3:1-12)

믿음이 오기까지(갈 3:23-24, 4:1-4)

너무 멀리는 나가지 말아라(출 8:25-28)

그리스도의 남은 고난을 채워가는 교회(창 4:1-16, 골 1:24-25)

온전한 사람: 말을 다스리는 사람
야고보서 3:1-12

우리는 다 실수를 많이 저지릅니다. 누구든지, 말에 실수가 없는 사람은 온 몸을 다스릴 수 있는 온전한 사람입니다(2절).

반사적으로? 응답적으로!

동물은 반사적으로(reaction) 살고 사람은 응답적으로(response) 산다는 말이 있습니다. 말이 어렵습니다만 어려운 뜻은 아닙니다. 예컨대 개를 키우고 있다고 합시다. 잘 키워왔는데 어느 날 주인이 개의 꼬리를 모르고 밟았습니다. 그러자 개는 반사적으로 "깽" 하고 짖으며 덤빕니다. 이럴 때 개에게 "너를 지금까지 키워왔는데 네가 어떻게 나에게 덤빌 수가 있냐?"고 야단을 쳐봤자 소용이 없습니다. 개는 개일 뿐입니다. 동물은 꼬리를 밟은 사람이 누구인지 생각하지 않습니다. 그저 반사적으로 움직입니다.

그런데 사람은 어떻습니까? 만원 버스에서 누가 제 발을 밟았다고 합시다. 만원 버스니까 그럴 수도 있으려니 생각합니다. 이때 밟은 사람이 "미안합니다"라고 말하면 사실은 아프면서도 "괜찮습니다"라고 말합니다. 사실은 아프고 약간 언짢으면서도 좋은 반응을 보입니다. 이런 것이 바로 응답적으로 사는 모습입니다. 사람이라면 응답적으로 살아야 합니다. 더욱이 믿는 사람이라면 더욱 깊이 생각하고 반응해야 합니다. 그런데 오늘 우리 세대는 너무 반사적이며 즉흥적입니다. 즉흥적으로 말하고 행동하는 것이 솔직하다고 미화시키기까지 합니다.

저는 개인적으로 핸드폰을 싫어합니다. 사업하는 분들에게는 매우 편리한 것임에는 틀림이 없습니다만 저같이 성질이 급한 사람에게는 매우 나쁩니다. 기분 나쁜 일이 생겼다고 즉시 상대방에게 연락을 하게 되면 아무래도 말에 실수가 생깁니다. 생각 없이, 감정을 한 번 걸러볼 겨를 없이 말한다면 아무래도 실수가 있기 마련입니다.

말의 힘

오늘 우리는 사도 야고보의 편지 중 일부를 함께 읽으며 묵상했습니다. 야고보서의 주제는 '행함을 동반한 믿음'입니다. 사도 야고보는 행함이 없는 믿음은 죽은 믿음이라고 했습니다. 그 행함 가운데 하나로 야고보는 '말'을 지적합니다. 믿음이 있는 사람이라면 그 행실 중 가장 중요한 것이 말이라고 본 것입니다. 그는 30년간 예루살렘교회에서 목회하면서 말로 인해 교회에 많은 문제가 있었다는 것을 경험한 사도입니다.

옛말에 "군자는 행동으로 말하고 소인은 혀로 말한다"고 했습니다. 흔히들 기독교인 하면 말쟁이라고 말합니다. 그러나 자칫 잘못하면 말이 많은 사람, 말에 실수가 많은 사람이 될 수도 있음을 야고보

사도는 그의 목회 경험 속에서 본 것입니다. 때로 교회에 문제가 생길 때도 대부분이 말의 실수에서 비롯된 것임을 알 수 있습니다. 사도 야고보는 본문 1절에서 말로 먹고사는 사람이 되지 말라고까지 합니다. 즉, 목사나 교사, 교수 등 가르치는 사람이 되려 해서는 안 된다고 말한 것입니다.

사실 말의 영향력은 대단히 큽니다. 우리말에 "말 한마디로 천 냥 빚을 갚는다"는 말이 있습니다. 좋은 말은 그만큼 좋은 영향력을 갖는다는 말입니다. 그러나 나쁜 말은 그 반대로 대단히 나쁜 영향력을 갖습니다. "말로 사람을 잡는다"는 말처럼 말 한마디로 사람을 죽이기도 합니다.

세 치도 안 되는 혀의 위력은 실로 대단합니다. 오늘 우리가 함께 읽은 본문 4절 이하를 보면 혀를 배의 키에 비유합니다. 배가 거센 바람에 밀려간다 해도 작은 키 하나로 광풍을 피해 갈 수 있습니다. 그렇듯 우리의 혀가 우리 인생 항해 길을 인도합니다. 바른 인생길을 위해서는 바른 혀가 있어야 합니다. 배의 키처럼 혀를 잘 다스릴 줄 알아야 합니다. 그렇기에 본문 2절은 말합니다.

> 우리는 다 실수를 많이 저지릅니다. 누구든지, 말에 실수가 없는 사람은 온 몸을 다스릴 수 있는 온전한 사람입니다.

본문 8절이 말하듯 말에 실수가 없는, 혀를 완벽하게 길들이기는 어렵겠습니다만 온전한 사람이 되기 위해서는 무엇보다도 말에 실수가 적어야 합니다. 에머슨이라는 미국의 시인은 "한마디 말로 사람은 자신의 초상화를 그린다"고 했습니다. 그의 말이 그의 인격을 결정합니다. 선한 마음과 선한 인격은 선한 말을 낳습니다. 그 선한 말은 선한 삶이 될 것입니다. 그러므로 본문 3절이 말하듯이 말의 입에 재갈을 물려 천방지축 달리는 말을 다스리듯이 우리의 입에 재갈을 물려 말을 다스려야 할 것입니다.

사도 야고보는 야고보서 1장 19절에서 무엇보다도 "듣기는 빨리 하고, 말하기는 더디 하라"고 귀한 교훈을 주고 있습니다. 한마디 말이라도 그 전에 열 번이고 스무 번이고 생각해야 합니다. 그리스도인이라면 한마디 하기 전에 기도해야 합니다. 생각 없이 말하지 말아야 합니다. 입에서 나오는 대로 말해서는 안 됩니다.

문득 양치기 거짓말 소년의 이야기가 생각납니다. 그 소년이 "늑대가 옵니다. 늑대가 몰려옵니다"라고 거짓으로 말했을 때 마을 사람들은 사실인 줄 알고 밖으로 나왔습니다. 이런 식으로 세 번이나 마을 사람들은 속아서 밖에 나갔습니다. 그러나 정작 네 번째 진짜 늑대가 나타났을 때는 소년은 놀라 소리쳤지만 정작 마을 어느 누구도 그 소년을 도와주지 못했습니다. 아마 장난으로 몇 번 해본 것이라고 이 소년은 말할 것입니다. 그러나 그 말이 결국 그를 죽음으로 몰고 갔습니다. 생각 없이 말한 그 말이 그만 소년을 정죄하고 말았습니다. 마태복음 12장 36절 이하에서 예수님은 말씀하고 있습니다.

내가 너희에게 말한다. 사람들은 심판 날에 자기가 말한 온갖 쓸데없는 말을 해명해야 할 것이다. 너는 네가 한 말로, 무죄 선고를 받기도 하고, 유죄 선고를 받기도 할 것이다.

말 한마디 한마디가 하나님의 심판대에 설 것이라는 말씀입니다.

그러므로 사도 야고보도 야고보서 2장 12절에서 "심판받을 각오로 말도 그렇게 하라"고 한 것입니다. 우리가 하는 말 한마디 모두 하나님께서 들으신다는 것을 알아야 할 것입니다.

말을 할 때에는

여러분, 이 시간 우리 각자의 말을 점검해 보시기 바랍니다. 우리의 입에 재갈을 물려야 합니다. 이 시간 물려야 될 재갈이 무엇인지를 생각하시기 바랍니다.

첫째, 말하고자 하는 것이 사실인지를 확인해야 합니다. 혹 남으로부터 전달받은 이야기라면 더욱 그러합니다. 확인되지 않은 이야기는 아예 입에 담지 말아야 합니다. 아무리 남이 전해준 이야기라도 사실이 아니라면 입에 담지 말아야 합니다. 누가 그렇게 말하더라고 남을 핑계 대서도 안 됩니다. 내 입으로 말했으면 내가 책임을 져야 합니다. 여러분, 혹 확인되지 않은 남의 흠이나 비리를 마치 걱정하듯이 말하면서 남에게 전한 적은 없습니까? "아, 그 사람이 그럴 사람이 아닌데 그런 짓을 했다는 이야기가 있던데 정말 그랬을까? 아니야! 그럴 리가 없지"라고 말하며 남의 이야기를 하지는 않았습니까? 걱정하는 척하며 쉽게 남의 흠을 잡는 경우가 많습니다. 사실이 아니면 아예 입에 담지 말아야 할 것입니다.

둘째로 설령 사실이라 할지라도 덕이 되지 않으면 입에 담지 말아야 합니다. 그 말이 교회에 유익하면 할 것입니다. 그 말이 이 사회와 이 나라에 유익하면 해야 할 것입니다. 그러나 사실이라도 해서는 안 될 말이 있습니다. 가끔 신문이나 잡지를 보면 범죄를 너무 자세하게 보도하는 것을 볼 수 있습니다. 물론 그렇게 해야 할 것도 있지만 마치 범죄를 이렇게 저지르라고 자세히 가르치는 것 같은 느낌을 받을 때가 있습니다. 사실일지라도 나쁜 영향을 주는 것이라면 말하는 것을 자제해야 합니다.

셋째로 내가 반드시 해야 할 말인가를 생각해야 합니다. 부부 사이에도 할 말, 못 할 말이 있습니다. 자식에게도 할 말, 못 할 말이 있습니다. 아버지가 해야 할 말이 있고, 어머니가 할 말이 있습니다. 때론 우리는 하나님이 하실 말씀을 우리가 합니다. 하나님의 자리에 우리가 앉아 있는 것입니다. 그래서 남을 정죄합니다. 그러니 언제나 주의해야 합니다. 지금 누구 앞에서 말하고 있는가를 살펴보아야 합니다. 옛 선비들은 말을 삼갔습니다. 말 한마디라도 두려운 마음으로 했다는 것입니다.

넷째로 말의 파급을 생각해야 합니다. 우리 속담에 "발 없는 말이 천리를 간다"고 했습니다. 말이 번지는 엄청난 속도를 말합니다. 본문 5절 중반부 이하를 보면 혀를 불에 비유합니다.

보십시오. 아주 작은 불이 굉장히 큰 숲을 태웁니다.

작은 담뱃불이 삽시간에 온 산을 불태우고 온 마을을 불바다로 만듭니다. 그렇듯 이리저리로 전하는 말 가운데 거짓이 사실처럼 부풀어져 한 사람을 공개적으로 매도하고 나라 전체를 혼란스럽게 하기도 합니다. 남의 말 하듯이 쉽게 말을 전해서는 안 됩니다. 우리가 그냥 한 말이 남에게 큰 상처로 남고 때론 죽음으로까지 몰고 가기도 합니다. 탈무드에 이런 말이 있습니다.

온전한 사람: 말을 다스리는 사람 | 25

말은 손이 없지만 손이 하는 일을 하며, 사람을 죽인다. 나아가 말은 손을 넘어선다. 왜냐하면 손은 가까이 있는 사람을 죽이지만 말은 먼 데 있는 사람도 죽이기 때문이다.

주먹만이 폭력이 아닙니다. 말의 폭력은 더욱 무섭습니다. 화살이나 칼은 방패로 막을 수 있지만 말이 쏘아대는 살상력은 피할 길이 없기 때문입니다. 우리가 한 작은 혀의 말이 엄청난 불바다를 만든다는 것을 잊어서는 안 됩니다.

신앙인의 말

여러분, 말은 단순히 말뿐이 아닙니다. 우리의 인격이요 마음입니다. 어쩌다 말을 잘못해 놓고 내 맘은 그게 아니라고 말합니다만 깊이 생각해 보십시오. 무심코 던진 말도 알고 보면 내 마음 깊은 곳에 있는 생각임을 알 수 있습니다. 특별히 신앙인은 말에 더욱 주의해야 합니다. 우리가 교회에서 하나님을 찬양하였다면 밖에 나가서도 찬양의 말을 해야 합니다. 사도 야고보는 본문 9절 이하에서 표리부동한 우리의 신앙을 고발하고 있습니다.

우리는 이 혀로 주님이신 아버지를 찬양하기도 하고, 또 이 혀로 하나님의 형상대로 지음을 받은 사람들을 저주하기도 합니다. 또 같은 입에서 찬양도 나오고 저주도 나옵니다. 나의 형제자매 여러분, 이렇게 해서는 안 됩니다.

교회에서 축복과 찬양의 말씀을 말하고 들었다면 세상 속에서도 축복과 찬양의 말을 해야 할 것입니다. 복을 들었다면 복을 전해야 합니다. 복을 말하는 자에게 복이 돌아옵니다. 복된 말은 복된 인생을 이룹니다. 저주와 거짓을 말하는 사람은 저주받고 거짓된 인생을 살게 됩니다. 우리말에 "말이 씨가 된다"는 말이 있습니다. 선하고 복된 말은 선하고 복된 삶을 만들며, 악하고 저주스러운 말은 악하고 저주받은 삶을 만듭니다.

마태복음 10장을 보면 예수님이 제자들을 전도 파송을 하면서 들르는 집마다 평안을 빌어 주라고 하십니다. 설령 그 집이 말씀을 받아들이지 않더라도 저주가 아닌 평안을 빌어 주라는 것입니다. 만일 그 집이 말씀을 받아들이지 않는다면 그 빌어준 평안이 제자들에게 돌아갈 것이라고도 말씀하십니다. 축복과 찬양과 평안의 입은 그 입을 가진 삶을 축복된 삶으로 만들 것입니다.

그와는 반대로 저주의 말은 저주의 삶으로 나타납니다. 민수기 14장을 보면 출애굽 한 이스라엘 백성들이 가나안으로 들어가면서 강력한 이방 군대와 맞붙게 됩니다. 이스라엘 백성들은 절망하여 지도자 모세와 아론을 원망합니다. 민수기 14장 2절입니다.

차라리 우리가 이집트 땅에서 죽었더라면 더 좋았을 것이다. 아니면 차라리 우리가 이 광야에서 죽었더라면 더 좋았을 것이다.

무서운 이방 군대의 칼에 맞아 죽을 것이라면 차라리 과거 이집트에서 노예로 죽었거나 그동안 걸어온 광야에서 죽어버리는 것이 나을 뻔했다는 원망입니다. 이스라엘 백성들의 이 원망의 말이 씨가 됩니다. 민수기 14장 27절 이하에서 하나님은 말씀하십니다.

"나를 원망하는 이 악한 회중이 언제까지 그럴 것이냐? 나를 원망하는 이 스라엘 자손의 원망을 내가 들었다. 너는 그들에게 이렇게 말하여라. 나 주의 말이다. 내가 나의 삶을 두고 맹세한다. 너희가 나의 귀에 들리도록 말한 그대로, 내가 반드시 너희에게 하겠다."

이스라엘 백성들은 '차라리 광야에서 죽었더라면'이라고 했던 그 말 그대로 광야에서 죽었습니다. 모세는 이스라엘 백성들이 하도 속을 썩이니까 화가 나 민수기 20장 10절에서 이스라엘 백성들에게 "반역자!"라고 저주의 말을 퍼부었습니다. 결국 이 말 한마디로 모세는 가나안에 들어갈 자격을 잃습니다. 40년 동안 잘 해왔는데 이 한마디 말로 그 모든 것이 무너진 것입니다. 저주의 말 한마디로 그동안의 모든 공이 하루아침에 무너진 것입니다.

나오며

한 아이가 자주 가출합니다. 어느 연로하신 목사님이 그 엄마에게 묻더랍니다. 혹 속 썩일 때마다 "나가 죽어라"라고 욕하지 않았냐고 말입니다. 그러자 그 엄마가 그랬다고 대답하자 그 목사님이 말했답니다. "그럼 소원 성취했네." 평생 자식에게 해서는 안 될 말들이 있습니다. 부모는 죽는 날까지 자식에게 '실망했다'는 말을 해서는 안 됩니다. 그렇게 말하면 정말 실망스러운 자식이 됩니다.

신앙인은 한 입으로 찬양을 하고 저주를 함께할 수 없습니다. 축복의 말은 축복의 삶을 낳고, 저주의 말은 저주의 삶을 낳습니다. 그리스도인을 흔히 성도(聖徒)라고 부릅니다. 거룩한 사람이라는 말입니다. 거기 한자 말 '聖'이라는 말이 예사롭지 않습니다. 이 '聖'이라는 말은 귀 耳, 입 口, 맑을 壬으로 된 말입니다. 즉, '귀와 입이 맑은 사람이 그리스도인'이라는 말입니다. 입이 맑다는 것이 무엇입니까? 말을 맑게 한다는 것입니다.

여러분, 오늘 복된 말씀을 듣고 가정과 세상으로 나아갑니다. 여러분이 들은 축복의 말씀 그대로 전하시기 바랍니다. 한 입에서 찬양과 저주의 두 말씀이 나올 수는 없습니다. 본문 11절에서 말하듯이 샘의 한 구멍에서 단물과 쓴 물이 다 나올 수는 없습니다. 우리의 입이 찬양과 축복의 말로 가득 차 우리의 삶이 축복과 찬양의 삶이 되기를 바랍니다.

오늘 주현절 첫째 주일 이 아침, 우리의 더럽혀진 입을 제단에 태우고, 오직 찬양의 입을 심어 우리의 삶이 그 말 그대로 하나님의 축복된 삶이 되기를 주님의 이름으로 축원합니다.

(2012. 1. 8.)

믿음이 오기까지
갈라디아서 3:23-24, 4:1-4

믿음이 오기 전에는, 우리는 율법의 감시를 받으면서, 장차 올 믿음이 나타날 때까지 갇혀 있었습니다(3:23).

법의 목적

오래전 대치교회라는 곳에서 목회를 하고 있을 때입니다. 새벽 기도회에 늦어 당시 차가 없었던 저는 택시를 탔습니다. 교회에 가려면 반드시 유턴을 해야 하는 길이 있습니다. 마침, 파란 불이라 유턴을 할 수 없었습니다. 그런데 새벽이라 차도 없고 해서 제가 택시 기사분에게 "보는 사람도 없고 경찰도 없는데 그냥 유턴해서 빨리 가지요"라고 말했습니다. 그랬더니 이 기사분이 저에게 뜨끔한 이야기를 합니다.

"손님, 아무도 안 보다니요? 하늘이 보고 있습니다."

목사가 할 말을 이분이 합니다. 내리면서 혹 교회에 다니냐고 물었더니 그렇다고 대답합니다. 늘 강대상에서 '하늘 음성'을 전하면서도 전하는 당사자인 저는 하늘을 무시하고 살았습니다. 법을 어기고 있는 저 자신은 못 보고 사람들이 보나 안 보나, 경찰이 있나 없나만 살피고 있었던 것입니다.

고속도로에는 자동차 운전자들을 위한 여러 표식이 놓여있습니다. 이 많은 규제는 규제를 위한 규제가 아님을 우리는 잘 알고 있습니다. 사고를 예방하고, 생명을 보호하는 규제라는 것을요. 그런데 저를 포함하여 사람들이 법을 지키는 이유는 질서와 평화를 유지해 주고 생명과 재산을 보호해 주는 법에 대한 고마움 때문이 아닙니다. 법을 어기면 받는 형벌에 대한 두려움 때문에 법을 지키는 것입니다.

우리나라 사람들이 꽤나 법을 지키지 않는다고 합니다. 이유는 간단합니다. 법대로 시행하지 않았기 때문입니다. 선거법 그대로 법을 적용했더라면 부정선거는 있지 않을 것입니다. 관료에 대한 비리와 부정을 법대로 처리했더라면 이러한 정치판을 만들지 않았을 것입니다. 이런 점에 있어서 법은 사람으로 하여금 죄를 죄로 여기게 해줍니다. 법에 나타난 형벌은 사람으로 죄의 무게를 느끼게 해줍니다.

죄와 회개

때론 기독교 신앙인들조차도 법에 대한 오해 속에 있음을 볼 수 있습니다. 기독교 신앙에서 복음이라고 하면 일반적으로 생각하는 것이 은혜와 사랑, 용서, 화해입니다. 율법은 이것과는 반대의 죄와 심판, 저주를 말하는 것이라고 여기고 있습니다. 이렇게 볼 때 복음은 선하고 지고한 것이고, 율법은 천하고 악한 것인 양 느껴집니다. 그러나 잊지 말아야 합니다. 무엇에 대한 은혜요 무엇에 대한 용서와 화해입니까? 죄에 대한 문제가 아닙니까? 그러므로 죄에 대한 인식이 없이 사랑이니 화해니 용서니 하는 것은 어불성설입니다.

기원후 390년, 데살로니가에서 로마 황제에게 저항하는 반란이 일어났습니다. 당시 황제인 테오도시우스 1세는 이를 진압한다고 죄 없는 데살로니가 시민 1,500명을 학살하였습니다. 교회는 즉각 테오도시우스 황제를 정죄하였습니다. 이즈음에 테오도시우스 황제가 밀라노에 갔다가 성당에 들어가려고 하였습니다. 당시 밀라노 성당의 주교는 다름 아닌 성 어거스틴을 기독교로 개종시킨 성 암브로시우스였습니다. 암부로시우스 주교는 성당 정문에 떡 버티고 서서 황제가 성당에 들어가는 것을 가로막으며 "못 들어갑니다!"라고 서슬이 시퍼렇게 선언합니다.

목숨을 걸고 가로막는 암브로시우스 주교의 단호한 태도에 황제는 얼떨결에 "아니 성경에 보면 다윗왕도 죄인이 아닙니까?"라고 말합니다. 다윗도 죄를 지었지만 하나님께서 사랑으로 용서하셨는데, 자신에게 유독 그렇게 냉혹하게 대할 것은 없지 않느냐는 항변입니다. 그러자 암브로시우스 주교가 더욱 단호하게 말합니다. 유명한 말입니다.

"황제여, 다윗의 죄를 모방하시렵니까? 그렇다면 다윗의 참회도 모방하셔야지요. 다윗처럼 회개를 하십시오!"

죄에 대한 자각과 통증

여러분, 교회에 다니는 것과 안 다니는 것, 신앙을 갖는 것과 안 갖는 것의 결정적인 차이가 무엇입니까? 죄에 대한 자각과 통증입니다. 과거에는 죄로 여기지 않은 것을, 신앙을 갖고 나서 비로소 죄로 여기게 되었습니다. 과거에는 도둑질, 살인, 사기 같은 것이 죄였습니다. 세상의 법적인 죄만이 죄였습니다. 좀 나은 사람이라면 도덕적이고 윤리적인 죄까지 포함합니다. 그러나 신앙을 갖고 나서는, 아니 하나님의 율법을 깨닫고 나서는 죄의 폭이 달라집니다.

하나님의 뜻이 아닌 제 뜻대로 살고 생각한 모든 것이 죄임을 깨닫습니다. 물질을 제 것이라고 제멋대로 쓴 것이 죄입니다. 시간이 제 시간인 양 낭비한 것이 죄입니다. 예배하지 않은 것이 죄입니다. 기도하지 않은 것이 죄입니다. 하나님의 물질을 성별하지 않은 것이 죄입니다. 무엇보다도 사랑하지 않은 것이 죄입니다. 이 죄에 대한 자각과 아픔, 죄의 통증을 느끼게 해주는 것이 바로 율법입니다.

오늘 저는 여러분들에게 '죄'라는 무거운 문제를 말씀드리고 있습니다. 죄송스럽습니다만 좀 더 무겁게 느끼시기를 바랍니다. 죄에 대한 자각, 죄에 대한 아픔 등 죄의 문제와 씨름하지 않고서는 사랑도, 용서도, 화해도, 은혜도 다 무의미한 것입니다. 바울은 로마서 5장 20절에서 이 점을 뚜렷하게 말하고 있습니다.

그러나 죄가 많은 곳에 은혜가 더욱 넘치게 되었습니다.

죄가 많다는 것이 무엇입니까? 죄에 대한 통증이 크다는 것입니다. 바로 그 통증이 우리를 죄 사함의 은혜로 인도한다는 것입니다. 이 은혜를 향한 죄의 깨달음으로 우리를 인도하는 것이 바로 율법입니다. 즉, 은혜에 대한 믿음이 오기까지 절대적으로 필요한 것이 율법이라는 것입니다. 오늘 우리가 함께 봉독한 갈라디아서 3장 23절에서 바울은 말하고 있습니다.

믿음이 오기 전에는, 우리는 율법의 감시를 받으면서, 장차 올 믿음이 나타 날 때까지 갇혀 있었습니다.

모든 것이 하나님의 은혜임을 깨닫는 그 믿음이 오기 전까지 죄를 죄로 인식케 하는 율법 아래 있어야 한다는 것입니다. 율법은 은혜로 이르는 필수의 길입니다. 저는 어머님과 50여 년을 살았습니다. 치매가 심했던 마지막 몇 년을 제외하고는 저는 늘 어머니의 잔소리를 듣고 살았습니다. 그중에서도 가장 듣기 싫었던 잔소리가 "네 형은 그렇지 않았는데…"였습니다. 열여섯 살 때 세상을 떠난 형과 제가 비교되는 것이었습니다. 참 듣기 싫었습니다. 그리고 목사가 돼서는 "우리 교회는 교인들은 다 괜찮은데 목사님 하나가 문제야"라는 잔소리를 많이 들었습니다. 이 잔소리는 사실이니까 그래도 들어줄 만은 합니다. 그런데 어느 날 이 잔소리가 들리지 않습니다. 세상을 떠나신 것입니다. 이 잔소리가 그립습니다. 저는 가끔 혼자서 이 잔소리가 듣고 싶어 어머니의 산소를 찾습니다. 하나님의 말씀, 율법도 마찬가지입니다. 이 말씀이 귀찮고 나를 규제하고 나를 얽매이게 하는 말씀으로 들린다면 우린 아직 철없는 사람입니다. 그러나 이 말씀과 율법이 나를 향한 그 분의 은혜요 사랑이라는 것을 깨닫는다면 그 말씀과 율법은 꿀송이보다 달콤한 것이 될 것입니다.

유치한 교육

오늘 우리가 함께 봉독한 갈라디아서 3장 23절 이하와 4장 1절 이하는 같은 이야기입니다만 전자는 유대인을 대상으로 말한 것이요, 후자는 이방인을 대상으로 말한 것입니다. 이 두 구절에서 전자는 율법을 개인교사라고 말했으며 후자는 보호자 혹은 관리인이라고 말하였습니다. 본문 24절에서 바울은 말합니다.

그래서 율법은, 그리스도께서 오실 때까지, 우리에게 개인교사 역할을 하였습니다. 그것은, 우리로 하여금 믿음으로 의롭다고 하심을 받게 하시려고 한 것입니다.

여기 '개인교사'라는 말은 참으로 뜻깊은 의미를 지니고 있습니다. 개인교사를 헬라어로 '파이다고고스'라고 하는데 이 말은 어린이라는 뜻의 '파이스'와 인도하다는 뜻의 '아고고스'라는 말이 결합된 말입니다. 개인교사는 원래 노예 신분으로 유대인들에 있어서는 나이 12세 이하의 주인집 어린 자녀를 보호하고 바른 예절과 학문을 잘 배우고 있는가를 감시하는 개인 선생을 말합니다. 이 말의 어원이 되는 '파이데이아'라는 말이 바로 교육을 뜻하는데 오늘날 교육학이라고 불리는 영어의 '페다고지'(pedagogy)라는 말이 바로 이 말로부터 나온 것입니다.

우리는 이 점에 있어서 교육의 의미를 새롭게 생각할 수가 있겠습니다. 당시 개인교사는 노예 신분이면서도 회초리를 들고 주인집 어린 자녀를 가르치고 감시하였습니다. 본문 4장 2절에서 이방 로마의 상황을 예로 들며 바울은 개인교사를 보호자 혹은 관리인이라고도 말하고 있습니다. 4장 1절 이하에서 말하듯이 어린 주인집 자녀가 법적 상속자, 즉 주인이 될 때까지 엄격하게 감시하고 가르친 것이 후견인이요 청지기인 것입니다.

우리는 이들이 노예 신분임을 유념할 필요가 있고 오늘날 교육학의 기원이 되었다는 것을 깊이 생각해야 합니다. 말하자면 상속자가 될 때까지 개인교사나 보호자나 관리인이 노예라고 할지라도 그들에게 주인 노릇을 할 수 없으며 오히려 그들 노예 신분인 개인교사에게 절대 순종을 해야 했다는 것입니다. 이솝 우화를 쓴 이솝이 바로 이런 사람이었지요.

이렇게 볼 때 교육을 다시 생각해야 합니다. 노예에게까지 복종하는 종노릇의 과정을 거쳐야 비로소 주인 노릇을 할 수 있다는 것입니다. 바로 이 과정을 겪고 나서야 비로소 주인 된 상속자가 될 수 있다고 본문 4장 7절은 말하고 있습니다.

> 그러므로 여러분 각 사람은 이제 종이 아니라 자녀입니다. 자녀이면, 하나님께서 세워주신 상속자이기도 합니다.

이 주인 된 상속자가 되는 교육의 내용이 바로 율법이라는 것이 바울의 증언인 것입니다. 바울은 3장 24절에서는 이 교육의 내용을, 유대인을 염두에 두고 '율법'이라 하였고, 4장 3절에서는 이방인을 염두에 두고 '세상의 유치한 교훈'이라고 말한 것입니다. 천한 노예가 회초리를 가지고 가르치는 유치한 교훈이라는 것입니다. 매를 들고 가르치는 유치한 교육이라 하더라도 해야 할 일과 하지 말아야 할 일을 구별하여, 하기 싫든 좋든 억지로라도 가르쳐야 된다는 것입니다.

믿음에 이르기까지 이 유치할 정도의 교육을 받아야 한다는 것이 바울의 주장입니다. 그런데 결정적으로 오늘날 바로 이 유치한 교육이 없다는 데에 우리 교육의 문제가 있는 것입니다. "사람은 인사를 잘해야 한다." "어른들에게는 공손해야 한다." 이 말을 주로 언제 듣습니까? 원래는 초등학교에 들어가기 전에 가르치는 것들입니다. 유치한 교육입니다. 유치(幼稚), 어릴 유, 어릴 치입니다. 그래 유치원에서나 배우는 교육입니다. 그러나 오늘날 이 교육이 없습니다.

오히려 아이 기죽이지 않겠다고 하고 싶은 대로, 갖고 싶은 대로 해주는 부모들이 적지 않습니다. 어떤 유치원 선생님이 아이들에게 "잘못했습니다", "미안합니다"라고 말하게 하는 교육을 했더니 아이 기죽인다고 항의하는 신세대의 엄마도 있다고 합니다. 어쩌다 이렇게 되었을까요? 간단합니다. 아주 기초적인 유치한 교육이 없기 때문입니다. 요새는 공부 잘하는 효자가 보기 드뭅니다. 공부만 잘하면 효자라고 가르쳤기 때문입니다. 그래 공부만 잘하면 자신이 효자라고 생각합니다. 일류대학 나오고 좋은 직장 나오면 효자라고 스스로 여깁니다. 우리가 그렇게 가르쳤습니다.

믿음이 오기까지

여러분, 어떻습니까? 학생이 기본이 무엇입니까? 학교에 열심히 나가는 것입니다. 직장인의 기본은 무엇입니까? 직장에 늦지 않게 빠지지 않고 출근하는 것입니다. 가족의 기본은요? 요즘은 아이들도 늦은 시간까지 학원에 다니는 등 밤인지 낮인지 구별이 안 갑니다만 옛날 같으면 해지기 전에 집에 들어가는 것이었습니다. 그렇다면 교인의 기본은 무엇이겠습니까? 아주 간단합니다. 교회에 열심히 다니고 예배와 기도에 충실한 것입니다. 복잡하지 않습니다. 그러나 이 기초가 안 될 때 가정도 힘들고, 직장도 학교도 교회도 힘든 것입니다.

앞서 말한 대치교회라는 곳에 첫 장로가 되신 분이 있습니다. 지금은 70이 넘어 은퇴하셨습니다. 처음 장로 교육을 받는데 제일 먼저 실천하게 한 것이 새벽기도였습니다. 사실 직장을 갖고 있는 사람이 새벽 기도에 나온다는 것이 쉽지 않습니다. 그때 장로님은 교회 가까운 아파트에 사셨는데, 어느 날 저에게 하소연합니다.

"목사님, 도대체 어떤 사람이 새벽기도회를 만들어 이렇게 속을 썩입니까?"

안 하던 새벽기도회를 하자니 굉장히 힘이 들었던 것 같습니다. 제가 억지로 새벽기도회에 나오도록 했습니다. 새벽에 그 집에 가서 깨워오기까지 했습니다. 완전 억지, 강요지요. 그러나 그 교회의 첫 장로이기에 미안할 정도로 엄하게 했습니다. 그런데 지금은 어떤 줄 아십니까? 경기도 광주로 이사간 후에도 새벽 5시에 예배에 참석합니다. 하루의 첫 출근이 회사가 아니라 교회입니다.

그 장로님이 재작년에 은퇴할 때 은퇴식을 했는데 그날 눈이 많이 와 저는 참석하지 못했습니다. 그런데 누군가가 저에게 은퇴식에서 그분이 한 말을 전해주었습니다. 저를 두고 자신에게 신앙을 가르쳐준 큰 스승이라고 말했다는 것입니다. 가슴이 뭉클했습니다. 스스로 그 율법이 자신에게 소중한 은혜임을 깨달은 것입니다. 믿음이 온 것입니다.

제가 우리 교회에 와서 어느 교회에서도 쉽게 흉내 낼 수 없는 기본을 보았습니다. 예배 시간입니다. 우리 교회는 가장 중요하고 기본적인 것을 잘 해내고 있습니다. 여러분, 세상 사람들이 사람을 볼 때 보는 기본이 무엇입니까? 시간과 돈에 대한 태도입니다. 이것에 대해 분명한 사람을 두고 세상 사람들은 믿을만한 사람이라고 합니다. 맞습니다. 이것이 세상을 사는 아주 중요한 율법입니다. 이것을 기꺼이 그리고 당연히 잘 지키는 사람이 세상에서도 인정받을 수 있다는 것을 잊지 말아야 합니다.

나오며

큰 스님이 동자승에게 마당을 쓸라고 합니다. 겸손히 허리를 굽혀 마음을 쓸듯이 쓸라고 말합니다. 처음에 동자승은 매우 귀찮았습니다. 그러나 스님의 가르침을 새기며 겸손히 그리고 마음을 쓸듯 쓸었습니다. 언제부터인가 동자승은 스님이 시키지 않아도 즐거운 마음으로 마당을 쓸었습니다. 이것을 본 큰 스님이 웃으시며 말씀하십니다. "이젠 제법이구나." 맞습니다. 그렇게 하기 싫어 억지로 했던 일이 이젠 '제 법', 자기 법이 된 것입니다. 강제적인 율법이 아니라 내게 유익하고 고마운, 즐거운 법이 되었다는 것입니다. 은혜가 된 것입니다. 이제 비로소 믿음이 온 것입니다.

시편 119편 92절은 바로 철 든 사람의 고백, 믿음이 온 사람의 고백, 율법이 하나님의 은혜라는 것을 깨달은 사람의 고백입니다.

"주님의 법을 내 기쁨으로 삼지 아니하였더라면, 나는 고난을 이기지 못하고 망하고 말았을 것입니다."

오늘 주현절 넷째 주일 이 아침, 바로 이 복이 오늘 주님의 법을 갖고 가는 모든 교우에게 넘치기를 주님의 이름으로 축원합니다.

(2012. 1. 29.)

너무 멀리는 나가지 말아라
출애굽기 8:25-28

"우리는, 하나님이 우리에게 말씀하신 대로, 광야로 사흘 길을 나서서, 주 우리의 하나님께 제사를 드려야 합니다"(27절).

적당주의가 중용?

어떤 신학교 교수가 방학을 맞아 집으로 돌아가는 학생에게 의미 있는 질문 하나를 던졌습니다.

"자네 지금 천당에 갈 수 있다면 천당에 가겠느냐, 아니면 그냥 집에 가겠느냐?"

그러자 질문을 받은 학생은 대답했습니다.

"집에 들러 천당에 가겠습니다."

매우 재치 있는 대답입니다만 집과 천당, 어느 것도 포기할 수 없는 사람의 마음을 보여줍니다. 하나님과 재물을 겸하여 두 주인으로 섬길 수 없다고 주님께서는 말씀하셨지만, 현실은 그렇지 않습니다. 대부분의 사람은 언제나 둘 다를 섬기고 있습니다. 하나님께 예배도 드리고 재물도 욕심껏 갖고 싶어 합니다. 탐욕이 있지만 절제도 있습니다. 증오도 있지만 연민도 있습니다. 불신도 있지만 믿음도 있습니다. 물욕이나 권력욕이 있기는 하지만 도덕적, 윤리적 삶을 살려는 명예도 소중히 여깁니다. 돈이 인생의 전부가 아니라는 것도 알고 있지만 돈이 얼마나 절실하게 필요한 것인가를 압니다.

문제는 삶의 곳곳에서 이것들을 어떻게 얼마나 선택하며 살아가느냐입니다. 그런데 우리는 이것을 지혜로운 양 넘깁니다. '적당히'라는 말이 우리에게는 있습니다. 신앙도 적당히 갖고 세상의 쾌락도 적당히 누릴 수 있다는 말입니다. 어려운 이웃을 적당히 돕기도 하고 내 자신을 위해 세속적인 즐거움도 가질 줄 압니다. 주일날 교회도 가고 세상의 유흥 판에도 갑니다.

우리는 이 적당주의에 근사한 철학적 용어를 붙이기도 합니다. 공자가 말한 중용(中庸)이라는 말이 그러합니다. 그러나 그것은 오해입니다. 아마 이 오해는 그의 제자인 자사(子思)라는 사람에게서 발단된 것 같습니다. 자사는 스승인 공자의 중용을 "두 극단을 버리고 중간을 잡으라"라는 뜻으로 해석하였습니다. 적당히 중간의 길을 가라는, 검지도 않고 희지도 않은 회색지대로 가라는 것으로 이해하였습니다.

그러나 공자의 중용은 그러한 뜻이 아닙니다. 공자가 말하는 중용이란 어떤 중간 지점을 가리킨 것이 아니라 적중했다는 뜻입니다. 화살의 과녁 한 가운데를 뚫은 화살처럼 적중했다는 것입니다. 즉, 옳은 것은 옳게, 그른 것은 그르게 분명히 밝히라고 하였습니다.

적당한 타협은 없다는 말입니다. 그러므로 공자는 자리가 아니면 앉지 말라고 하였고, 길이 아니면 가지 말라고 하였습니다. 그것을 그것 그대로 생각하고 말하고 행동하는 것이 공자의 인(仁) 사상의 기초요 중용의 뜻입니다.

이런 의미에서 공자의 중용은 적당주의와는 전혀 반대의 것이라고 볼 수 있을 것입니다. 이 적당주의가 바로 구약성서 안에서 하나님이 이스라엘 백성들에게 그토록 경계시켰던 종교혼합주의입니다. 종교혼합주의란 겉은 분명히 그럴싸한데 속은 그렇지 않은 것입니다. 형식상의 종교에 사람의 욕망을, 내용을 담은 것입니다.

종교혼합주의

대체로 구약성서는 두 가지 종교혼합주의를 경계합니다. 하나는 이집트의 왕정처럼 세속의 권력이 신격화되고 우상화되는 것이었고, 다른 하나는 물량적인 풍요가 신의 축복이 되는 바알 신앙, 이른바 물질주의, 황금만능주의입니다. 겉으로는 야훼 하나님을 부르짖었고 그를 향한 제사를 지냈지만, 내용은 야훼 하나님이 바라는 것과는 전혀 다른 권력 그리고 황금을 얻기 위한 것이었다는 말입니다. 출애굽 사건에 대해서도 두 가지 오해를 하고 있습니다.

첫째, '출애굽' 하면 우선 '젖과 꿀이 흐르는 가나안 땅'을 생각합니다. 예수 믿으면 전면인를적으로 값없이 젖과 꿀과 같은 축복을 누리게 된다는 것으로까지 이해하기도 합니다. 사이비입니다. 하나님의 약속과 성취 사이에는 분명 치러야 할 대가가 있습니다. 거저 얻어진다면 그것은 분명 값진 것이 아닐 것입니다. 하나님의 약속이 성취되기까지 그 값을 치르는 것, 그것이 바로 약속에 대한 믿음입니다.

이스라엘 백성들이 막상 가나안에 정착했을 때 그 땅은 북쪽 일부와 여리고를 제외하고 거의 대부분 돌로 된 산지이거나 박토였습니다. 그런 의미에서 오히려 젖과 꿀이 흐르는 땅은 이스라엘 백성들 스스로가 땀으로 일궈내야 할 땅이었음을 말해 줍니다. 하나님의 약속에 대한 믿음은 그들이 흘린 땀과 피만큼의 대가임을 알 수 있습니다.

둘째, 출애굽을 이스라엘 백성들이 한 나라를 세우는 건국 이야기로, 이른바 정치적 독립사건으로 오해하고 있습니다. 물론 출애굽에는 정치적 의미도 있으며 정치적 목적도 수반됩니다. 그러나 본질은 아닙니다. 출애굽 사건의 본질은 한마디로 '의식의 해방'입니다. 우리는 출애굽기를 읽으면서, 오늘 우리가 읽은 본문 8장 27절에도 나와 있습니다만, 모세와 아론이 이집트의 왕 바로에게 끈질기게 요구했던 것이 정치적 독립이나 경제적 보장이 아니라 '광야로 사흘 길을 가서 하나님께 예배를 드리게 하라는 것'에 주목해야 합니다. 이 요구는 하나님이 모세에게 호렙산에서 첫 사명을 준 출애굽기 3장 12절에도 분명히 나타나 있습니다.

> 하나님이 대답하셨다. "내가 너와 함께 있겠다. 네가 이 백성을 이집트에서 이끌어 낸 다음에, 너희가 이 산 위에서 하나님을 예배하게 될 때에, 그것이 바로 내가 너를 보냈다는 징표가 될 것이다."

출애굽의 본질적인 목적은 하나님을 예배하는 것이었습니다. 이 예배의 의미는 의식의 변화, 의식의 성숙을 의미합니다. 노예의 자리에서 인간 바로를 주인으로 삼고 신격화시켜 섬기는 것이 아니라, 억압받고 있는 이스라엘의 부르짖음에 응답하고 구원의 손길을 펼치시는 하나님을 두려워하고 경외하는, 이른바 인간이 아니라 하늘을 두려워하며 섬기는 의식의 회복입니다. 이집트의 왕 바로라는 절대적인 인간 권력으로부터의 해방입니다. 권력으로부터의 해방, 노예 의식으로부터의 해방, 인간을 신격화시키는 미신으로부터의 해방, 나아가 물질의 우상화로부터의 해방, 이것이 바로 출애굽의 본질입니다.

네 번째 재앙

오늘 우리가 읽은 출애굽기의 본문은 8장 20절 이하의 하나님이 바로에게 내린 네 번째 재앙인 파리 재앙과 관련되어 있습니다. 파리를 공동번역은 파리라고 하지 않고 '등에'라고 번역했습니다. 히브리 원문에 의하면 출애굽기 8장 21절에 그 벌레가 쏜다는 말이 나오는데 우리가 읽고 있는 새번역 개정판은 이 문장을 번역하지 않고 삭제하였습니다. 파리가 쏠 리는 없을 테니까요. 시골에 살았던 분들은 소 등에 붙어 피를 빠는 등에를 보았을 것입니다. 확실치는 않지만 분명 이집트 토양에서 서식하는 파리 모양의 쏘는 벌레임에는 틀림이 없을 것입니다.

그러나 중요한 것은 그 벌레가 파리냐 등에냐가 아니라 그 벌레가 갖고 있는 상징성입니다. 이집트의 많은 신들 가운데 왕권을 신격화시킨 신이 바로 파리 형상으로 된 신이기 때문입니다. 이집트에서 이 파리 모양의 신을 '코프리' 신이라고 하는데 이것은 인간 바로의 왕권을 나타내는 신입니다. 성서는 파리 재앙을 통해 왕권이 백성에게 은혜를 주는 것이 아니라 오히려 재앙을 가져다주는 것임을 밝히고 있는 것입니다. 하나님은 인간의 왕권이 신격화되고 우상화된 인간의 오만을, 재앙을 통해 여지없이 꺾으십니다. 그러므로 이 허구의 우상화된 왕권으로부터 인간을 해방하는 것이 출애굽의 본래 목적이라고 볼 수 있겠습니다.

이 재앙 후에 바로는 모세와 아론을 불러들이고 제사, 즉 예배를 드리게 하겠다고 말합니다. 그런데 바로는 여기에 조건을 붙입니다. 멀리 가지 말고 이집트 땅에서 예배를 드리라는 것입니다. 언뜻 들으면 괜찮은 협상입니다. 예배야 어디서 보면 어떻습니까? 이것이 바로 바로의 교묘한 협상이었습니다. 그러나 모세는 26절에서 분명히 거절합니다.

"이 땅 안에서는 제사를 드릴 수 없습니다."

그러고 나서 모세는 그 이유를 바로에게 말합니다. 이집트 땅에서 예배를 드리면 이집트 사람들이 이스라엘 백성들의 제사를 부정하게 여기므로 이집트 사람들이 이스라엘 사람들을 돌로 쳐 죽일 것이라는 것입니다. 자기 땅에서 남의 나라의 종교의식이 행해지는 것을 좋아할 리는 만무할 것입니다. 이것은 야훼 하나님을 믿는 이스라엘 백성들에게도 마찬가지입니다. 이방 땅 한복판에서 하나님께 예배드릴 수 없습니다. 한 인간의 권력을 절대화하고 또한 다른 이들을 노예화하는 이집트 땅에서 하나님께 예배를 드릴 수는 없습니다. 이스라엘의 왕은 바로가 아니라 야훼 하나님이십니다. 모세는 하나님의 명령을 27절에서 전합니다.

"광야로 사흘 길을 나서서, 주 우리의 하나님께 제사를 드려야 합니다."

모세의 명확한 답변과 강경한 자세에 바로는 본문 28절에서 다시 타협점을 찾으려고 합니다.

"너무 멀리는 나가지 말아라."

예배공동체

우리는 이 본문에서 왜 모세가 이집트 땅에서의 예배를 거절했는지 그리고 강경하게 사흘 길쯤 광야로 들어가기를 요구했는지를 깊이 생각해야 합니다. 그리고 바로가 타협점으로 내놓은 "너무 멀리는 가지 말라"는 그 말의 의미는 무엇인지를 생각해야 합니다.

여러분, 오늘 예배드리러 교회에 나오셨습니까? 집에서 드릴 것이지 여기까지 나오신 이유가 무엇입니까? 요사이는 집에서 기독교 유선 TV가 있어 텔레비전을 통해 예배를 드릴 수 있는데 굳이 이 자리에 나와 예배를 드리는 이유는 무엇입니까? 바로의 말대로 이집트 땅에서 드리지 왜 사흘 길을 광야로 걸어가 예배를 드리는 이유가 무엇입니까? 이집트 땅에는 하나님이 계시지 않던가요? 여러분 가정에는 하나님이 없습니까? 하나님은 무소부재(無所不在) 하신 분이 아니던가요? 그런데 왜 교회, 오늘 이 자리여야만 하는 것일까요?

이 물음에 분명 여러분의 해답이 있어야 합니다. 이 해답이 바로 여러분들의 신앙고백이 될 것입니다. '광야로 사흘 길'이라는 의미는 분명 마음의 성별(聖別)입니다. 그 성별의 의미는 죄악으로부터, 부정한 곳으로부터 자신을 단절시키겠다는 신앙적 결단을 의미하며 동시에 우리로 성별케 해주신 하나님의 은혜이기도 합니다. 나아가 이 은혜 입은 자들이 다 함께 하나님 나라가 이 땅에 이루어지기를 바라며 예배를 드리는 곳, 즉 예배공동체가 바로 교회인 것입니다.

교회는 예배하는 공동체입니다. 그리고 이 예배의 의미는 해방입니다. 교회는 세상의 권력, 세상의 관습, 세상의 재물, 미신으로부터 해방된, 세상이 아닌 하늘을, 인간이 아닌 하나님을 두려워하며 예배하는 공동체입니다. 우리는 오늘 세상에 다시 뛰어들기 전에 우리가 세상의 권력이나 재력이나 관습이나 이념이나 학력이나 학벌의 노예가 아니라, 이러한 것들로부터 해방된 하나님의 상속자인 주인임을 다시 확인하기 위해 이 자리에 나와 있는 것입니다.

바로의 목소리

"너무 멀리는 나가지 말라"는 바로의 말에는 바로 죄악으로부터 멀리 떨어지지 말라는 악령의 메시지가 담겨 있습니다. 죄악의 땅에서 너무 멀리 떨어지면 재미가 없으니까 적당히 세상 속에서 누리기도 하면서 믿음 생활도 함께하라는 유혹이 담겨 있다는 것입니다.

여러분, 우리 신앙은 어떤가요? 한 발은 교회에 있고, 한 발은 세상에 있나요? 세상에도 익숙해지고 교회에도 낯설지 않은 우리 삶인가요? 어찌 되었든 교회에는 다니니까 죄책감은 덜 하던가요? 신앙인의 두 발은 철저히 교회에서도 두 발이요 세상에서도 두 발입니다. 한 발은 세상, 한 발은 교회라는 적당히는 없습니다. 교회에서의 두 발은 모이는 교회입니다. 세상에서의 두 발은 흩어지는 교회입니다.

적당히는 없습니다. 세상이건 교회건 사흘 광야 길을 걸어 예배드리는 성별의 삶입니다.

몇 달 전 옆집 사람을 집 앞 정자나무 아래서 우연히 마주쳤는데 항상 그 정자나무 아래서 담배를 피우시던 분이었습니다. 그분이 할 얘기가 있다고 해서 벤치에 앉아 얘기를 나눴습니다. 얘기인즉 아들이 있는데 그 아들이 하루는 자기에게 제안을 하나 했답니다. 자기도 컴퓨터 게임을 하지 않을 테니 아버지도 담배를 끊으라는 것이었습니다. 너무 부끄러웠다는 것입니다.

물론 한 가정의 사소한 이야기입니다만, 자식 문제만은 아니기에 어려운 것입니다. 사실 우리 중에 자식 앞에서 떳떳한 부모가 어디 있겠습니까. 생각해 보면 그저 돈만 벌어 교육비 대주는 일도 벅차 다른 것은 생각조차 못 합니다. 열심히 땀 흘려 먹여 살리고 교육시키는 것도 중요하지만 더 중요한 것이 있더라는 말입니다. 사람 만드는 교육은 돈 대준다고 될 일이 아닙니다. 우리 삶 자체가 얼마나 바르게 설 수 있느냐입니다. 이것은 삶으로 보여주어야 할 교육인 것입니다.

이미 경쟁 체제로 접어든 학교가 사람 만드는, 사람됨을 위한 교육을 하기에는 너무나 버거워 보입니다. 그나마 교회가 감당해야 하는데 교회는 학원에 밀리고 있습니다. 이미 하나님 위에 대학입시가 존재하고 있습니다. 세상의 경쟁에 신앙은 뒷전입니다. 이미 세상의 노예가 된 지 오래입니다. 아이가 입시생이면 명절에 할아버지, 할머니에게 인사 가는 것도 무사통과입니다. 그러니 위도 아래도 없는 우리 교육을 만들고 있더라는 말입니다. 사람 만드는 교육은 세상살이에 침몰된 지 오래인 것처럼 보입니다.

광야 사흘 길을 걸어 예배를 드리며 하나님을 경외하고 땅의 하나님이신 조부모, 부모를 경외하는 가장 소중한 것을 잊고 사는, 그래 세상과는 더 깊이 어둡게 가까워진 우리가 아닌가 싶습니다.

"너무 멀리는 나가지 말아라."

오늘도 우리의 신앙을 위협하는 바로의 목소리가 들려오곤 합니다. 언제나 우리는 세상과 하나님 나라, 재물과 하나님 사이에서 타협점을 찾으려는 회색빛의 신앙을 요구받습니다.

나오며

여러분, 말씀을 따라 광야 사흘 길쯤은 걸어갑시다. 시간을 성별 합시다. 삶을 성별 합시다. 우리가 세상 한복판에 살고 있지만 세상으로부터 멀리 떨어져, 사흘 광야 길쯤 멀리 떨어져 나와 우리 자신을 봅시다. 그것이 기도요 말씀 묵상입니다. 그것이 예배입니다. 그리고 그것이 진정한 해방입니다. 세상 모든 것은 사라집니다. 자연도 사라집니다. 그러나 하나님을 향한 광야 사흘 길은 사라지지 않습니다. 하나님의 말씀을 향한 성별의 길은 흔들리지 않습니다. 이 말씀은 속된 가치관으로부터 우리를 해방시킬 것입니다. 이 영원한 말씀이라면 기꺼이 멀리, 사흘 광야의 길을 걸어 나갑시다. 여러분, 시대가 점점 악해져 갑니다. 이 악한 바로의 시대와 신앙 사이에 그 어떤 타협도 거절합시다.

"너무 멀리는 나가지 말아라."

이 유혹의 음성을, 떨치기를 바랍니다. 기꺼이 사흘 광야의 길을 걸읍시다. 오늘 주현절 일곱째 주일 이 아침, 오늘 광야 사흘 길을 걸어온 여러분에게 진정한 해방이 있기를 주님의 이름으로 축원합니다.

(2012. 2. 19.)

그리스도의 남은 고난을 채워가는 교회
창세기 4:1-16, 골로새서 1:24-25

이제 나는 여러분을 위하여 고난을 받는 것을 기쁘게 여기고 있으며, 그리스도의 남은 고난을 그분의 몸 곧 교회를 위하여 내 육신으로 채워가고 있습니다(골 1:24).

콤플렉스

둘째 아이를 낳으면 당연히 첫째 아이보다는 더 많이 돌보게 됩니다. 갓난아기니까 당연합니다. 그러나 아직 철없는 첫째 아이는 부모의 사랑을 빼앗겼다고 생각하게 됩니다. 그래서 엄마 아빠가 안 보는 틈에 동생인 갓난아기를 때리거나 꼬집고 심지어는 짓뭉개기도 합니다. 갓 태어난 동생이 자신에게 잘못한 일도 없는데 동생 녀석이 태어나는 바람에 자신은 버림받았다고 생각합니다. 이것을 '가인콤플렉스'라고 부릅니다.

가인콤플렉스는 스위스의 정신분석학자 보드왱이라는 사람이 만든 심리학 용어이며, 이것을 보드왱은 대상에 관한 콤플렉스 범주에 넣습니다. 즉, 상대방이 자신에게 아무런 해를 끼친 일이 없음에도 그 상대방에 대해 시기와 질투를 갖는 심리를 말합니다. 예컨대 자신보다 공부 잘하는 형제나 급우에게, 선생님이나 부모님에게 칭찬받는 형제나 동료에게 시기나 질투를 갖는 심리입니다. 사촌이 땅을 사면 괜히 배가 아프고, 남의 집 자식이 잘되면 괜히 속이 뒤틀리는, 남이 잘되거나 칭찬받는 것을 기쁘게 받아들일 수 없는 심리도 포함합니다.

가인콤플렉스의 기원은 창세기 4장에 있습니다. 아담과 하와 사이에 두 아들이 태어납니다. 첫아들이 가인인데 그는 농사꾼이며, 둘째 아들은 아벨로 양을 치는 목자입니다. 어느 날 둘은 하나님께 제물을 드렸습니다. 가인은 농사꾼으로 곡물을 바쳤고, 아벨은 목자로서 양을 바쳤습니다. 그런데 하나님께서는 아벨의 제물은 기뻐 받으셨으나 가인의 제물은 받지 않으셨다는 것입니다. 이에 가인은 몹시 화가 났습니다. 8절에 보면 가인은 하나님이 자기의 제물을 받지 않으시는 원인을 죄 없는 동생에게서 찾습니다.

아벨이 자신에게 아무런 잘못을 한 적이 없는데도 동생을 들에서 살해하게 됩니다. 동생만 없었더라면 하나님께서 자기의 제물을 받으셨을 것이라고 생각하며 저지른 살해입니다. 인류 최초의 살해는 이렇게 이루어졌습니다. 하나님은 가인이 아벨을 살해하기도 전에 이미 가인의 죄를 알고 있었습니다. 죄는 이미 가인의 마음에서 시작되었던 것입니다. 이에 대해 하나님은 가인에게 7절에서 말씀하십니다.

"네가 올바르지 못한 일을 하였으니, 죄가 너의 문에 도사리고 앉아서, 너를 지배하려고 한다. 너는 그 죄를 다스려야 한다."

가인은 먼저 자신의 죄 된 마음을 다스려야 했습니다. 그러나 그렇게 하지 못하고 결국 동생을 들로 불러내 살해하게 됩니다. 여러분, 죄의 문제를 어떻게 생각하십니까? 하필 그때 그 일이 내게 닥쳐서 죄를 지었다고 생각하십니까? 그때, 그 시간, 그 일만 없었다면, 그 사람만 아니었다면 죄를 짓지 않았으리라고 생각하십니까?. 아닙니다! 이미 죄의 싹이 내 마음 중심에 있었습니다. 변명할 것 없습니다. 너도 아니고 그도, 그것도 아닙니다. 죄의 근원은 나 자신 안에 있었습니다.

예물을 드리기 전에

오늘 말씀은 왜 하나님이 아벨의 제물은 받고 가인의 제물은 받지 않았는가에 대한 근거를 예리하게 표현하고 있습니다. 본문 4절과 5절에 하나님은 '아벨과 그의 제물'은 반기셨고, '가인과 그의 제물'은 반기지 않으셨다고 기록되어 있습니다. 반겼다는 말은 받으셨다는 말입니다. 그런데 하나님이 그냥 아벨의 제물은 받으시고 가인의 제물은 받지 않으셨다고만 표현하지 않고, 아벨과 그의 제물, 가인과 그의 제물이라고 표현하였다는 것입니다. 아벨과 가인이라는 이름이 그 제물보다 앞에 기록되어 있다는 점입니다.

성서 안에서 '이름'이란 단순히 이름이 아니라 그의 인격과 삶을 뜻합니다. 하나님께 제물을 바친다고 했을 때 그것은 단순히 제물만 바치는 것이 아닙니다. 하나님께 내 인격, 내 마음 전부를 바치는 것입니다. 오늘 우리도 예배 중에 하나님께 바치는 봉헌의 시간을 가졌습니다만 우리가 봉헌한 그 예물은 분명 우리의 삶과 인격 전체를 대표하는 것입니다.

이제 다시 생각해 봅시다. 과연 우리의 삶이 하나님께 바칠 만한 정결한 것입니까? 하나님께서는 예물과 함께 그 예물을 드리는 자의 인격과 삶을 보신다는 것을 잊어서는 안 됩니다. 그렇다면 과연 가인 속에 도사리고 있는 죄는 무엇일까요? 즉, 하나님께서 받으실 수 없는 가인의 잘못된 인격과 삶은 무엇일까요? 가인은 동생 아벨과 함께 들에 있을 때 아벨을 죽입니다. 그러자 하나님께서 가인에게 묻습니다. 본문 9절입니다.

"너의 아우 아벨이 어디 있느냐?"

이 물음이 단지 아벨의 위치를 묻는 것입니까? 하나님이 정말 아벨이 어디 있는지가 궁금해서 물으신 것입니까? 아닙니다. 이 물음은 삶의 동반자에 대한 물음입니다. 아우 없는 형이란 없습니다. 아우가 있기에 형이 있습니다. 하나님은 함께 살아가고 있는 삶의 파트너, 삶의 동반자를 물으시는 것입니다. 형과 아우, 남편과 아내, 부모와 자녀, 친구, 이웃 등은 단지 홀로 존재할 수 있는 호칭이 아닙니다. 더불어 함께 살아가는 삶의 필연적인 파트너입니다. 자식은 부모를 전제합니다. 아내가 있기에 남편이라고 부르는 것입니다. 아니면 홀아비라고 합니다. 친구, 이웃 등, 이 모두가 쌍을 이루는 관계의 호칭입니다. 하나님은 가인에게 바로 파트너인 동생의 자리를 묻고 계신 것입니다.

"너의 아우 아벨이 어디 있느냐?"

신앙은 먼저 하나님과 인간의 관계에서 사람됨을 묻는 것입니다.

그래서 아담이 타락했을 때 하나님은 묻습니다. 창세기 3장 9절입니다.

"네가 어디에 있느냐?"

'아담'이란 사람이라는 말입니다. 말하자면 "사람아, 네가 어디에 있느냐"는 것입니다. 사람다운 위치를 물으신 것입니다. 있어야 할 곳에 있고 가지 말아야 할 곳에 가지 않았는지를 물으시는 것입니다. 사람인 나의 위치를 묻는 것이며 남편, 아내, 자녀, 직장인, 학생인 나의 위치를 물으시는 것입니다.

그리고 다시 한번 확인하는 바 신앙은 사람과 사람 사이에서 그 이웃 됨을 묻는 것입니다. 아담을 통해서는 '나'를 묻고, 가인을 통해서는 '너'를 묻습니다. 삶의 동반자를 묻습니다.

"너의 아우 아벨이 어디에 있느냐?"

가인의 죄와 불행

여러분, 가정의 행복이 어디에 있습니까? 아주 간단합니다. 서로의 위치를 안다면 행복합니다. 남편이 어디 가서 무엇을 하는지, 아내가 언제 돌아오는지, 자식이 어디서 무엇을 하는지, 부모가 무슨 일로 걱정을 하는지를 알면 편안하고, 모른다면 그 가정은 불행합니다. 교회도 마찬가지입니다. 교우들 사이에 서로의 위치가 어디에 있는지, 오늘 왜 교회에 안 왔는지 모른다면 그 교회는 불행합니다. 무관심의 교회입니다. 그저 예배만 보고 가버리는, 하나님께 예배만 드리고 가는 교회는 불행한 교회입니다. 그리스도 안에서 성도 간의 친교가 이루어지는, 서로에게 위로와 격려의 기도가 있는 교회는 행복합니다.

가인의 죄가 바로 여기에 있었습니다. "너의 아우 아벨이 어디 있느냐"라는 하나님의 질문에 가인은 살인의 죄를 숨긴 채 오히려 하나님께 반문합니다. 9절입니다.

"모릅니다. 제가 아우를 지키는 사람입니까?"

가인의 죄와 불행이 바로 여기에 있었습니다. 함께 더불어 살아가야 하는 가장 가까운 동생을 죽이고 오히려 그 동생을 모른다고, 나아가 내가 왜 동생 걱정을 하냐, 내가 동생을 지키는 사람이냐고 반문합니다. 나 하나 살기도 힘든데 내가 지금 동생 걱정하게 생겼냐는 것입니다. 저마다 자기 코가 석 자라고 야단들입니다. 나도 힘든데 남 걱정하게 생겼냐고 말입니다. 가인의 마음입니다. 인간의 철저한 자기중심성, 이기주의입니다.

가인이라는 이름의 기원은 히브리어 동사 '쿤', 즉 '때리다', '치다'라는 말에서 파생된 것입니다. 그리고 가인이라는 말은 '소유', '획득'이라는 뜻을 가지고 있습니다. 말하자면 상대방을 때려눕혀서라도 남의 것을 제 것으로 소유하겠다는 뜻입니다. 그렇기에 남은 안중에 없습니다. 자기중심을 벗어나지 못합니다.

심지어 교회도 그렇습니다. 교회가 욕심을 신앙으로 미화하였기에 오늘날 이 사회의 가장 오염된 곳이 되고 있다는 비판을 면치 못하는 것입니다. 그저 제 복만 구하려는 기복 신앙이 판을 칩니다. 여기에는 다른 사람을 배려하고 공동체를 생각하는 윤리성, 사회성, 역사성이 없습니다. 제 이익만 구하려는 가인의 마음만 있는 것입니다. 바로 이런 신앙 때문에 교회로 인하여 세상이 더 어두워져 갑니다.

아벨이란 이름은 '허무'를 뜻합니다. 우리가 이 사회의 고통 받는 이웃을 외면할 때, 교회가 세상의 어둠을 밝히지 못할 때 허무하게 절망하며 죽어가는 이웃이 있음을 잊지 말아야 합니다. 하나님께서는 허무한 인간의 죽음과 좌절을 그냥 두고 보지 않습니다. 반드시 우리에게 물을 것입니다. "너의 아우 아벨이 어디에 있느냐?" 그럴 때 우리는 "제가 아우를 지키는 자입니까?"라고 대답하겠습니까? "나 하나 지키기도 힘든데, 내 자식, 내 가족도 힘든데 이웃이라니요? 턱도 없습니다"라고 말하겠습니까?

더불어 함께

오늘 이 시대는 극도의 경쟁주의, 물량주의, 이기주의로 '인간됨'을 상실해 가고 있습니다. 본문 10절이 말하듯이 아벨의 핏 소리가 들려옵니다. 아벨의 피가 하나님께 호소합니다. 하나님은 본문 12절에서 가인에게 징벌을 내립니다.

"너는 이 땅 위에서 쉬지도 못하고, 떠돌아다니게 될 것이다."

맞습니다. 이제 동생은 없습니다. 이젠 형도 아닙니다. 홀로 걸어야 합니다. 기댈 데도 없습니다. 어느 사회학자는 현대인들을 '고독한 군중'(Lonely Crowd)이라고 불렀습니다. 사람은 많지만 사람 같은 사람은 없기 때문입니다. 이웃 됨, 형제 됨을 상실했기 때문입니다.

그래서 사람이 무섭다고들 합니다. 오늘 우리는 이 예배를 드리면서 내가 드리는 예배가 하나님이 받지 않으시는 가인의 예배는 아닌가를 물어야 합니다. 주님께서도 마태복음 5장 23절과 24절에서 말씀하십니다.

"그러므로 네가 제단에 예물을 드리려고 하다가, 네 형제나 자매가 네게 어떤 원한을 품고 있다는 생각이 나거든, 너는 그 제물을 제단 앞에 놓아두고, 먼저 가서 네 형제나 자매와 화해하여라. 그런 다음에 돌아와서 예물을 드려라."

예배보다는 형제와의 화목이 더 우선이라는 말입니다. 하나님이 받으시는 예배는 더불어의 예배라는 것입니다. 형제 됨, 이웃 됨이 없는 제사와 예배란 가인의 제사요 가인의 예배일 수밖에 없는, 하나님이 받지 않으시는 예배라는 것입니다. "너의 아우 아벨이 어디 있느냐?"라는 질문에 "모릅니다. 제가 아우를 지키는 사람입니까?"라고 대답하는 사람은 이미 가인의 예배를 드리는 사람입니다. 진정한 예배는 더불어의 예배입니다.

곧 산돌 창립 10주년을 맞이합니다. 이제 한 자리 수가 아닙니다. 적지 않은 나이입니다. 여러분, 과연 우리가 10년의 나잇값을 하고 있습니까? 산돌이라는 이름값을 하고 있습니까? 교우들 서로 간에 형제 됨, 이웃 됨을 가지고 있습니까? 혹 아직도 따로따로 오서서 가인처럼 홀로 예배를 드리다가 그냥 가지는 않습니까? 혹 교회 밖 이웃의 고통은 생각할 여유 없이 지나치고 있습니까?

우리는 하나님 앞에 모여 함께 예배를 드립니다. 홀로 드리는 예배가 아닙니다. 함께 삶을 나누기 위해 이 자리에 모인 것입니다. 물론 더불어 함께 살아가야 하는, 너의 위치를 묻는 삶은 결코 쉬운 것은 아닙니다. 그러나 물으십시오. 아니 "너의 아우 아벨이 어디 있느냐"라는 질문에 대답하십시오. 가깝게는 가족, 멀게는 빈곤과 차별과 불평등으로 고통받는 이웃이 어디 있느냐는 질문에 대답하십시오.

그리스도의 남은 고난

사도 바울은 오늘 골로새서 1장 24절을 통해 더불어 함께 살아가는 것, 서로의 삶을 나누는 교회 공동체를 이뤄가는 것을 "그리스도의 남은 고난을 그분의 몸 곧 교회를 위하여 내 육신으로 채워가고 있습니다"라고 말합니다. 주님의 십자가의 고난은 결코 끝나지 않았습니다. 주님의 십자가 사건은 2천 년 전 종결된 사건이 아닙니다. 아직도 고통받는 우리 가족, 형제, 교우, 이웃이 있다면 주님의 고난은 아직 끝나지 않았다는 것입니다.

여러분, 주님의 십자가 고난과 죽음으로 우리의 죄는 용서 받고 우리는 구원 받았다는 가장 진리인 것 같은 말에 스스로를 속여서는 안 됩니다. 주님의 고난으로 나는 구원 받았다고 "할렐루야, 아멘" 할 수 없습니다. 오늘 주님은 우리에게 물으십니다. "너의 아우가 어디에 있느냐?" 아우인 우리의 이웃이 고통당하고 있는 한 그리스도의 고난은 아직 끝나지 않았습니다. 그것은 우리가 채워야 할 고난입니다. 그 고난은 우리의 몫이며 열 살배기 소년 산돌의 몫입니다. 이 남은 고난에 참여할 때, 비로소 구원을 말할 수 있습니다.

이 시간 함께 예배드리는 옆자리의 교우에게서 하나님을 보지 못한다면 우리는 예배를 드리지 않은 것입니다. 좀 더 과격하게 말할까요? 바로 그 옆자리의 교우가 그대의 하나님입니다. 야곱은 철천지원수로 지낸 형 에서와 화해하면서 창세기 33장 10절에서 말합니다.

"형님의 얼굴을 뵙는 것이 하나님의 얼굴을 뵙는 듯합니다."

창립 10주년, 더욱 성숙하게 "너의 아우 아벨이 어디 있느냐"라는 질문 앞에서 맞이하는 10주년 그리고 더불어 내 이웃의 아픔에 함께하는 것이 그리스도의 남은 고난에 참여하는 것임을 깨닫는 창립 10주년이 되기를 주님의 이름으로 축원합니다.

(2012. 2. 26.)

사 순 절

너희는 무엇을 보러 광야에 나갔더냐?(사 40:1-5, 마 11:7-10)
여리고와 베델(왕하 2:19-25)
주인이 바뀌었습니다(행 9:1-9, 빌 3:12-14)
이제는 그대가 길이어라(요 14:1-6)
나는 십자가 곁에 있는가?(요 19:25-27)

너희는 무엇을 보러 광야에 나갔더냐?
이사야 40:1-5, 마태복음 11:7-10

"모든 계곡은 메우고, 산과 언덕은 깎아 내리고, 거친 길은 평탄하게 하고, 험한 곳은 평지로 만들어라"(사 40:4).

복과 화

누구나 복은 받고 싶어 하고 화는 면하고 싶어 합니다. 인지상정, 인간의 본능입니다. 이런 인간의 본능의 수요에 부응하여 나온 신앙이 기복신앙입니다. 복을 구하고 화를 면하는 것이 어찌 나쁜 것이냐고 항변하기도 합니다. 글쎄요. 그러나 성서는 단호히 "No! 아니오!"라고 대답합니다. 성서 속에서 복과 화는 동전의 앞면과 뒷면입니다. 복을 얻고 화는 피하는 그런 것은 없습니다. 화 속에 복이 있고 복 속에 화가 있습니다. 화는 피하여야 하는 것이 아니라 겪을 것은 겪어야 복이 된다는 것입니다.

우리가 함께 봉독한 이사야 40장 1절 이하는 이스라엘이 바벨론 포로로 있었던 시절이 그 배경입니다. 솔로몬 시대 이후 이스라엘은 남북으로 분단되었지만 경제 문제만은 전체적으로 괜찮았습니다.

문제는 오늘날처럼 빈익빈 부익부, 양극화였습니다. 부의 편중은 부유층과 귀족층을 부정과 부패로 몰아갔습니다. 환락과 쾌락의 삶이 만연되었고, 하나님의 말씀을 지켜야 할 지도층이 오히려 하나님을 멀리했습니다. 정의는 사라지고 가난한 자는 더욱더 깊은 빈곤의 수렁에 빠져들었습니다.

아모스, 호세아, 예레미야 등 예언자들은 이 부유층, 지도층의 부패로 심판의 날이 가까웠다고 선포하였지만 어느 누구도 귀담아 듣지 않았고, 오히려 예언자들이 나라를 혼란하게 하고 국민의 사기를 저하시킨다고 감옥에 가두고 때리고 죽이기도 했습니다. 결국 이들의 예언대로 북쪽 이스라엘은 앗시리아 제국에 멸망 당했고, 남쪽 유다는 바벨론 제국에 포로로 끌려가게 되었습니다. 바로 이 포로로 끌려가 있었던 약 50년의 가혹한 삶의 현실이 오늘 우리가 함께 봉독한 이사야 40장 말씀의 배경입니다.

이사야 40장 1절 이하를 보면 1절에서 "나의 백성을 위로하여라"는 말이 나오고, 이어 2절에서 이스라엘이 죄로 인한 벌을 받을 만큼 받았다는 이야기가 나옵니다.

"예루살렘 주민을 격려하고, 그들에게 일러주어라. 이제 복역 기간이 끝나고, 죄에 대한 형벌도 다 받고, 지은 죄에 비하여 갑절의 벌을 주님에게서 받았다고 외쳐라."

하나님을 멀리하고 황금에 눈이 멀었던 이스라엘이 죄의 대가를 치를 만큼 치렀다는 것입니다. 죄가 있다면 죗값을 받아야 하고, 겪어야 할 것은 겪어야 한다는 것, 이것은 성서의 변함없는 선언입니다.

사도 바울은 갈라디아서 6장 7절 이하에서 바로 이 점을 두고 단호하게 말합니다.

> 자기를 속이지 마십시오. 하나님은 조롱을 받으실 분이 아니십니다. 사람은 무엇을 심든지, 심은 대로 거둘 것입니다. 자기 육체에다 심는 사람은 육체에서 썩을 것을 거두고, 성령에다 심는 사람은 성령에게서 영생을 거둘 것입니다.

삶은 그만한 값을 치르는 것입니다. 대가를 지불하지 않는 삶은 말 그대로 값싼 인생일 뿐입니다.

광야 길, 주인 되는 길

여러분, 화를 피하게 해달라고 기도하지 마십시오. 겪을 것은 기어이 겪을 수 있게 해달라고 기도하십시오. 바로 거기에 하나님이 주시는 축복의 길이 있음을 잊어서는 안 됩니다. 그 축복은 다름 아닌 깨달음입니다. 이 깨달음이 바로 하나님의 은혜입니다. 하나님의 은혜는 겪을 것은 겪는 데서, 치를 것은 치르는 데서 얻는 것임을 깊이 새겨야 할 것입니다.

그래서 3절 이하는 해방을 맞을, 준비를 하라는 하나님의 선포가 나옵니다. 약 50년의 혹독한 포로 생활에서 이스라엘은 귀중한 깨달음을 갖습니다. 경제적 풍요가 모든 것의 목적이 아니라는 것이요 더 소중한 것, 더 값진 것을 위해서는 그만한 값을 치러야 한다는 것을 깨달은 것입니다. 그렇지 않을 때 그나마 있는 경제마저 빼앗긴다는 것을 배웠습니다. 그들이 입으로는 야훼 하나님을 부르짖었지만, 내용은 황금만능주의 신인 바알 신을 섬겼던 것입니다. 이사야 40장 3절에서 깨달음의 외침이 들려옵니다.

한 소리가 외친다. "광야에 주님께서 오실 길을 닦아라. 사막에 우리 하나님께서 오실 큰길을 곧게 내어라."

포로 생활을 겪은 후에야 비로소 이 소리가 들려온 것입니다. 간을 내주든 쓸개를 내주든 "잘 살아보세! 잘 살아보세! 우리도 한 번!"이라는 노래를 새벽마다 들으며 살아왔고, 국제 경쟁에서 승리하기 위해 제 나라말보다 남의 나라말에 목을 매온 우리가 귀담아들어야 할 소리입니다. 우리는 언제부터인가 배고픈 소크라테스보다는 배부른 돼지를 추앙해 왔습니다. 우리는 언제부터인가 주인이 되기 위해 겪어야 하는 배고픈 광야보다는 배부른 고기 가마 노예 시절을 향수처럼 그리워하고 있습니다.

그러나 겪을 것을 겪은, 뼈저린 포로 시절을 겪은 이스라엘 백성들은 진정으로 닦아야 할 길이 무엇인지를 알았던 것입니다. 배고픈 거친 광야 같은 삶 속에서 주님께서 오실 길을 닦는 것, 삭막한 사막과 같은 삶 속에서 하나님이 오실 큰길을 내는 것이 사는 길임을 알았습니다. 주님께서 오실 길을 닦으라고 하는 말이 무엇입니까? 하나님께서 오실 큰길을 곧게 내라는 말이 무슨 뜻입니까? 간난합니다. 주님, 즉 주인이 와야 내가 주인이 될 수 있다는 말입니다. 주인이 되지 않으면 노예가 됩니다. 물질의 노예가 되고 권력의 노예가 되고 경쟁의 노예가 되는 것입니다.

한 고교생이 "죽음의 입시경쟁 교육을 중단하라"고 외치면서 광화문 광장에서 일인 시위를 벌이고 자퇴 선언을 했습니다. 그는 학교 성적으로 사람을 1등급에서 9등급으로 구분 지어 동료가 아닌 경쟁자로 만들기 때문에 학교 폭력이 생기는 것이라고 말했습니다. 그는 이런 학교를 더 이상 다닐 수 없고 내 미래를 스스로 설계하고 싶다며 부모를 한 달 동안 설득했다고 합니다. 저는 이 학생에 대한 기사를 보면서 이 학생이 바로 거친 광야에, 메마른 사막에 길을 내는 사람이라는 생각이 들었습니다. 모두가 남이 만든 길에 억지로 자신을 맞추려는 때에 그는 자기 길을 자기 스스로 만들어 가고 있는 것입니다.

광야에서

광야, 사막, 말만 들어도 내키지 않는 곳입니다. 그러나 10년 전 세상이라는 광야에, 세상이라는 사막에 이 산돌교회는 세워졌습니다. 목포 시내에 교회가 없어, 교회 수가 적어 세운 교회가 아닙니다. 길 없는 광야에, 길 없는 사막에 길을 내기 위해 세워진 것입니다. 남들이 복을 받고 화를 피하자는 안일하고 넓은, 이미 만들어진 길을 걸을 때, 아니! 하며 겪을 화는 겪겠다는 마음으로, 좁은 길이라도 주인이 되겠다는 마음으로 세운 교회입니다. 겪을 것은 겪고 치를 것은 치르겠다는, 값진 길을 닦겠다고 세운 교회입니다. 이 광야에 뛰어든 우리 교회를 향해 주님은 마태복음 11장 7절에서 묻습니다.

"너희가 무엇을 보러 광야에 나갔더냐?"

광야는 오늘의 현실입니다. 교회는 광야 한복판에 있습니다. 여러분은 무엇을 보려고 광야 한복판에 있는 산돌교회의 식구가 되었습니까? 오늘 이 광야 한복판의 교회에 무엇을 보려고 나왔습니까? 본문 7절 후반이 말하듯이 '바람에 흔들리는 갈대'를 보려고 나왔습니까? 세상에서 부는 돈 바람, 권력 바람에 이리저리 흔들리는 삶을 위해 나왔느냐는 말입니다. 돈 바람, 권력 바람이 축복으로 미화되는 신앙의 현실, 교회의 현실 아닙니까? 교회가 사유화되고 세습화됩니다. 그러나 교회는 그런 것들을 구하는 곳이 아닙니다. 아니면 8절이 말하듯이 '화려한 옷을 입은 사람'을 보려고 나왔습니까? 예수님은 말씀하십니다.

"화려한 옷을 입은 사람은 왕궁에 있다"

화려한 옷, 그것 역시 교회에서 구할 수 없습니다. 화려한 옷은 휘황찬란한 백화점의 진열장에서 볼 수 있습니다. 여기 모인 우리 역시 이것을 보러 교회에 나온 것은 분명히 아닙니다. 그렇다면 무엇을 보러 광야 한복판의 이 교회에 나오셨습니까? 예수님께서는 이어 9절에서 말씀하십니다.

"아니면, 무엇을 보러 나갔더냐? 예언자를 보러 나갔더냐? 그렇다."

맞습니다. 여러분은 오늘 흔들리는 세상 바람, 돈 바람, 학교의 치맛바람, 권력의 바람 방향을 찾고자 여기에 온 것은 아닙니다. 그것은 미아리의 점쟁이들이 가르쳐줄 것입니다. 화려하고 호사스러운 삶을 찾고자 나온 것은 더욱 아닙니다.

그렇습니다. 여러분은 예수님의 말씀대로 예언자를 보러 나왔습니다. 어떻게 앞으로 바르게 살아갈 것인가를 선포하는 예언자 앞에 와 있습니다. 거친 인생 광야에 바른길을 열기 위해 그리고 삭막한 사막과 같은 삶의 현실을 헤치고 갈 미래의 곧은 길을 만들기 위해 이 자리에 나오셨습니다. 그렇습니다. 길 없는 광야에 길다운 길을 내고자 이 자리에 온 것입니다.

경부고속도로나 중부고속도로를 달리다 보면 이 나라 경제 발전이 이 길 위에 있다는 것을 쉽게 알 수 있습니다. 한 나라의 발전은 길에 있습니다. 중국이 그 옛날 후진국이 된 이유 역시 길에 있습니다. 중국은 왕이 즉위하면 성을 쌓거나 무덤을 짓기에 바쁩니다. 결국 성 안에, 무덤 안에 갇히는 것이 최종 목적일 따름입니다. 강대국의 강점은 어딜 가나 잘 닦여진 도로가 있다는 것입니다. 어딜 가나 평탄한 대로가 있습니다. 길이 있기에 삶의 폭이 넓어지고 창조적인 발전을 이룰 수 있습니다.

그러나 그 고속도로라는 공사는 그냥 이루어지지 않습니다. 산을 깎고 계곡을 메워야 합니다. 거친 길은 평탄하게 하고, 험한 곳은 평지로 만들어야 길이 됩니다. 마음의 길도 마찬가지입니다. 마음의 고속도로를 만들기 위해서는 그 길을 가로막는 장애물을 제거해야 합니다. 이사야 40장 4절은 그 장애물을 제거할 것을 외칩니다.

"모든 계곡은 메우고, 산과 언덕은 깎아 내리고, 거친 길은 평탄하게 하고, 험한 곳은 평지로 만들어라."

곧게 뻗은 마음의 대로를 열 것을 이사야 예언자는 외치고 있습니다. 거기에 장애가 있다면 우리의 경제를 위하여 산을 깎고 골짜기를 메우며 다리를 놓아 고속도로를 만들었듯이 우리 마음의 장애물을 제거해야 할 것입니다. 외적인 장애도 마음의 대로 앞에서는 무너집니다.

나오며

인디애나주 미시간 씨티형무소에는 색다른 죄수 한 명이 있습니다. 리처드 오웬 씨인데 그는 감방에 법률 서적을 가득 쌓아놓고 그곳에서 어엿하게 변호사 사무를 보고 있습니다. 그는 열두 살 때 도둑질을 하다가 소년원에 간 것을 시작으로 은행 강도, 살인 미수 등으로 35년의 인생 중 벌써 19년간을 감옥에서 지내고 있습니다. 그러나 그는 고생과 고독 속에 살며 자기처럼 불행하게 산 사람들을 돕겠다는 결심을 하고, 감옥에서 독학으로 법률 공부를 하여 인권 보호법에 있어서 이름난 변호사가 된 것입니다. 그는 자기 자신도 변호하여 출감할 목표를 세우며 수감 생활을 성실히 하고 있습니다.

감옥이 그의 길을 막을 수 없었습니다. 마음의 대로가 열려있기 때문입니다. 하나님을 향한 대로가 열려있기 때문입니다. 그는 절망의 계곡을 메웠습니다. 그는 감옥이라는 험준한 산을 깎았습니다. 그는 전과자라는 거친 길을 평탄하게 만들었습니다. 험한 인간성을 평지로 바꾸었습니다. 그는 더 이상 감옥의 노예가 아닙니다. 그는 주인이 되고 있습니다. 그는 주님이 오시는 길을 닦았던 것입니다.

여러분, 우리를 가로막는 것들이 무엇입니까? 원망, 절망, 방황의 골짜기를 메웁시다. 우리가 하나님께 나아가게 하는 세상의 모든 유혹의 산을 깎아 버립시다. 주님께서 내게 주시는 말씀으로 하나님을 향한 탄탄대로를 만들기를 바랍니다. 그리스도의 분량에 이르는 믿음에로의 길을 만들기를 바랍니다.

　오늘은 우리 교회 생일입니다. 교회는 건물이 아닙니다. 교회는 주님의 몸이며 우리는 그 지체들입니다. 그러므로 교회의 생일은 곧 우리의 생일입니다. 단순한 육적인 생일이 아닙니다. 새로운 길로 들어선, 새로운 인생의 생일입니다. 세상의 노예가 아닌 주인으로 다시 태어난 생일입니다.

　여러분과 함께 이 길을 이루기 위해 저도 석 달 전 먼 길을 달려왔습니다. 오늘 주님께서는 저와 여러분에게 물을 것입니다. "너희는 무엇을 보러 이 교회를 이루고 있느냐?" 우리는 대답할 것입니다. "주님을 맞이할 길, 하나님이 오실 큰길을 이루기 위해…" 그러기 위해 우리의 믿음을 가로막는 모든 것을 메우고 깎고 평탄하게 하여 주님 오시는 길을 닦아내어 우리 모두가 주인이 되기를 주님의 이름으로 축원합니다.

(2012. 3. 4. 창립주일)

여리고와 베델
열왕기하 2:19-25

엘리사는 물의 근원이 있는 곳으로 가서, 소금을 그 곳에 뿌리며 말하였다. "주님께서 이렇게 말씀하신다. '내가 이 물을 맑게 고쳐 놓았으니, 다시는 이 곳에서 사람들이 물 때문에 죽거나 유산하는 일이 없을 것이다'"(21절).

여리고의 물

좋은 물을 마시기 위해 약수터를 찾는 사람들이 많습니다. 오염되지 않은 생수를 비싼 돈을 주고 사 먹기도 하고, 언제부터인가 외국에서 물을 수입하여 먹기도 합니다. 그만큼 건강에 물이 중요하다는 것을 말해 줍니다. 최근에 늘어가고 있는 여성들의 불임이나 유산도 궁극적으로는 오염된 물과 공기에 그 원인이 있다는 데 이의를 제기하는 사람은 별로 없습니다. 물은 단지 육체적인 건강에만 관련된 것은 아닙니다. 옛사람들은 훌륭한 인재를 말할 때도 물에 비유해서 말했습니다. 훌륭한 사람들이 많이 나온 지역을 두고 "물이 좋은 곳이다"라고 말이죠.

오늘 열왕기하 2장 19절을 보면 여리고 성에 거주하고 있는 사람들이 예언자 엘리사에게 찾아가 여리고 성이 물이 좋지 않기 때문에 아이가 유산된다는 이야기를 합니다.

"이 성읍이 차지하고 있는 자리는 좋지만, 물이 좋지 않아서, 이 땅에서는 사람들이 아이를 유산합니다."

사실 이스라엘 대부분이 자갈밭이나 돌산으로 되어 있는데 반해 여리고는 산지가 아닌 평지, 비교적 기름진 땅이었습니다. 그런데 단 하나 물이 좋지 않았다는 것입니다. 솔로몬 이후 이스라엘은 남쪽 유다와 북쪽 이스라엘로 분단되어 있었지만 경제적으로는 전무후무한 풍요를 구가하고 있었습니다. 본문 19절에서 "이 성읍이 차지하고 있는 자리는 좋다"고 말하고 있는 것은 바로 당시의 경제적 풍요를 가리킨다고 볼 수 있습니다.

여리고 성 사람들이 엘리사에게 호소한 것은 밭농사나 논농사를 걱정한 것이 아니라 자식 농사를 걱정한 것이라 하겠습니다. 여기 유산한다는 말은 육적인 유산이 아니라 인간성의 황폐를 뜻한다는 것입니다. 경제적인 발전과 풍요로 살림은 넉넉한데, 정신적 빈곤으로 인간성이 황폐화되었다는 것을 말하는 것입니다. 이것은 오늘 우리 시대의 모습이기도 합니다. 경제적으로는 성장하였는데 인간성은 오히려 못 쓰게 된 오늘 우리 사회의 모습입니다.

물량주의, 황금만능주의, 경제 제일주의 속에서 인간이 지켜야 할 기본 도리와 법과 아름다운 옛 관습은 사라진 오늘 우리의 현실입니다. 위도 아래도 없고, 어려워하는 것도 없고, 기강과 질서도 없고, 도덕과 윤리는 땅에 떨어진 오직 돈과 물질 그리고 이를 위한 경쟁에서의 승리만이, 제일의 가치로 나부끼는 척박한 이 시대의 모습입니다. 문제는 아직도 사태의 본질을 파악하지 못한 채 어떻게 하면 경제가 회복되느냐, 언제 경제가 회복되느냐에 초점이 맞춰져 있다는 것입니다. 이제 이 질문을 바꾸어야 합니다. 어떻게 하면 우리의 인간성이 회복될 것이냐, 어떻게 하면 사람다운 사람을 낳느냐.

엘리사의 저주

엘리사가 베델이라는 곳을 향해서 가고 있는데 그곳이 어린아이들이 엘리사를 보고 "대머리야, 꺼져라. 대머리야, 꺼져라" 하며 조롱합니다. 엘리사가 그들을 보고 야훼의 이름으로 저주하자 수풀에서 곰 두 마리가 나와 아이들 마흔두 명을 찢어 죽이는 사건이 발생합니다. 언뜻 보기에는 엘리사의 행동이 너무 지나친 것이 아닌가 생각되기도 합니다. 아이들이 거짓말도 아니고 사실 그대로 대머리라고 놀렸기로서니, 그 많은 아이를 곰에게 찢어 죽게 만들 수가 있는가 하고 의아할 수도 있습니다. 여러분은 이 사건을 어떻게 생각하십니까?

이 사건은 거룩한 것을 거룩한 것으로 여기지 못하는 것에 대한 어두운 미래와 거룩한 사람을 거룩한 사람으로 여기지 못하고 업신여기는 풍조가 맞닥뜨릴 비극적 최후를 담고 있습니다. 본문 23절의 '어린아이들'이란 히브리어로 '나아르'인데 우리가 흔히 말하는 어린아이들을 가리키는 것이 아니라 젊은 청년을 가리키는 말입니다. 이 본문 속에서 두 마리의 곰에게 찢겨 죽은 청년들은 한마디로 물이 나빠 잘못 길러진 청년들을 말합니다.

여러분, 일류 대학, 일류 기업에 가야 일류 효라고 생각하고 있는 한 우리의 자식 농사는 요원합니다. 언제부터인지 우리의 가정과 사회에 거룩함이 사라지고, 구별되어야 할 거룩한 사람이 상실되고 있습니다. 부모, 스승, 어른이 사라지고 있습니다. 단지 젊은이들의 탓이 아닙니다. 물이 나쁩니다. 환경이 나쁩니다. 물론 우리가 만든 환경이요 우리가 만든 물입니다. 입시라는 거대한 괴물에 전 국민이 놀아나고 있습니다. 말은 교육인데 실제는 생존경쟁입니다. 말은 입시인데 실제는 서바이벌 게임, 생존게임입니다. 교육은 살리는 일인데 실제로는 죽이는 일, 낙오시키는 일입니다. 인간의 기본 도리를 가르치는 가정교육, 학교 교육이 없습니다. 그나마 인간됨을 가르치는 교회 교육은 이미 뒷전으로 저 멀리 밀려 있습니다.

권위 부재의 시대

130년 된 교회가 있습니다. 제가 어릴 때 다녔고 저희 부모 형제가 다 그 교회를 다녔습니다. 그 교회 목사님이 마을을 지나갈 때는 저절로 청소가 되었습니다. 목사님이 지나간다고 하면 안 믿는 사람도 자기 집 앞을 빗자루로 씁니다. 동네 어른들이 장기판 화투판 벌이다가도 목사님이 지나가면 금세 치우고 인사를 드렸습니다. 호랑이 담배 먹던 시절입니다. 이제는 아닙니다. 어찌 성직자만 그렇겠습니까? 어른의 권위라는 것이 이미 없어져 가고 있습니다. 가슴 아프고 유치한 이야기이지만 돈 있어야 어른 대접 받는다는 말이 공공연한 우리 현실입니다. 참 마음이 아픕니다.

이 시대를 '아버지 부재의 시대'라고 합니다. 아버지의 거룩함, 아버지의 권위가 상실되고 있습니다. 부모의 권위가 입시, 경쟁에

밀리고 있습니다. 대학입시라는 괴물에 밀리고 있습니다. 이 아버지의 권위가 상실된 데에는 어머니의 책임이 절반 있습니다. 아이가 뭔가 잘못하면 혹 아이 앞에서 "피는 못 속여, 그 씨가 어디로 가나?" 하며 입에서 나오는 대로 말하지는 않습니까? 그냥 내뱉은 이야기, 바로 그 말이 그 가정의 물을 흐려놓을 것입니다. 아내가 남편을 대하는 태도에서 아이들의 아버지를 대하는 태도가 결정됩니다. 물론 반대로 남편이 아내를 대하는 태도에서 아이들의 어머니를 대하는 태도가 결정됩니다.

재미있는 엉터리 한자 풀이가 있습니다. 모든 어머니는 하늘 '天' 자를 손바닥에 써 보시기 바랍니다. 그리고서는 그 가운데를 높이 획을 더 그어 보시기 바랍니다. 지아비 '夫' 자가 됩니다. 그러므로 모든 아내는 남편을 '하늘처럼'이 아니라 하늘보다 더 높이 섬겨야 한다는 것입니다. 남편을 하늘처럼 여기면 자녀도 아버지를 하늘처럼 여깁니다. 아내를 대하는 남편도 마찬가지입니다. 엉터리가 아니라 지아비 '夫'의 진짜 뜻은 '두 사람'이라는 말입니다. 당신과 나 두 사람이 있을 때 내가 남편이지, 당신 없으면 나는 남편도 아니요 사람 구실도 못 한다는 뜻입니다. 당신 없으면 나는 아내도 아니요 사람도 아니라는 말입니다.

하나 된 부부의 모습, 서로 존경하는 부부의 모습이야말로 자녀에겐 가장 좋은 물이요, 그 가정은 가장 성결하고 거룩한 곳이 될 것입니다. 한자어에 효도를 나타내는 '孝'자를 보면 아들 '子' 위에 노인을 뜻하는 '老'자가 있습니다. 말하자면 자식이 노인을 업고 가는 글자입니다. 섬겨야 할 사람을 섬기는 의미를 담고 있습니다.

여리고에서는

젊은 청년 마흔두 명이 암곰에게 찢겨 죽은 곳은 아이러니하게도 베델입니다. 베델은 '하나님의 집'이라는 말입니다. 거룩한 하나님의 집에서 거룩한 사람 엘리사가 조롱을 당합니다. 거룩한 사람이 거룩한 사람으로 여겨지지 못하는 세대, 거룩함을 분별 못 하는 사회는 앞날이 어둡습니다. 그렇기에 미래를 짊어질 청년의 저주를 말하고 있는 것입니다. 본문에서 엘리사가 '대머리'라고 조롱을 받습니다만 이 말의 성서 원뜻에는 '가짜 예언자'라는 뜻이 있습니다. 즉, 베델의 백성들은 진짜를 알아보지 못한 것입니다. 그것은 그들이 칭찬이나 해주어야 좋아하고 부, 출세, 입시에 도움이 되는 이야기나 해주어야 진짜 예언자라고 여기기 때문입니다.

이제 다시 19절 이하의 여리고로 돌아가 봅시다. 베델과는 달리 여리고는 거룩한 사람 엘리사를 알아보고 어떻게 하면 나쁜 물을 좋게 할 수 있겠냐고 자문을 구합니다. 본문 20절에 의하면 엘리사는 먼저 새 대접을 요구합니다. 우리 마음의 그릇이 바뀔 것을 요구하는 것입니다. 세속적이며 자기중심적이며 찰나적이며, 기분 내키는 대로 감각적인 삶을 살아왔던 옛사람을 벗어 던지고 새 인간성의 마음인 새 그릇을 요구합니다. 그리고 새 그릇에 소금을 담으라고 합니다. 엘리사는 물가로 가서 소금을 뿌리며 하나님의 말씀을 본문 21절에서 대변합니다.

"주님께서 이렇게 말씀하신다. '내가 이 물을 맑게 고쳐 놓았으니, 다시는 이 곳에서 사람들이 물 때문에 죽거나 유산하는 일이 없을 것이다.'"

분명 "주님께서 이렇게 말씀하신다"라는 말로 시작합니다. 그렇습니다. 물을 오염시키지 않는 소금이란 바로 하나님의 말씀임을 쉽게 알 수 있습니다. 물론 이 말씀은 단지 말이 아닙니다. 단지 글자가 아닙니다. 이것은 삶의 길입니다. 정신입니다. 신앙입니다. 옛날 한문 성경은 이 말씀을 길, 도(道)라고 번역했습니다. 길인 말씀은 오염된 세상으로부터 우리를 지켜줄 것입니다.

말씀은 거룩한 권위를 회복하는 유일한 것입니다. 거룩함을 회복하고 거룩한 권위를 회복하고자 할 때, 비로소 거룩한 사람이 됩니다.

부모의 권위

무엇보다도 부모의 권위가 회복되어야 합니다. 사실 간단합니다. 말씀으로 돌아가십시오. 그리고 말씀으로 가르치십시오. 에베소서 6장 4절에서 사도 바울은 너무나 귀한 말씀을 전해주고 있습니다.

> 또 아버지 된 여러분, 여러분의 자녀를 노엽게 하지 말고, 주님의 훈련과 훈계로 기르십시오.

오늘날 왜 자녀들이 노여워하고 있습니까? 왜 자녀들 안에 분노가 가득 차 있습니까? 경쟁만을 불어넣는 교육에 화를 안 내면 그게 이상한 것이 아닙니까? 이제 말씀으로 돌아가십시오. 사람다운 사람, 사람을 살리는, 사람을 만드는 말씀으로 돌아가십시오. 사람다운 사람,

사람을 살리는 길을 가르쳐 주십시오.

여러분, 우리네 부모들은 대학은 물론 초등학교도 안 나와도 그리고 때론 한글을 몰라도 사람다운 사람, 사람을 살리는 사람을 가르치는 권위를 가졌습니다. 이미 하나님의 말씀이 몸에 밴 분들이었습니다. 무엇이 길인지 알고 계신 분들이었습니다. 이 권위는 제 마음대로 자녀를 다루는 권위가 아닙니다. 제 마음 대로의 권위는 자녀를 노엽게 합니다. 이 권위는 하나님의 말씀을 담은 권위입니다. 다릅니다. 얼마 전 인터넷에서 경북대 전 총장인 박찬석 교수의 글을 읽고 눈시울을 적셨습니다. 그 글을 여러분에게 읽어 드리겠습니다.

나의 고향은 경남 산천이다. 지금도 비교적 가난한 곳이다. 그러나 아버지는 가정형편도 안되고 머리도 안 되는 나를 대구로 보냈다. 대구중을 다녔는데 공부가 하기 싫었다. 1학년 8반, 석차는 68명 중에 68등, 꼴찌를 했다. 부끄러운 성적표를 가지고 고향에 가는 어린 마음에도 그 성적을 내밀 자신이 없었다. 당신이 교육을 받지 못한 한(恨)을, 자식을 통해 풀자고 했는데 꼴찌라니… 끼니를 제대로 잇지 못하는 소작농을 하면서도 아들을 중학교에 보낼 생각을 한 아버지를 떠올리면 그냥 있을 수가 없었다. 그래서 잉크로 기록된 성적표를 68등에서 1등으로 고쳐 아버지에게 보여드렸다. 아버지는 보통학교도 다니지 않았으므로 내가 1등으로 고친 성적표를 알아차리지 못할 것으로 생각했다. 대구로 유학한 아들이 집으로 왔으니 친지들이 몰려와 "찬석이는 공부를 잘 했더냐?"고 물었다. 아버지는 "앞으로 봐야제… 이번에는 어쩌다 1등을 했는가배" 했다. "명순(아버지)이는 자식 하나 잘 뒀어. 1등을 했으면 책걸이를 해야제" 했다. 당시 우리 집은 동네에서 가장 가난한 살림이었다. 이튿날 강에서 떡을 감고 돌아오니, 아버지는 한 마리뿐인 돼지를 잡아 동네 사람들을 모아놓고 잔치를 하고 있었다. 그 돼지는 우리 집 재산 목록 1호였다. 기가 막힌 일이 벌어진 것이다. "아버지~" 하고 불렀지만, 다음 말을 할 수 없었다. 그리고 달려 나갔다. 그 뒤로 나를 부르는 소리가 들렸다. 겁이 난 나는 강으로 나가 죽어 버리고 싶은 마음에, 물속에서 숨을 안 쉬고 버티기도 했고 주먹으로 내 머리를 내리치기도 했다. 충격적인 그 사건 이후 나는 달라졌다. 항상 그 일이 머리에 맴돌고 있었기 때문이다. 그로부터 17년 후 나는 대학교수가 되었다. 그리고 나의 아들이 민우가 중학교에 입학했을 때, 그러니까 내 나이 45세 때 되던 어느 날, 부모님 앞에 33년 전의 일을 사과하기 위해, "어무이~, 저 중학교 1학년 때 1등은요…" 하고 말을 시작하려고 했는데, 옆에서 담배를 피우시던 아버지께서 "알고 있었다. 그만 해라. 민우(손자)가 듣는다"고 하셨다. 자식의 위조한 성적을 알고도 재산 목록 1호인 돼지를 잡아 잔치를 하신 부모님 마음을, 박사이고 교수이고 대학 총장인 나는 아직도 감히 알 수 없다.

　속아주는 교육, 끝까지 믿는 교육, 이것이 바로 우리네 부모의 권위였습니다. 자녀들 앞에서 일일이 아내, 남편, 자녀들 잘못을 들춰내는 똑똑함이 없어도, 대학을 나오지 않아도 깨우칠 수 있는 길, 말씀을 갖고 있었던 것입니다. 여러분, 거룩한 사람을 거룩한 사람으로 여기는 사람의 성별이 있기를 바랍니다. 거룩한 사람을 거룩하게 여기며 섣길 때 하나님께서는 우리 자신을 성별하실 것입니다. 바로 거기에 사람다운 사람, 좋은 인재가 배출될 것입니다.
　오늘 거룩한 사순절 넷째 주일 이 아침, 새 마음의 그릇에 말씀을 담아가는 여러 교우들의 삶을 하나님께서 거룩함으로 지켜주셔서 우리 사회가 사람다운 사람으로 무르익어 풍성한 미래를 열어 주실 것을 주님의 이름으로 축원합니다.

(2012. 3. 18.)

주인이 바뀌었습니다
사도행전 9:1-9, 빌립보서 3:12-14

나는 이것을 이미 얻은 것도 아니며, 이미 목표점에 다다른 것도 아닙니다. 그리스도 [예수]께서 나를 사로잡으셨으므로, 나는 그것을 붙들려고 좇아가고 있습니다(빌 3:12).

주인이 바뀌자

생선요리 집 주방장으로 고용되어 일하는 프레드라는 청년이 있었습니다. 그가 일하는 이 생선요리 집은 일차대전 이후 한 번도 수리한 적이 없어서 녹슨 탁자며, 때 묻은 벽지와 벽에 틈이 군데군데 갈라져 있었고, 털이 다 빠진 양탄자는 이제 본래의 색조를 구별조차 할 수 없을 정도였습니다. 그래서 '프레드 생선구이 요리 집'은 온 마을 사람들에게 지저분하고 정돈 안 된 상태를 설명하는 대명사처럼 쓰이고 있었습니다.

그러던 어느 날, 마을 사람들의 흥미를 끄는 문구가 이 요리 집 정문 창에 붙었습니다. "주인이 바뀌었습니다"라는 문구가 붙어 있는 것이었습니다. 곧 가게 이름도 '프레드릭 생선 전문 레스토랑'으로 바뀌었습니다. 비록 프레드는 여전히 그곳에서 주방장으로 일하고 있었지만 그에게는 아무런 권한이 없었습니다. 단지 주인의 명령에 따라 움직일 따름입니다. 주인이 바뀌자, 대청소가 실시되었습니다. 낡은 탁자들은 버려졌고 새로운 벽지는 레스토랑의 분위기를 환하게 만들었고 넓고 푹신한 양탄자가 새로이 깔려 들어서는 모든 이에게 아늑함과 포근함을 선사하였습니다. 비록 같은 요리와 같은 장소였지만 주인이 바뀌어 옛날의 지저분한 모습은 찾아볼 수 없게 되었습니다.

그리스도인을 핍박하던 사울은 그의 삶의 창에 "주인이 바뀌었습니다"라는 문구를 붙였습니다. 그의 이름도 바뀌었습니다. 사울에서 바울로 옮겨간 것입니다. 사울은 '추구하다'라는 의미요 바울은 '작다'는 의미입니다. 추구하는 주체가 바로 자기 자신인 사울에서, 주인이신 예수님 앞에서 지극히 작은 자인 바울로 바뀐 것입니다.

사도행전 9장 1절 이하는 사울이 바울로 바뀌는 극적인 장면을 연출하고 있습니다. 사울이 바울로 바뀐 것, 그것은 그의 삶의 주인이 바뀐 것을 말해 줍니다. 여러분, 여러분의 삶의 주인은 누구입니까? 자기 자신입니까? 자신 있으십니까? 각자 계획한 것을 얼마나 이루셨습니까? 지금의 삶은 계획된 삶이었습니까? 끊자고 하면 끊습니까? 하자고 하면 하게 됩니까? 우리의 결심이 얼마나 지켜졌습니까?

종인가, 주인인가

사도 바울은 신약성서의 3분의 1을 이루는 그의 서신 대부분에서 자기 자신을 소개하며 '그리스도 예수의 종'이라는 것을 분명히 밝히고 있습니다. 그가 왜 종입니까? 그는 율법에 정통한 당대 최고의 지성입니다. 그는 히브리인 중의 히브리인입니다. 그는 베냐민 지파 출신으로 왕족입니다. 그는 율법을 철저히 지킨 흠 없는 사람입니다. 그런 그가 왜 종입니까? 왜 스스로 자신을 종이라고 말하고 있습니까?

자기 자신을 종이라고 생각하는 사람은 그리 많지 않습니다. '종'이라는 말만 들어도 기분이 나쁩니다. 그러나 그리스도교 신앙은 '사람은 피조물'이라는 데서 출발합니다. 피조물이란 누군가가 나를 만들었다는 말입니다. 만든 사람이 주인입니다. 피조물이기에 창조주가 있다는 것입니다. 나를 만든 주인이 있다는 말입니다. 이 출발부터 우리의 신앙은 걸림돌입니다. 인정하고 싶지 않습니다.

누가복음 13장 11절 이하에는 우리에게 널리 알려진 '탕자의 비유'가 나옵니다. 어떤 사람에게 두 아들이 있었습니다. 아버지의 유산을 미리 받아 도시로 떠난 작은아들은 결국 알거지가 되어 돼지에게 먹이는 쥐엄 열매로 끼니를 때우는 신세가 됩니다. 그때 그는 고향의 아버지 집을 생각합니다. 그리고 누가복음 15장 19절에서 아버지께 돌아가 이런 말씀을 드리겠다고 생각합니다.

'나는 더 이상 아버지의 아들이라고 불릴 자격이 없으니, 나를 품꾼의 하나로 삼아주십시오.'

자신을 종으로 여겨달라고 하겠다는 것입니다. 이제 제대로 제자리에 온 것입니다. 제 삶의 주인이 지기 자신이라고 생각하는 착각에서 비로소 벗어납니다. 종 된 제 위치를 찾은 것입니다. 스스로 종임을 고백하며 굴복하는 거기에서 비로소 아버지인 주인은 종이 아닌 아들로 이 탕자를 맞이하며 잔칫상을 베풉니다. 내가 하나님의 종, 주님의 종이라는 것을 알았을 때, 비로소 상속자인 아들로 주인이 된다는 것입니다.

형상, 본질적으로 신이다

창조의 과정을 보면 우리는 놀라운 사실을 발견하게 됩니다. 창세기 1장 26절에서 하나님은 '하나님의 형상'을 따라서 사람을 만듭니다. 형상이라는 것은 분명 겉모습입니다. 이 번역은 헬라어로 번역하는 과정에서 잘못 번역되었습니다. 이 형상을 헬라어로 '에이콘'이라고 번역했는데 이것은 '겉모습'이라는 뜻입니다. 잘못 번역한 것입니다. '하나님의 형상'이라는 말은 정확하게 번역하면 "인간은 본질적으로 신이다"라는 말입니다(배철현). 따라서 사람은 신의 겉모습만 닮은 것이 아니라 본질적으로 신이라는 말입니다.

그러므로 인간이 하나님의 피조물이라는 말은 하나님은 창조주, 사람은 피조물로 그 주인의 종이라는 말이기도 하지만, 하나님이 그 사람을 자신과 똑같은 신으로 만들었다는 것을 안다면 하나님은 사람을 진정한 주인으로 만들었다는 것을 알 수 있습니다. 따라서 사람은 신적인 존재로 만들어진 하나님의 종이라고 말할 수 있을 것입니다.

아주 쉬운 이야기로 우리가 흔히 성직자를 주의 종이라고 말합니다. 이때 종은 천한 의미가 아니라 거룩한 의미, 성별된, 구별된 신성한 직분이라는 의미입니다. 물론 현실은 그렇지 않지만, 말은 그렇다는 말입니다. 물론 이것은 성직자만 그런 것이 아니라 믿는 거룩한 신자인 성도들에게도 모두 해당하는 말일 것입니다. 즉, 믿는 우리도 주의 종입니다. 따라서 거룩한 종입니다. 본질적으로 신이라는 말입니다.

그런데 서양은 왜 '형상'이라고 번역했을까요? 이유는 간단합니다. 서양의 기본 사상은 이분화, 즉 두 개로 구별하여 계급화시키려 하기 때문입니다. 자꾸 인간과 신을 위와 아래로 나누려고 합니다. 이 사고의 뿌리가 서구의 이원론입니다. 사람은 어떻든 신보다 아래라고 여겼습니다. 그러나 성서는 그렇지 않습니다. 인간과 신을 계급화시키지 않습니다. 사람이 곧 하늘이라는 인내천, 사람 섬기기를 하나님 섬기듯이 하라는 사인여천이 단지 동양 사상만의 뿌리가 아니라 성서의 뿌리라는 것을 잊어서는 안 됩니다.

사울의 변화

사도행전 9장 1절 이하를 보면 사울은 다마스커스에 있는 기독교인들을 체포하러 가고 있었습니다. 그때 홀연히 하늘에서 빛이 비쳤습니다. 이 빛에 사울은 땅에 엎드러졌다고 분문 4절은 밝히고 있습니다. 스스로 주인이라고 여긴 사울의 삶에 큰 변화가 일어났습니다. 율법을 잘 지켜 스스로 의인이라고 여긴 사울의 삶에 결정적인 사건이 일어난 것입니다. 홀연히 비친 빛과 함께 사울에게 하늘의 소리가 들려옵니다.

"사울아, 사울아, 네가 왜 나를 핍박하느냐?"

이 소리에 땅에 엎드린 사울에게서 충격의 일성이 나옵니다. 5절 말씀입니다.

"주님, 누구십니까?"

분명 '주님'이라고 말하고 있습니다. 그리고 주님은 사울에게 명령합니다. 역시 5절 후반부의 말씀입니다.

"나는 네가 핍박하는 예수다. 일어나서, 성 안으로 들어가거라. 네가 해야 할 일을 일러 줄 사람이 있을 것이다."

이것이 사울이 바울로 변한 사건의 전부입니다. 여기에 어떤 말씀도, 해석도 첨가할 수 없고, 첨가해서도 안 됩니다. 이 사건의 전부입니다. 그런데 이 사건 하나로 바울이 이방의 도시로 평생을 다니며 그리스도교 복음을 전하게 됩니다. 이 사건이 바울을 통하여 기독교가 팔레스타인을 벗어나 세계로 뻗어나가는 계기를 이룹니다. 이 사건이 기독교가 유대교의 그늘을 벗어나게 되는 결정적 계기를 이룹니다.

이 사건에는 설교가 없습니다. 설득력 있는 논리는 하나도 없습니다. 빛이 비쳤고 사울이 고꾸라졌고, 사울이 "주님" 하고 부른 것이 이 사건의 전부입니다. 단 한마디의 기독교 교리도 없습니다. 우리처럼 긴 시간 설교를 듣거나 성경 공부도 없습니다. "아멘" 할 여유도 없었습니다. 이것이 바울 신앙의 시작이었습니다. 이것 때문에 그는 예수에 미쳤고 예수의 복음을 열정적으로 전하기 시작하였고 복음으로 살다 복음으로 순교하였습니다. 이 사건이 신앙의 원점입니다. 고꾸라져 "주님" 하고 부른 사건이 신앙의 첫 출발이요 사실상 신앙의 전부이기도 합니다. 주인이 바뀐 삶에서 신앙생활은 비로소 시작됩니다.

종의 자리

여러분, 우리는 태어날 때부터 태어나고 싶어서 태어난 것이 아닙니다. 부모를 우리가 선택해서 태어날 수도 없습니다. 출생의 주인이나 자신이 아닙니다. 생명의 주인이 있습니다. 생명을 주신 주인이 있습니다. 그러므로 생명이 주인에게 붙들린 것임을 알아야 합니다. 출생과 죽음, 삶과 죽음 모두가 주인 된 그분의 것입니다.

그러나 불행히도 주인이 자신이라고 생각합니다. 그리고 하고 싶은 대로 하려고 합니다. 몸부림을 칩니다. 그러나 결과는 상처뿐입니다. 남편도, 아내도 자기 생각 같지 않습니다. 내 배에서 나온 내 자식도 생각대로 움직여 주지 않습니다. 오히려 멀리 달아납니다. 여기서 갈등이 오고 고난이 나옵니다. 애초부터 목표 설정이 잘못되었습니다. 자신이 주인 된 목표였습니다. 종인 주제에 주제 파악을 못 한 것입니다. 내게 삶을 주신 그 주인의 뜻을 찾지 못했습니다.

사실 고난은 하나님이 주인이라는 것을 깨닫게 하는 과정입니다. 모든 고난의 귀착점은 하나님이 주인이요, 그 주인에게로 돌아가는 것이요, 그 주인의 뜻을 묻는 것입니다. 고난은 하나님께 항복의 백기를 올리는 과정입니다. 사울처럼 고꾸라져 "주님"이라고 고백하며 바울로 바뀌는 것입니다. "주님"이라고 불렀으니 이제 종입니다. 종은 순종할 뿐입니다. 할까? 말까? 생각하는 자리가 아닙니다. 언제 할까 판단하는 자리가 아닙니다. 그런 자리는 주인의 자리입니다. 종의 자리는 무조건 순종하고 실천해야 하는 자리입니다. 그래 사도 바울은 자신이 그리스도 예수께 사로잡힌 자라고 고백하는 것입니다.

많은 교인이 하나님의 말씀에 고개를 끄덕입니다. 아멘 합니다.

그런데 왜 변화가 없습니까? 왜 여전히 죄의 길에 서 있습니까? 사실 말씀이 진리인 것도 압니다. 하나님이 존재하는 것도 알고 있다고 합니다. 그런데 왜 믿음이 없고 말씀이 삶이 되지 못합니까? 아니 말씀의 시간에 오는 것조차도 때론 이렇게 힘이 듭니까? 왜 하루 5분의 말씀을 묵상하는 시간도 갖지 못할 정도로 신앙의 삶에 인색합니까? 이유는 간단합니다. 스스로 주인이 되어서 판단하기 때문입니다.

말씀은 주인이신 하나님이 내립니다. 우리는 그 말씀을 받는 종일 뿐입니다. 그것을 알 때에만 비로소 실천할 수 있습니다. 실천하지 못하는 것은 하나님께서 우리를 붙잡아 종으로 만들었다는 것을 알지 못했기 때문입니다. 여전히 삶의 주인이 자기 자신이라고 생각하기 때문입니다. 아직 자신이 판단합니다. 왜 작심삼일이 됩니까? 아직 주인이기 때문입니다. 해도 좋고 안 해도 좋은 판단을 내리는 주인이기 때문입니다. 시시때때로 변하는 주인입니다. 참 주인이 아니지요. 이런 주인을 믿을 수 있습니까? 종의 자리를 인식하지 못하는 한 삶에 변화는 없습니다. 종이어야 주인의 말에 즉각 순종합니다. 실천합니다.

조심하십시오. 말씀을 들어도 자기가 들은 줄 압니다. 아닙니다. 하나님이 듣게 했습니다. 기도를 해도 자기가 한 것이라고 여깁니다. 아닙니다. 성령이 우리로 기도하게 했습니다. 봉사를 해도 자기가 한 것이라고 생각합니다. 아닙니다. 주인이신 그 분이 우리로 봉사의 은혜를 베푸신 것입니다. 전도를 해도 자신이 설득해서 전도하였다고 생각합니다. 아닙니다. 하나님이 우리를 도구로 써 주셔서 전도의 사역을 감당케 하신 것입니다.

바울의 결심

교회라는 곳, 어느 교회나 예외 없이 생각보다 시끄러운 곳입니다. 알아주니, 못하니 하며 말이 많습니다. 어떨 때는 궂은일은 하기 싫어합니다. 하면서도 기쁨이 없고 보람이 없습니다. 마지못해 억지로 하기도 합니다. 대놓고 불평하기도 합니다. 핑계가 많습니다. 이유는 단 하나, 주인이 자기 자신이요 자신이 종임을 모르기 때문입니다. 말 많은 교회에 다니는 이유는 단 한 가지입니다. 내가 주인인 것을 알아주지 않는 그 많은 말들 속에서 비로소 내가 주인이 아니라는 것을 알게 되는 것입니다.

바울은 알았습니다. 자신이 하나님께 잡힌 자임을 알았습니다. 이미 오래전에 잡힌 자임을 다마스커스로 가는 도중에야 비로소 알았습니다. 우리가 함께 봉독한 빌립보서 3장 12절에서 바울은 잡힌 자의 진로를 신앙으로 고백하고 있습니다.

> 그리스도[예수]께서 나를 사로잡으셨으므로, 나는 그것을 붙들려고 좇아가고 있습니다.

우리는 바울의 중대한 결심을 여기서 읽게 됩니다. 이미 태어날 때부터 잡힌 자임을 알았습니다. 여기서 두 가지 선택이 있을 뿐입니다. 잡혔기에 마지못해 끌려가느냐 아니면 오히려 깨닫고 좇아가느냐입니다. 여러분, 어떻게 하시겠습니까? 도망치겠습니까? 어차피 다 내려놓고 세상을 떠날 것입니다. 내 것이 아닙니다. 그러니 주인이신 그 분 원하는 곳에 쓰겠다는 것이 바울의 결심입니다. 그분이 때가 되면 거두어 갑니다. 그러니 아예 처음부터 내놓아 버리겠다고 바울은 결단합니다. 예수님께서도 마태복음 16장 25절에서 같은 말씀을 하십니다.

"누구든지 자기 목숨을 구하고자 하는 사람은 잃을 것이요, 나 때문에 자기 목숨을 잃는 사람은 찾을 것이다."

어차피 내 것이 아닙니다. 쌓으면 쌓을수록 내 것이 아닙니다. 그냥 쌓일 뿐입니다. 신앙인이 아닌 삼성 이병철 회장이 죽기 얼마 전 가톨릭 사제에게 24개의 질문을 던졌다지요? 그 중, 이런 질문이 있습니다.

"성경에 부자가 천국에 가는 것을 낙타가 바늘구멍에 들어가는 것에 비유했는데, 부자는 악인이란 말인가?"

우리나라에서 가장 가진 것이 많은 분이 어찌 이런 질문을 던지고 있습니까? 죽음 앞에서 비로소 자기 자신이 주인이 아니라는 것을 알기 시작한 것입니다. 바울은 다마스커스 도상에서 자신의 삶의 주인이 누구인가를 알았습니다. 이제 세상으로 가는 여러분에게 이 깨달음이 있기를 바랍니다.

나오며

하나님이 자신을 잡은 것을 아는 자는 영원히 빼앗기지 않을,

위에서 부르신 부름의 상을 좇아갑니다. 이것이 사도 바울의 전환된 가치관입니다. 바울은 자신의 서신 곳곳에서 나를 부르신 주인의 은혜, 나로 나 되게 한 주인의 은혜를 감사하는 증언을 합니다. 나를 주의 종임을 깨우쳐 주었기에 변화할 수 있었습니다. 사도행전 9장 6절에서 주님은 말씀하십니다.

"일어나서, 성 안으로 들어가라".

여기 '일어나서'가 헬라어로 '아니스테미'입니다. 초대교회 부활 고백 언어 중 하나입니다. 그렇습니다. 주인이 바뀌는 것, 신실하신 주님, 죽어도 다시 사시는 주님으로 바뀌는 것, 이것이 부활입니다. 오늘 사순절 다섯째 주일 이 아침, 우리의 삶의 창에도 바울처럼 신앙고백문을 붙이시기 바랍니다.

"주인이 바뀌었습니다."

(2012. 3. 25.)

이제는 그대가 길이어라
요한복음 14:1-6

"내 아버지의 집에는 있을 곳이 많다. 그렇지 않다면, 내가 너희가 있을 곳을 마련하러 간다고 너희에게 말했겠느냐? 나는 너희가 있을 곳을 마련하러 간다"(2절).

쿤의 기도

아우슈비츠의 체험을 그린 작가 프리모 레비의 작품 『이것이 인간인가』라는 책에 있는 이야기입니다. 죽음의 가스실로 가는 사람을 선발하는 날입니다. 원래는 나이 많은 순서로 가게 되어 있는데 독일군 젊은 장교의 실수로 쿤이라는 노인이 이 선발에서 제외된 것이었습니다. 그러나 대신에 베포라는 젊은이가 뽑히게 되었습니다. 숙소로 돌아온 늙은 쿤은 침대에서 머리에 모자를 쓰고 상체를 거칠게 흔들며 큰 소리로 기도하고 있었습니다. 그 기도 소리를 들어보니 자신이 선발되지 않은 것을 하나님께 감사하는 기도였습니다.

쿤은 정말 나잇값도 못 하는 생각 없는 사람이었습니다. 그는 옆 침대의 그리스인인, 스무 살 먹은 베포가 내일모레 가스실로 끌려가게 되었다는 것을 모르는 것처럼 기도하고 있는 것이었습니다. 베포는 아무 말도 없이 침대에 누워 아무 생각도 하지 않은 채 작은 전등만 뚫어지게 쳐다보고 있었습니다. 처참한 마지막 삶을 생각하면서 말입니다. 그런데 늙은 쿤은 이런 것에 아랑곳하지 않고 감사의 통성기도까지 해댑니다. 이 광경을 본 작가 프리모 레비는 이렇게 말합니다.

"내가 신이라면 쿤의 기도를 땅에 내동댕이쳤을 것입니다."

늙은 쿤의 기도는 어쩌면 우리의 기도일지 모릅니다. 내가 드린 감사의 기도가 다른 사람들에게는 원망의 기도일지 모릅니다. 단지 기도의 문제만은 아닙니다. 무엇을 향해, 무엇을 위해 살아가느냐 하는 삶의 길과 관련된 문제입니다. 우리는 하나님을 믿는 사람들입니다. 가고자 하는 곳, 이르고자 하는 길이 다른 사람들이라는 말입니다. 히브리서 기자의 말처럼 하늘에 고향이 있는, 고향이 남과는 다른 사람들입니다.

길이 다른 사람들

오늘 말씀은 주님의 고별설교 가운데 예수님이 가시는 길에 대한 이야기입니다. 주님은 본문 2절에서 "내 아버지 집에 있을 곳이 많다"라고 말씀하십니다. 이 말이 무슨 말입니까? 천국에 방이 많이 비어 있다는 말입니까? 아닙니다. 가는 길이 다른 사람의 삶은 풍성하다는 것입니다. 죽어서 가는 어떤 공간이 아니라 길이 다른 사람들이 마침내 이르는 깨달음을 말합니다. 본문 2절은 원래 의문문인데 다른 성경과는 달리 우리가 쓰고 있는 새번역 성경만이 제대로 번역하고 있습니다.

"그렇지 않다면(만일 거할 곳이 많지 않다면) 내가 너희가 있을 곳을 마련 하러 간다고 너희에게 말했겠느냐?"

그 거할 곳은 삶의 차원이 다른 곳입니다. 그 처소는 풍성한 처소입 니다. 누구나 함께 누릴 수 있는 처소입니다. 더불어 함께 할 수 있는 처소입니다. 너는 떨어뜨리고 나만 올라가는, 너는 밀어내고 나만 내세우는, 너는 죽이고 나만 사는, 너를 짓밟고 올라서는 비좁고 생존경쟁의 치열한 처소가 아닙니다. 그러나 여러분, 우리는 그 처소를 향해 가지 않습니다. 우리는 하나님을 향한 길에 서 있지 않습니다. 우리는 누르냐, 눌림을 당하느냐, 빼앗냐 빼앗기느냐의 길에 서 있습니다. 그렇기에 근심이 많습니다. 그렇기에 주님은 말씀하십니다. 본문 1절의 말씀입니다.

"너희는 마음에 근심하지 말라."

모든 근심은 바로 여기서 비롯됩니다. 누르고 눌리지 않으려고, 빼앗고 빼앗기지 않으려는 것 속에서, 짓밟고 짓밟히지 않으려는 데서 근심이 생깁니다. 늘 고통은 집착에서 생깁니다. 집착은 욕망에서 나옵니다. 혹 다른 사람이 나보다 많이 가지고 있지 않나, 나보다 높은 자리에 있지 않나에 근심한다는 것입니다. 우리는 늘 남의 잘못만을 보느라 자신을 돌아보지 못합니다. 남을 정죄하고 비난하느라 늘 인상이 펴지질 않습니다.

주님은 그런 우리를 두고 "마음에 근심하지 말라" 하시면서 "하나님을 믿으니 또 나를 믿으라"고 말씀하십니다. 그 믿음은 무엇입니까? 전혀 다른 길을 가신 주님을 보고 그분을 따르라는 말입니다. 주님이 가신 그 길, 그 길은 함께 더불어 사는 넉넉한 길입니다. 함께 누릴 수 있는 처소를 예비하시는 길입니다.

주님의 길

예수님은 자신이 가는 길을 제자들이 알 것이라고 생각하셨습니다. 그래서 본문 4절에서 "너희는 내가 어디로 가는지 그 길을 알고 있다"고 말씀하십니다. 그 길은 그의 가르침이었고 그의 삶이었기 때문입니다. 그러나 도마는 그것을 깨닫지 못했습니다. 아마도 예루살렘을 향한 길도 무언가 지금보다는 세속적으로 훨씬 편하고 좋은 삶을 향한 길일 것이라고 생각했을 것입니다. 더욱이 예루살렘 입성 때 예수님이 환영받은 것을 보면서 확실히 그렇게 생각했을 것입니다.

그러나 그분이 가시는 그 길은 아버지의 성품에 이르는 길이요 차원 다른 아버지의 집, 즉 새로운 공동체에 이르는 깨달음이었습니다. 그것은 서로 좌의정, 우의정이 되려고 다투며 싸우는 길이 아니었습니다. 또한 제 욕심이나 제 형편만을 봐달라는 칭얼거리는 신앙, 구걸하는 신앙도 아니었습니다. 남을 누르고 자기를 내세우는 것 역시 아니었습니다. 오히려 주님의 가시는 그 길은 죽기까지 낮아지는 길이었습니다. 예수님은 서로 다투는 곳에서 제자들에게 말씀하십니다. 다시 본문 1절의 말씀입니다.

"너희는 마음에 근심하지 말아라. 하나님을 믿고 또 나를 믿어라."

마음에 근심이 없는 길을 예수님은 하나님을 믿고 또 자신을 믿는 길이라고 말씀하십니다. 그런데 단지 하나님만을 믿는 길만을 말씀하시지 않고 예수님 자신을 믿으라고, '나'를 믿으라고 말씀하십니다. 이 말씀이 무슨 뜻입니까? 하나님만 믿어서는 안 되고 예수님도 같이 믿어야 된다는 말입니까? 그런 뜻이 아닙니다. 여기 '하나님을 믿으라'와 '나를 믿으라'에서 '하나님'과 '나'는 문법적으로 동격입니다. 같은 말입니다. 즉, 하나님을 믿는다는 것의 설명으로 예수님은 '나를 믿으라고 말씀하신 것입니다.

이것은 한 인간 예수님의 삶에서 하나님을 보라는 말입니다. 사람들이 높이 계신 하나님을 멀리서 바라보며 그에게 예배하고 기도할 때, 하나님을 믿는다는 것은 단지 높으신 그분을 향해 기도하고 예배하는 것이 아니라는 것을 보여주십니다. 예수님은 하나님의 뜻을 자신이 살아온 길을 통해 보여주십니다. 그래서 예수님은 본문 6절에서 말씀하십니다.

"나는 길이요, 진리요, 생명이다. 나를 거치지 않고서는, 아무도 아버지께로 갈 사람이 없다."

예수님은 자신이 길이라고 단언합니다. 그리고 자신의 삶과 가르침이 진리라고 말씀하십니다. 길은 완전히 납작해야 길입니다. 길은 가장 밑바닥입니다. 자신을 죽여 납작해야 길입니다. 그래야 다른 사람이 걸어갈 수 있는, 다른 사람이 살 수 있는 길이 됩니다. 그 길은 살리는 길입니다. 그래서 주님은 '생명'이라고 말씀하신 것입니다.

여기 '나는'이라는 말이 예사롭지 않습니다. 단순히 예수님만을 지칭하는 말이겠습니까? 그 예수님을 믿는 우리 각자를 가리키는 말은 아닐까요? 그분을 믿는다는 것이 무엇입니까? 그분을 따르는 것이 아닙니까? 그렇다면 그분이 길이듯이 나 자신도 길이 되어야 한다는 것이 아닙니까?

길이요 진리이신 분

여러분, 왜 오늘날 교회가 믿지 않는 사람들에게 비웃음을 사고 손가락질을 당하고 있는 것입니까? 간단합니다. 예수가 없기 때문입니다. 예수가 보이지 않습니다. 그분의 길을 가는 사람이 없습니다. 그저 자신의 소원 성취를 위해 그분을 바라보며 기도하며 칭얼대는 사람은 있을지 모르지만, 그 길을 가는 사람은 없기 때문입니다. 그분처럼 길이 되는 사람이 없기 때문입니다. 어떻게든 신앙조차도 남이 만든 편한 길로 가고 싶어 하기 때문입니다. 그래서 주님이 우리를 위해 대신 죽으셨다, 그러므로 주님을 믿는다고 고백만 하면 우리는 구원 받을 수 있다고 생각하는 것입니다.

세상에 이런 싸구려, 천박한 신앙이 어디 있겠습니까? 자존심 상하지 않습니까? 대체 2천 년 전에 죽은 예수라는 젊은이가 왜 내 죄를 사할 수 있습니까? 그가 왜 내 죄를 대신 진다는 것입니까? 이런 무책임한 이야기가 어디 있습니까? 내가 곧 길이 되지 않고서는 내가 곧 그분의 가르침인 진리로 살지 않고서는 그리고 그 진리가 살리는 생명이라는 것을 깨닫지 않고서는 오늘 예수는 없다는 말입니다.

철학자 니체는 단호하게 "신은 죽었다"고 했습니다. 그 말만 들으면 우리는 이 철학자가 불경스러운 사람이라고 말할 것입니다. 실제로 많은 기독교인들이 그렇게 여기고 있습니다. 아닙니다. 니체가 신은 죽었다고 말했을 때 그는 교회와 교인들을 본 것입니다. 거기 예수가 보이지 않기 때문입니다. 거기 길이 되는 사람이 없기 때문입니다. 거기 진리로 가르치고 가르침을 받는 사람이 없기 때문입니다. 거기 생명을 살리는 사람이 없기 때문입니다.

우리가 예수님을 통해 하나님을 보듯이 사람들이 우리를 보면 예수님이 보여야 합니다. 세상의 어둠을 뚫는 길이 보여야 합니다. 그러나 어느 누구도 길이 되려고 하지 않습니다. 어느 누구도 진리의 편에 서지 않으려고 합니다. 어느 누구도 살리는 일, 생명의 사명을 다하려 하지 않습니다.

여러분이 길이 될 때, 우리가 길이 될 때, 우리 각자가 길이 될 때, 세상을 향해 우리를 밟고 지나가라고 할 때, 비로소 우리는 아버지이신 하나님께 이를 수 있습니다. 우리 각자인 '나'를 통하지 않고서는 하나님께 이를 수 없습니다. 예수에 편승해서 구원받는다면 그것은 신앙이 아니라 사기입니다. 주님은 길이 되셨습니다. 하나님께 이르는 길이 되셨습니다. 그러나 그 길이 끊긴 지 오래입니다. 그러니 이제 우리가 길이 되어야 합니다. 정호승의 시 <봄 길>이라는 시가 있습니다.

길이 끝나는 곳에서도
길이 있다.

길이 끝나는 곳에서도
길이 되는 사람이 있다.
스스로 봄 길이 되어
끝없이 걸어가는 사람이 있다.
강물은 흐르다가 멈추고
새들은 날아가 돌아오지 않고
하늘과 땅 사이의 모든 꽃잎은 흩어져도
보라
사랑이 끝난 곳에서도
사랑으로 남아 있는 사람이 있다.
스스로 사랑이 되어
한없는 봄 길을 걸어가는 사람이 있다.

정말 미치도록 살 떨리게 하는 감동을 주는 시입니다. 길이 끝난 곳에서 우리는 스스로 길이 되어야 합니다. 진리의 길, 생명의 길을 열어야 합니다. 사랑이 끝난 곳에서도 사랑으로 남는 사람이 되어야 합니다. 이 세상 모두가 미친 듯이 남이 만든 탄탄대로의 넓은 길을 간다 해도 길이 아니면 가지 아니하는 것 그리고 가야 할 진리와 생명의 그 길이 끊겼다면 스스로 그 길이 되어 주는 것, 바로 이것이 하나님께 이르는 길입니다. 내가 길이 되는 것 외에 하나님께 이를 수 있는 길이란 없습니다.

교회의 길

그리스도 교회는 하나님이 계신 거룩한 처소입니다. 교회가 거룩한 것은 스스로 길이 되려는 사람들이 모여 하나님의 거룩한 집을 이루기 때문입니다. 길과 길이 만나는 곳이 교회입니다. 서로 막혔던 삶에 길이 되어 주는 곳이 바로 교회입니다. 시인 마종기의 시에 <우화의 강>이란 시가 있습니다.

사람이 사람을 만나 서로 좋아하면
두 사람 사이에 서로 물길이 튼다.
한쪽이 슬퍼지면 친구도 가슴이 메이고
기뻐서 출렁이면 그 물살은 밝게 빛나서
친구의 웃음소리가 강물의 끝에서도 들린다.

처음 열린 물길은 짧고 어색해서
서로 물을 보내고 자주 섞여야겠지만
한세상 유장한 정산의 물길이 흔할 수야 없겠지.
넘치지도 마르지도 않는 수려한 강물이 흔할 수야 없겠지.

긴말 전하지 않아도 물살로 알아듣고
몇 해쯤 만나지 못해도 밤잠이 어렵지 않은 강.
아무려면 큰 강이 아무 의미도 없이 흐르고 있으랴.
세상에서 사람을 만나 오래 좋아하는 것이
죽고 사는 일처럼 쉽고 가벼울 수 있으랴.

큰 강의 시작과 끝은 어차피 알 수 없는 일이지만
물길을 항상 맑게 고집하는 사람과 친하고 싶다.
내 혼이 잠잘 때 그대가 나를 지켜 보아주고
그대를 생각할 때면 언제나 싱싱한 강물이 보이는
시원하고 고운 사람을 친하고 싶다.

교회는 서로에게 길이 되어 주는 사람이 모인 곳입니다. 서로 좋아져 물길을 트는 곳입니다. 내가 길이 되고자 할 때 비로소 그 길을 가는 사람이 있어 모이는 교회입니다. 이제는 그대가 길이 되어야 합니다. 나를 거치지 않고서는 내 가정도 내 사회도 내 나라도 내 교회도 끊어진 길에서 방황합니다. 그러나 우리는 늘 '나 하나쯤이야'라고 생각합니다. 그렇게 하찮은 '내'가 아닙니다. 나를 거치지 않고서는 그 어떤 길도 찾을 수 없습니다.

산돌 10년, 아직 갈 길이 멉니다. 그 출발은 '나'입니다. 내가 길이 될 때 비로소 교회도 길을 찾습니다. 제1 남신도회가 제2 남신도회의 길이 되어 주십시오. 제2 남신도회가 청년들의 길이 되어 주십시오. 우리 청년들이 청소년들의 길, 어린이들의 길이 되어 주십시오 여신도회도 마찬가지입니다. 내가 길이 되고자 하는 것 속에 진리가 있고 생명, 즉 살리는 힘이 있습니다. 가정도 마찬가지입니다. 부모는 자녀들의 길이 되어 주십시오 형은 아우의 길이 되어 주십시오 무엇보다도 그 어떤 상황에서나 분연히 일어설 수 있는 부활의 길이 되어 주십시오

오늘은 주님의 예루살렘 입성을 기념하는 종려주일입니다. 정말 죽으러 가는 길입니다. 죽어 쓰러져 길이 되었습니다. 그러나 그 길은 부활의 길입니다. 죽어야 다시 사는 길입니다. 서로에 대해

죽고자 하여 서로의 길이 되어 주는 사람, 정말 맑은 물길을 고집하는 고운 사람들이 모인 우리 산돌이 되어 이번 부활절만은 예수님만의 부활이 아니라 죽어 다시 사는 내 부활이 되기를 바랍니다. 이제는 그대가, 여러분이 길이어야 합니다.

(2012. 4. 1. 종려주일)

나는 십자가 곁에 있는가?
요한복음 19:25-27

예수께서는 자기 어머니와 그 곁에 서 있는 사랑하는 제자를 보시고, 어머니에게 "어머니, 이 사람이 어머니의 아들입니다" 하고 말씀하시고 (26절)

도망가지 않은 사람들

2천 년 전, 오늘 예수님은 십자가에 처형당했습니다. 그리고 주님은 우리에게 그 험악한 십자가를 지라고 하십니다. 제자들이 도망간 것 절대 무리가 아닙니다. 당연한 것입니다. 어쩌면 우리 삶이 끊임없이 예수로부터 도망치는 삶일 것입니다. 교회에서조차 십자가의 예수로부터 도망가고 싶은 것입니다. 예수님의 뜻과는 전혀 다른 기도를 드리고, 전혀 다른 삶을 구합니다. 정말 도망가고 싶습니다. 아니 도망가고 있습니다.

그런데 놀랍게도 오늘 우리가 읽은 요한복음 19장 25절 이하에는 도망가지 않은 사람들의 이야기가 있습니다. 예수님의 어머니, 이모와 글로바의 아내 마리아, 막달라 마리아, 네 여인이 있었습니다. 그리고 제자들 가운데 유일한 한 사람이 있었습니다. 그들 다섯 사람만이

'예수의 십자가 곁에' 있었다고 요한복음은 기록하고 있습니다. 여기에 그 제자의 이름이 나오지는 않았지만, 기독교 전승에 의하면 그는 요한복음서를 쓴 요한이라고 합니다. 그도 한때 도망갔지만, 곧 돌아온 것이었습니다.

제 생각에는 바로 이 네 여자와 한 제자만이 진짜 그리스도인이 아닐까 싶기도 합니다. 과연 그들은 왜 십자가 곁에 있는 것일까요? 의리일까요? 연민일까요? 아니면 사랑일까요? 아니면 부활을 믿어서일까요? 그런데 실제로는 이 중에서 부활을 믿은 사람은 단 한 사람도 없었습니다.

어머니와 아들

다른 사람은 모르겠지만 이 중에서 가슴이 제일 찢어지는 사람은 어머니 마리아였을 것입니다. 마리아는 아들 예수님을 낳을 때 화려한 태몽을 꾸었습니다. 천사 가브리엘이 나타나 아들을 낳을 것인데 그가 세상을 구원할 하나님의 아들이라고 말해 주는 꿈이었습니다. 어머니 마리아는 여느 엄마처럼 아들 예수가 위대한 사람이 될 것이라는 부푼 꿈에 젖었습니다. 그런데 웬일입니까? 그토록 바르게 살아오던 아들이 신성 모독죄, 로마 반역죄로 십자가 처형을 당하다니요?

주님은 십자가 아래 기진한 채 서 있는 어머니를 바라보셨습니다. 어쩌면 어머니는 예수님이 태어난 지 여드레째 되는 날 성전에서 만났던 한 노인 시므온이 했던 말을 되새기고 있었을지도 모릅니다. 누가복음 2장 35절의 말씀입니다.

"칼이 당신의 마음을 찌를 것입니다."

어머니에겐 아들 예수의 십자가가 자기 십자가요 차라리 당신이 대신 매달리고 싶은 십자가였을 것입니다. 비수가 꽂히는 아픔이었을 것입니다. 예수님의 십자가 곁에서 울음소리조차 내지 못한 채 파리해져 가는 어머니. 그의 곁에는 망연자실하게 서 있는 사랑하는 제자가 있었습니다. 주님은 본문 26절에서 어머니에게 말씀하십니다.

"어머니, 이 사람이 어머니의 아들입니다"

그리고 본문 27절에서 오열하는 어머니 곁에 서 있는 제자에게 말씀하십니다.

"자, 이분이 네 어머니이시다."

어머니를 향해 "이제부터 이 제자가 당신 아들입니다"라고 말씀하셨고, 제자를 향해서는 "이제부터 이 분이 네 어머니다"라고 말씀하셨습니다. 지금 예수님은 십자가 곁에 있는 어머니를 향해 그리고 오열하고 있는 어머니 곁에 있는 제자를 향해 말씀하십니다.

곁에 있어 주는 것

우리가 읽은 본문 25절과 26절에는 '곁에'라는 말이 연속으로 나오고 있습니다. '십자가 곁에', '어머니 곁에' 그냥 쓴 말이 아니라고 여깁니다. 여러분, 십자가 신앙이 무엇일까요? 십자가 위에서 예수님은 지금 무슨 말씀을 하고 계신 것입니까? 십자가 위에서 예수님은 우리에게 십자가 신앙을 가르쳐주고 계십니다. 고통받는 십자가의 주님 곁에 있는 것, 고통받는 어머니 곁에 있는 것, 이것이 십자가 신앙입니다. 이것이 믿음입니다. 믿음은 아파하는 이의 곁에 있어 주는 것입니다.

잘 나가는 사람 곁에는 사람이 모입니다. 모이지 말라고 해도 모입니다. 잘 나가는 사람 곁에 있는 것은 편하고 기쁩니다. 그러나 조금이라도 어려운 사람들 곁에 있는 것은 쉽지 않습니다. 여러분, 누군가가 힘들어할 때 곁에 있어 주기보다는 혹 예수님의 십자가를 지나가며 조롱하는 구경꾼들처럼 "내가 그럴 줄 알았다" 하며 겉으로 건 속으로 건 핀잔을 주며 멀찍이서 구경만 하고 있지는 않나요?

한 15년쯤 전인 것 같습니다. 크리스마스이브였습니다. 이른 아침에 교회의 한 청년으로부터 전화가 왔습니다. 지금 집 앞 놀이터인데 와달라는 것이었습니다. 초조한 목소리였습니다. 그래 달려갔습니다. 얘기인즉 평상시에 아버지가 어머니에게 손찌검을 한다는 것입니다. 그날 아침도 아버지가 어머니에게 손찌검을 하기에 참다못해 아버지를 밀어 넘어뜨렸고 그냥 집을 나왔다는 것입니다. 그리고는 혼자 두고 나온 어머니가 걱정이 되어 집 앞 놀이터에 서성거리고 있다는 것이었습니다. 꽤 추운 날씨였고 함박눈까지 내렸습니다. 눈을 맞으며 그 청년과 함께 서너 시간 같이 있었습니다. 외롭고 힘들었는데 목사님 밖에 부를 사람이 없더라는 것입니다. 다시 힘을 얻어 집으로 들어가는 것을 보고 저도 교회로 돌아왔습니다.

후에 제가 결혼 주례를 했고 지금은 마흔이 훌쩍 넘어 쌍둥이 딸의 아버지가 되어 있습니다. 이 사건 이후 종종 힘들면 전화가 옵니다. 어느 날 제가 전화를 받자 대뜸 "아부지"라고 말하는 것입니다. 그리곤 "나 힘들어!"라고 말하는 것입니다. 한잔 걸친 목소리였습니다. 집 앞에서 전화한 것이었기에 제가 나갔습니다. 집 앞 한 포장마차에서 그 청년과 얘기하는데 포장마차 아주머니가 말을 겁니다. "아드님이신가 봐요. 아버지 닮아 잘 생겼네요." 그 말에 저도 굳이 부정하지 않습니다. 괜히 기분이 좋아졌습니다.

하늘 가족의 식탁으로 초대

예수님보다 더한 고통 속에 있는 십자가 곁의 어머니 그리고 그 어머니 곁에 있는 제자, 이제부터는 그 제자가 아들이요 예수님의 어머니가 그 제자의 어머니입니다. 그리고 이 제자가 평생 예수님의 어머니를 모시고 삽니다. 예수님의 십자가 처형 이후 이 제자가 예수님의 어머니 마리아를 자기가 집으로 모셨다고 본문 27절은 말하고 있습니다. 여기 '자기 집'이 단순히 그 제자의 집을 말하는 것일까요? 이것은 새로운 공동체, 부활공동체, 교회를 말합니다. 혈연주의, 가족주의를 십자가에 못 박고 영적 가족으로 다시 태어난 부활공동체, 이것이 바로 교회입니다.

산돌교회 식구들은 하늘 자손들입니다. 하늘 몸과 피를 받은 하늘 자손들입니다. 우리는 곧 애찬식을 하려고 합니다. 예수님의 피를 마시고 그의 살을 먹습니다. 그리스도의 자손이라는 말입니다. 버거운 세상을 살아가고 있는 옆의 교우가 어머니요 아버지입니다. 아들이요 딸입니다. 오늘 이 애찬식은 우리가 하늘 가족임을 확인하는, 부활공동

책임을 확인하는 우리 하늘 가족의 식탁입니다.

여러분, 이제 서로 곁에 있어 줍시다. 삶이 버거운 교우들, 이웃들이 없는지를 돌아봅시다. 그들 곁에 있어 줄 때 비로소 우리는 하늘에 계신 하나님을 아버지로 여기는 한 가족, 하늘을 지붕 삼는 한 가족이 될 것입니다. 이 애찬의 식탁은 바로 우리가 그리스도 안에서 한 가족임을 확인하는 잔치 자리입니다. 버겁고 힘든 삶이지만 함께 곁에 있어 한 가족임을 확인하고, 평생의 믿음의 동지로, 기도의 동지가 될 것을 다짐하는 자리가 되기를 주님의 이름으로 축원합니다.

(2012. 4. 6. 성금요일)

부활절

아흔아홉 마리를 들에 두고(눅 15:1-7)

한결같은 마음을 가진 사람들(사 26:1-7)

홉니와 비느하스를 생각하며(삼상 2:22-32)

누가 누구에게 하는 말씀인가?(엡 5:21-25, 6:1-9)

아흔아홉 마리를 들에 두고
누가복음 15:1-7

"내가 너희에게 말한다. 이와 같이 하늘에서는, 회개할 필요가 없는 의인 아흔아홉보다, 회개하는 죄인 한 사람을 두고 더 기뻐할 것이다"(7절).

공원에서

여러 시간 공원 벤치에 앉아 심심한 시간을 보내던 한 사람이 무료함을 달래기 위해 지나가는 사람의 숫자를 세고 있었습니다. 그래도 심심하니까 공원에 있는 가로등이 몇 개인지를 세기도 하고, 공원을 가로질러 날아가는 새가 몇 마리인지를 세기도 했습니다. 따로 할 일이 없었던 그는 공원 벤치에 앉아 그렇게 시간을 보내고 있었습니다.

그러던 저녁 무렵이었습니다. 한 아버지가 어린 아들을 안고 공원으로 나왔습니다. 아버지는 아들을 땅에 내려놓더니, 아들의 손을 잡고서 걸음마 연습을 시켰습니다. 뒤뚱거리며 불안하게 걷는 아들의 손을 잡고 천천히 걷기를 여러 번, 그러더니 아들을 혼자 세워두고 몇 걸음 앞에서 아들을 향해 손짓을 했습니다. 어린 아들은 제자리에 선 채 꼼짝을 하지 못했습니다. 마음은 앞에서 손짓을 하는 아빠에게 당장 뛰어가고 싶었겠지만 그럴 수가 없었습니다. 그래도 아빠는 환하게 웃으며 아이에게 어서 오라고 손짓을 했습니다.

마침내 아이가 용기를 내어 한 걸음을 내디뎠습니다. 그러나 아이는 이내 몸의 균형을 잃고서 넘어졌습니다. 얼른 아빠가 달려와 아이를 일으켜 주었습니다. 그러고는 또다시 아이를 세워놓고 아이 앞으로 가 팔을 벌려 손짓을 했습니다. 한 걸음도 내딛지 못하고 넘어진 아이는 더욱 조심스러워질 수밖에 없었습니다. 그러자 아빠는 한 걸음 더 아이 쪽으로 다가옵니다. 눈앞에서 팔을 벌리고 있는 아빠를 향해 아이는 다시 용기를 내어보지만 이번에도 넘어지기는 마찬가지였습니다. 그렇게 시작된 아이의 걸음마 연습은 한동안 계속되었습니다.

공원에 어둠이 내리기 시작할 무렵 아버지가 아들을 안고 집으로 돌아설 때 벤치에 앉아 그 모습을 지켜보던 이가 아버지에게 말했습니다.

"당신은 공연한 헛수고를 하고 있소. 아이는 오늘 여든일곱 번을 넘어졌단 말이오."

그 말을 들은 아버지는 활짝 웃으며 대답했습니다.

"그래요? 저는 아이가 몇 번 넘어졌는지는 모릅니다. 하지만 오늘 우리 아들은 여섯 걸음을 혼자서 걸었답니다."

벤치에 앉은 사람은 아이가 넘어지는 숫자를 세었지만, 아이의 아버지는 아이가 걸은 숫자를 세고 있었습니다. 똑같은 모습을 보면서도 서로 세는 것이 달랐습니다(「기독교사상」 2005년 6월호 짧은 두레박).

여러분, 살아가면서 무엇을 세며 살아가고 있습니까? 넘어진 여든 일곱 번을 세고 있습니까? 아니면 일어난 여섯 번을 세고 있습니까? 아무리 많은 것을 세도 우울한 사람이 있는가 하면, 아무리 적은 것을 세도 기쁨이 넘치는 사람이 있습니다. 아무리 계산을 잘해도 삶이 어두운 사람이 있는가 하면, 열 손가락 안의 계산을 겨우 해도 삶이 밝은 사람이 있습니다. 우리는 오늘 예수님의 한 비유를 통해 우리가 무엇을 세며 살아왔는가 그리고 우리의 셈은 무엇인가를 돌아보게 해주는 깨달음을 갖게 됩니다.

아흔아홉 마리를 들에 두고

어떤 사람에게 양 일백 마리가 있었는데 그 중 한 마리를 잃었다고 합니다. 그런데 이 목자는 아흔아홉 마리를 들에 두고 잃은 한 마리를 찾아 나섰다고 합니다. 이 비유는 너무나 이상합니다. 한 마리 양을 잃어버렸으면 그냥 그 잃어버린 한 마리 양을 찾아 나섰다고 하면 되는데 남은 '아흔아홉 마리를 들에 두고'라는 말을 왜 하는 것일까요? 그리고 남은 아흔아홉 마리를 우리에 두거나, 아니면 다른 목자에게 맡겨야 하는데 왜 그냥 들에 방치한 것일까요?

더욱이 이 목자는 잃어버린 한 마리 양을 찾은 다음, 아흔아홉 마리가 있는 들로 가지 않고 집으로 갔다고 본문 6절은 말하고 있습니다. 이 목자가 정신이 제대로 있는 사람일까요? 한 마리 찾다가 다른 아흔아홉 마리를 잃어버리기라도 하면 어떻게 하려고 이러는 것일까요? 더 이상한 것은 잃어버린 한 마리를 찾은 다음 이웃을 불러 잔치를 베풀었다는 것입니다. 생각해 보면 한 마리 양보다 더 비싼 잔칫상을 차리지 않았나 싶습니다. 계산해 보면 더 손해입니다.

여러분은 이 대책 없는 목자를 어떻게 생각하십니까? 아흔아홉과 하나, 절대 비교할 수 없는 수입니다. 그러나 이 목자는 하나를 선택합니다. 여기에는 우리가 꼭 깨달아야 할 소중한 메시지가 있습니다. 그것은 하나에 대한 소중함, 하나에 대한 애타는 마음입니다. 아흔아홉에 비하면 분명 하나는 턱없이 작은 것입니다. 그러나 그 아흔아홉도 하나하나가 모여 이루어진 것입니다. 만일 하찮은 하나라면 그 하찮은 하나하나가 모여 이루어진 아흔아홉도 하찮은 것입니다. 이것이 성서의 인간관이요 예수님의 인간을 보는 눈입니다.

제가 전에 목회하던 교회에서 아이 하나가 매년 자신의 저금통을 하나님께 바칩니다. 액수 자체로 따지자면 아무것도 아닙니다. 아이가 매일 기도하며 100원씩, 없는 날은 10원, 50원, 있는 날은 500원을 드물게 넣기도 했습니다. 이 작은 아이 하나를 통해 하나님은 그 교회의 기초를 놓습니다. 교회 일지에 이 아이가 한 헌금을 매해, 꼭 그 마음과 함께 기록하였습니다. 한 아이의 작은 손길을 통해 주님의 몸 된 교회가 이루어지는 것, 이것이 교회의 정신입니다.

제가 목회를 시작하면서 지금은 돌아가신 문익환 목사님을 비롯한 선배 목사님들이 저에게 해주신 말씀이 있습니다. "교인을 수로 세지 말라. 수로 세기 시작하는 한 그 목회는 실패다." 교인은 집단이 아니라는 말입니다. 하나하나의 소중한 영혼이라는 깨우침입니다.

너희 중에 어떤 사람

여러분이 앉아 있는 그 자리, 둘이 앉을 수 있는 자리가 아닙니다. 여러분 하나만이 앉을 수 있는 자리입니다. 성가대의 그 자리, 권사님의 그 자리, 교사의 그 자리, 여러분이 앉아 있는 바로 그 자리, 그 하나하나가 얼마나 소중한 자리인가를 알아야 합니다. 오늘 예수님은 하나의 소중함을 말하면서 단지 평범한 사람 하나에 머무르지 않습니다. 그것은 잃어버린 하나의 소중함입니다. 이 비유에는 하나의 상황이 전제되어 있습니다. 본문 1절과 2절의 말씀입니다.

> 세리들과 죄인들이 모두 예수의 말씀을 들으려고 그에게 가까이 몰려들었다. 바리새파 사람들과 율법학자들은 투덜거리며 말하였다. "이 사람이 죄인들을 맞아들이고, 그들과 함께 음식을 먹는구나."

예수님이 이 비유를 말하게 된 배경입니다. 당시에 하나님을 잘 믿고 있다는 바리새인들, 율법에 정통해 있다는 율법학자들이 세리와 죄인들을 가까이하시는 예수님을 보고 비난한 것입니다. 물론 세리는 당시 로마를 대신하여 같은 민족인 이스라엘 백성들에게 세금을 갈취하는 매국노입니다. 바리새인들과 율법학자들은 그들을 죄인으로 정죄하고 상종도 하지 않았습니다. 그들을 죄인으로 몰아세우고 소외시키고 심판받을 사람으로 여겼습니다.

이런 배경에서 예수님은 잃어버린 양 하나를 말함으로 그들 하나하나의 소중함을 말하고 있는 것입니다. 알고 보면 그들 세리와 죄인을 잃어버린 것은 세리와 죄인들 자신이 아닙니다. 그들을 죄인으로 몰아세우고 영원히 구원받지 못할 인간으로 낙인찍은 것은 다름 아닌 하나님을 잘 믿는다는 바리새인이었고, 율법학자들이었던 것입니다.

그렇기에 예수님은 이 비유를 시작하면서 바리새인들과 율법학자들을 두고 본문 4절에서 '너희 가운데서 어떤 사람'이라고 말하고 있습니다. 그리고 이 비유를 말하면서 "양 백 마리가 있는데 그 가운데서 하나를 잃으면"이라고 말하는데 그 주어가 다름 아닌 '너희 중에 어떤 사람'인 것입니다. 즉, 하나님을 잘 믿는다는, 신앙이 좋다는 바리새인이나 율법학자가 그 한 마리 양을 잃어버렸다는 것입니다.

오래 전 한 달 정도 미국 여행을 간 적이 있습니다. 처음이자 아직까지 마지막입니다. 이 여행을 통해서 제가 느낀 미국의 문제는 한마디로 흑백 문제입니다. 워싱턴이나 뉴욕의 4분의 3의 지역은 갈 수 없는 지역입니다. 시카고의 반이 넘는 남쪽은 가서는 안 되는 지역입니다. 샌프란시스코, 로스앤젤레스도 마찬가지입니다. 그 지역은 흑인이 사는 우범지역입니다.

왜 그럴까요? 흑인은 타고날 때부터 범죄자입니까? 아닙니다. 백인들이 그들을 잃어버렸습니다. 그들을, 그들이 사는 지역을 저주하고 있습니다. 아프리카의 흑인을 노예로 잡아다가 혹독하게 부렸습니다. 법적으로 그들을 해방시켜 주었지만 그들에게 사람다운 삶, 먹고살 만한 직장, 받을 만한 교육을 시키지 않았습니다. 그들이 범죄하지 않고서는 살 수 없는 사람들로 만든 것은 백인이었습니다.

바로 이런 의미에서 예수님은 이 비유를 말씀하시면서 양 스스로가 길을 잃어버린 것이 아니라 '너희 중에 어느 사람', 즉 바리새인이나 율법학자가 그 양을 잃어버렸다고 말하고 있는 것입니다.

잃어버린 이웃

여러분, 깊이 생각해 봅시다. 우리 역시 쉽게 사람들을 정죄하고 있지는 않습니까? 특히 교회는 의인들만 모이는, 죄인들은 배척된 곳이라는 착각을 우리 믿는 사람이 갖고 있는 것은 아닐까요? 교회를 서로 좋아하는, 서로 마음과 뜻이 맞는, 다른 사람들은 낄 수 없는 배타적인 집단으로 만들어 가는 것은 아닐까요?

오늘 본문 6절에서 잃어버린 양을 찾은 목자는 그 이웃을 불러 잔치까지 열며 기뻐하고 즐거워합니다. 그런데 우리는 어떻습니까? 혹 회개하여 돌아오기보다는 무참하게 죽어야 직성이 풀리는 우리가 아닙니까? 잘못을 저지른 사람이 심판받기를 바라고, 우리 역시 상종하지 않으려는 것은 아닙니까?

놀랍게도 오늘 본문과 병행을 이루고 있는 그리고 이 본문보다 오래된 마태복음 18장 12절을 보면 목자가 '잃어버린 양'이 아니라 양 스스로가 길을 잃은 것으로 되어 있습니다. 그런데 마태는 양 스스로가 잃은 상태라 할지라도 그 양을 찾아 나서는 것이 목자의 도리라고 말하고 있습니다. 가까이는 이 자리에 모인 우리 교우들을 돌아보시기 바랍니다. 그리고 교회 밖 우리 이웃의 현실을 보시기 바랍니다. 잘못을 저지르고 죄를 지었기에 자업자득이라고 여기는 것은 아닙니까? 심지어 그가 회개하고 돌아와 새사람이 되지 않았으면 하는 마음은 없습니까? 잘못된 길을 가고 있는 사람에 대한 애타는 마음이 사라져 가고 있지는 않습니까? 어떤 분이 이런 말을 합니다.

"초는 자기 몸을 태워 빛을 발하지만, 사람은 이웃을 위한 애태움을 통해 빛을 발한다"(「기독교사상」 6월 호 김기석 목사님의 글에서).

아흔아홉 마리를 들에 두고서라도 잃어버린 양 한 마리를 찾아 나서는 그 안타까움과 애타는 마음을 말합니다. 사실 그런 마음이야 없는 것은 아니지요. 그러나 사랑이라고 흔히들 말하지만 그 사랑의 길이가 얼마나 될까요? 몇 번 찾다가 마는, 며칠 해보다가 관두는 그런 사랑의 길이는 아닙니까? 소설가 이외수의 글 "내가 너를 향해 흔들리는 순간"에 이런 말이 있습니다.

그대가 만일 누군가를 사랑한다면 자신을 백 미터 선수에 비유하지 말고 마라톤 선수에 비유하라. 마라톤의 골인 지점은 아주 멀리 위치해 있다. 그러므로 초반부터 사력을 다해 달리는 어리석음을 삼가라. 그건 백 미터 선수에 해당하는 제비족들이 즐겨 쓰는 수법이다. 그러나 그대가 아무리 적절한 힘의 안배를 유지하면서 달려도 골인 지점을 통과하기 전까지는 계속적으로 고통이 증대된다는 사실을 명심하라. 따라서 계속적으로 증대되는 고통을 감내하지 못한다면 아직은 선수로서의 기본 정신이 결여되어 있는 수준임을 명심하라. 진정한 마라톤 선수는 달리는 도중에 절망하지 않는다. 사랑하는 사람의 절교 선언이나 배신행위에 개의치 말라. 사랑은 그대 자신이 하는 것이다. 진정한 마라톤 선수는 발부리에 음료수 컵 따위가 채이거나 눈앞에 오르막 따위가 보인다고 기권을 선언하지 않는다. 그래도 완주하라. 그러나 마라톤에서의 골인 지점은 정해져 있지만 사랑에서의 골인 지점은 정해져 있지 않다. 경우에 따라서는 한 평생을 달려도 골인 지점에 도달하지 못할 수도 있다. 그렇다. 사랑은 그대의 한평생을 아무 조건 없이 희생하는 것이다. 그러기에는 자신의 인생이 너무 아깝고 억울

하다면 역시 진정한 사랑을 탐내기에는 자격 미달이다.

참으로 어려운 이야기입니다만 소중한 말입니다. 잃어버린 양을 찾는 데에 드는 사랑의 시간과 비용이 있습니다. 계산하면 복잡해집니다. 교회 재정, 선교비도 생각해야 합니다. 우리 교회도 어려운데 남은 왜 돕냐? 하는 생각도 갖게 됩니다. 그러나 이유는 단 한 가지입니다. 교회는 잃어버린 사람을 찾아 나서는 곳이기 때문입니다. 그리고 그 잃어버린 사람을 찾는 것이 교회의 기쁨이기 때문입니다. 아흔아홉이라는 집단보다 하나의 생명이 더 커 보이는 곳, 생명이 생명으로 살아 돌아오는 것, 그 잃은 생명이 찾아지는 것, 그것을 찾기 위해 애타는 마음으로 온 정성을 기울이는 것, 교회는 바로 그 마음을 기르는 곳이기 때문입니다.

잃어버린 양을 찾는 목자가 양을 찾았을 때의 기쁨을 말하면서 본문 7절은 이렇게 끝을 맺고 있습니다.

"내가 너희에게 말한다. 이와 같이 하늘에서는, 회개할 필요가 없는 의인 이 아흔아홉보다, 회개하는 죄인 한 사람을 두고 더 기뻐할 것이다."

잃어버린 양을 찾는 것, 죄인 하나가 돌아오는 것이 하늘의 기쁨이라고 말합니다. 그렇다면 잃은 양을 찾은 목자가 하늘이라는 말이 아닙니까? 그렇습니다. 잃어버린 사람을 찾는 것이 하늘마음이라는 것입니다. 그 잃은 양을 찾는 것이 저 먼 하늘이 아니라 목자인 우리 마음이라고 말하는 것입니다.

나오며

오늘날 직장을 잃고, 집을 잃고, 용기를 잃고, 삶의 의욕도 잃고, 마침내 자기 자신마저 잃고서 헤매는 사람이 얼마나 많습니까? 교회 안팎으로 줄지어 있습니다. 이런 한 사람을 찾기 위해 아흔아홉 마리를 들에 두고 찾아 나설 정도의 애타는 마음 그리고 이런 한 사람을 되찾은 것에 기쁨을 갖는 심성을 기르는 곳이 바로 교회입니다. 이것이 바로 부활한 사람의 심성입니다. 아니 그 심성을 기르는 것이 바로 부활입니다.

오늘 부활절 둘째 주일 이 아침, 아흔아홉이라는 집단을 위해 하나를 희생해야 한다는 세상의 생각을 땅에 묻고, 생명 하나를 위해 절치부심(切齒腐心)하는 마음의 부활이 있기를 주님의 이름으로 축원합니다.

(2012. 4. 15.)

한결같은 마음을 가진 사람들
이사야 26:1-7

그 날이 오면, 유다 땅에서 이런 노래를 부를 것이다. 우리의 성은 견고하다. 주님께서 친히 성벽과 방어벽이 되셔서 우리를 구원하셨다(1절).

줏대 없이

"팔려 가는 당나귀" 이야기를 기억하실 것입니다. 한 아버지가 어린 아들과 함께 당나귀를 팔러 장으로 가고 있었습니다. 당나귀를 끌고 아버지와 아들이 터벅터벅 걸어가다 한 마을을 지나가게 되었는데, 마을 사람들이 그 모습을 보더니 어리석은 사람이라고 놀려댔습니다. 나귀를 타고 가면 될 것을 둘 다 걸어갈 필요가 있느냐는 것이었습니다. 이야기를 듣고는 아들을 당나귀에 태우고 아버지는 앞에서 고삐를 잡고 걸었습니다. 그렇게 길을 가는데 이번엔 노인네들이 그 모습을 보더니만 버릇도 없이 아들놈이 나귀를 타고 아버지를 걷게 한다고 야단이었습니다. 아버지와 아들은 자리를 바꿨습니다. 아버지가 나귀에 타고 어린 아들이 고삐를 잡았습니다. 한참 길을 가는데 이번에는 빨래터의 아주머니들이 뭐라고 한마디씩을 했습니다. 어른이 어린 자식을 학대한다는 것이었습니다.

이래도 흉 저래도 흉, 참 곤란한 일이었습니다. 이러지도 못하고 저러지도 못하던 아버지와 아들이 이번에는 둘 다 나귀에 올라탔습니다. 아들이 타도 뭐라 하고, 아버지가 타도 뭐라 하니 그렇담 둘이 같이 타자 싶었던 것입니다. 이번에는 뭐라고 했을까요? 이번엔 나귀가 불쌍하다는 것이었습니다. 결국 두 사람은 나귀를 줄에 매어 나무막대기에 묶고서는 어깨에 메고 갔다는 이야기입니다. 설마 나귀를 어깨에 메고 갔기야 했겠습니까? 다른 사람의 말을 지나치게 의식하다 이러지도 못하고 저러지도 못하는 사람의 모습을 풍자한 것이지요.

남의 말을 귀담아듣는 것은 중요한 일입니다. 그러나 다른 사람의 말을 듣고 너무 쉽게 그 말을 따르는 것은 귀가 얇은 경박한 태도입니다. 우리가 살아가며 흔하게 범하는 잘못 중의 하나가 자기 줏대 없이 사는 것입니다. 내 생각과 판단에 따라 소신 있게 살지 못하고, 다른 이들의 요구에 억지로 맞추며 살아갈 때가 적지 않습니다. 그렇게 하는 이유는 자기 잣대가 없기 때문입니다. 내 삶을 잴 수 있는 엄격하고 분명한 자기 잣대가 필요한데 대부분의 경우 다른 사람의 잣대로 자신의 삶을 재려고 합니다. 그러다 보니 다른 사람의 요구에 일방적으로 내 삶을 맞추게 되고 그런 것이 쌓이다 보면 어느덧 내 고유한 삶을 잃어버리고 맙니다. 오늘 본문 이사야 26장 1절 이하는 야훼 신앙이라는 잣대를 말하고 있습니다. 3절입니다.

> 주님, 주님께 의지하는 사람들은 늘 한결같은 마음을 가진 사람들이니, 그들에게 평화에 평화를 더하여 주시기 바랍니다.

'늘 한결같은 마음을 가진 사람들'은 '심지가 견고한 자'(개역개정)입니다. 하나님께서는 심지가 견고한 사람, 늘 한결같은 사람들에게 평화에 평화를 더하여 주십니다. 이유는 하나님께 의지하기 때문입니다.

심지가 견고한 자

오늘 본문의 배경은 남쪽 유다 왕국이 앗시리아, 이집트 등의 열강의 틈바구니 속에서 고통을 당하고 있을 때입니다. 이럴 때 유다 왕은 하나님을 신뢰하지 않고 어떤 강대국에 빌붙어 문제를 해결할까 생각했던 것입니다. 마치 우리 근현대사의 모습과 같습니다. 지금도 여전히 강대국의 눈치나 보고 있는 우리 모습과 같습니다. 이사야서 10장을 보면 예언자 이사야는 이 침공을 줏대 없이 살아온, 야훼 신앙에 대한 심지를 잃어버린 유다에 대한 심판이라고 말합니다. 야훼 신앙이라는 심지를 잃어버린 이스라엘 백성들을 향해 예언자 이사야는 그 심지가 견고한 자만이 진정한 평화, 영원한 평화의 축복과 번영을 얻을 수 있을 것이라고 외치고 있습니다.

남극에서 빙하를 연구하던 과학자들이 한 가지 이상한 현상을 목격하게 되었다고 합니다. 바람이 거세게 불자 바다에 떠 있던 빙하들이 떠밀리기 시작했는데, 유심히 보니 바람을 거슬러 거꾸로 오르는 빙하가 있었습니다. 조사 결과 비교적 작은 빙하들은 바람이 부는 대로 떠밀렸지만, 바닷속에 엄청난 덩어리를 가지고 있는 빙하들은 바람에 의해서가 아니라 바다 밑 조류에 따라 움직인다는 사실을 발견하게 되었던 것입니다.

겉으로 드러난 것은 빙산의 일부분이지만 속에 엄청난 크기를 가지고 있는 얼음덩이들은 위에서 불어대는 바람에 의해서가 아니라 바다 밑 조류를 따라 움직이고 있었습니다. 자기 세계를 가지고 살아가는 이들과 자기 세계 없이 시류를 따라 살아가는 사람들의 삶은 다릅니다. 자기 세계 없이 시류를 쫓는 이들의 삶은 바람이 부는 대로 떠밀려 갑니다. 바람이 동에서 불면 서쪽으로, 북쪽에서 불면 남쪽으로 떠밀립니다. 이것이 좋다 하면 이것을 하고, 저것이 좋다 하면 저것을 합니다. 남이 뛰면 덩달아 뛰고, 남이 누우면 덩달아 눕습니다.

그러나 자기 세계를 가진 이는 시류와 상관없이 자기의 길을 갑니다. 거센 시류를 거슬러 올라갑니다. 세상 풍조는 나날이 시시때때로 바뀌어도 바뀌는 시류와 상관없이 묵묵히 자신의 길을 걸어갑니다. 그들의 삶은 어떤 땐 바보 같기도 하고, 어떤 땐 위험해 보이기도 합니다. 무모해 보이기도 하고, 무책임해 보이기도 합니다. 그러나 사실은 아름답습니다. 그는 이미 행복을 자기 밖에서가 아니라 안에서 찾기로 했기 때문입니다.

모두가 불경기라고 말할 때 세상의 불경기와는 관계없이 자기 자신만은 꿋꿋하게 호경기를 만드는 사람들이 있습니다. 세상의 불경기를 탓하지 않습니다. 스스로의 실패를 세상 탓으로 돌리지 않습니다. 세상을 탓하고 원망할 그 시간에 그는 심지를 다지는 기도를 드립니다. 지혜를 간구하고 배우기를 게을리하지 않습니다. 적어도 우리가 그리스도인이라면, 그 심지가 하나님께 근거한 것이라면 하나님의 정의를 믿으며 심은 대로 거둔다는 소박한 진리를 가지고 살아가야 할 것입니다. 심지가 견고한 사람은 세상 탓을 하기 전에 자기 자신을 먼저 돌아봅니다. 내가 정직했는가, 내게 신의가 있었는가를 묻습니다.

애니 매 이야기

언젠가 청소년을 대상으로 정직에 대해 설문조사를 했습니다. 정직하면 손해를 본다고 생각하느냐는 질문에 다수가 "그렇다"고 대답을 했습니다. 손해를 보지 않으려면 적당히 속일 줄 알아야 한다는 생각을 청소년들은 가지고 있었습니다. 어디서 무슨 일을 하든 정직을 흔들림 없는 신념으로 배우고 지켜야 할 청소년들이 너무 일찍부터 정직함의 한계를 느끼고 있다는 것은 어른 세대가 깊이 반성해야 할 대목이 아닐 수 없습니다. 그저 "잘 살아보세" 하며 살아온 우리 세대가 아이들을 이렇게 만들지 않았나 싶어 씁쓸합니다.

그런 면에서 '애니 매'라는 사람의 이야기가 신선하게 다가왔습니다. 애니 매는 흑인 여자로 미국 남부지방의 한 가정에서 하녀로 일을 하고 있었습니다. 흑인이 사람대접을 받지 못하던 시절이었습니다. 자기가 섬기던 여주인이 이혼하고 고향으로 돌아가게 되자 애니 매는 여주인의 자녀들이 쓰던 침대를 사고 싶다고 했습니다. 침대 값은 몇 달에 나누어 조금씩 돈을 보내 갚겠다고 했을 때, 여주인은 흔쾌히 허락했습니다. 애니 매의 정직함을 늘 보아왔기 때문입니다. 그 뒤 여주인은 달마다 꼬박꼬박 애니 매로부터 오는 봉투를 받았습니다. 봉투 안에는 2달러, 3달러, 5달러 등 항상 현금이 들어 있었습니다. 1년이 흘러 애니 매의 마지막 봉투가 도착했습니다. 그런데 그 봉투 안에는 이런 글이 들어 있었습니다.

할러데이 부인께. 이제 침대 값으로 남은 마지막 3달러를 보냅니다. 저의 두 아들에게 이제 그 침대에서 자도 좋다고 말했습니다. 침대 값을 정당하게 치렀기 때문입니다. 그간 저를 믿어주셔서 감사합니다.

자기 눈을 의심하며 거듭 그 글을 읽는 여주인의 눈에는 눈물이 고였습니다. 물론 글을 읽는 제 마음도 잔잔한 감동으로 젖어 들었습니다. 주인이 떠난 뒤 얼마든지 사용할 수 있었지만 돈을 다 갚을 때까지는 침대에 손을 대지 않았던 애니 매. 애니 매는 자녀에게 정직함이 어떤 것인지를 삶으로 가르쳐주었습니다. 국민소득 2만 달러라는 말보다는 곳곳에서 정직함이 회복되는 모습을 통해 우리 미래의 희망을 보고 싶은 마음이 간절합니다. 본문 7절은 말하고 있습니다.

주님, 주님께서는 의로운 사람의 길을 곧게 트이게 하십니다. 의로우신 주님, 주님께서는 의로운 사람의 길을 평탄하게 하십니다.

이동 야채 가게 이야기

작은 트럭으로 주택가를 돌며 야채를 파는 이동 야채 가게가 있었습니다. "자, 싱싱한 배추 왔어요. 배추! 싸요 싸!"라고 외치며 열심히 팔고 있었습니다. 이 이동 야채 가게는 배추, 무 같은 야채를 싣고 와서는 집 앞 골목까지 들어와 동네 아주머니들을 끌어모았습니다. 어느 날 아파트에 사는 어떤 부인이 배추가 하도 싱싱해 보여 여섯 포기를 사고 배달을 부탁했습니다. 그러자 배추 장사 아저씨는 말합니다.

"동, 호수만 가르쳐 주세요. 갖다 드릴 테니까요. 염려 마시고요."

"5동 415호요."

이 부인은 아무 의심 없이 동, 호수를 가르쳐 주고는 배춧값을 지불한 뒤 집으로 돌아왔습니다. 그런데 곧 갖다 주마 하던 배추 장수는 저물녘이 되어도 오지 않았습니다. 마른하늘에 난데없이 먹구름이 몰려오더니 소나기만 한차례 퍼부었습니다. 비가 와서 늦으려니 하고 기다리던 이 부인은 비가 그치고 밤이 되어도 배추 장수가 오지 않자, 화가 치밀어 참을 수가 없었습니다. "어휴, 그깟 돈 만 원에 양심을 팔다니… 어휴…." 하며 속상해했습니다. 그러자 남편이 "뜨내기 장사꾼을 믿은 당신이 잘못이지. 그냥 잃어버린 셈 쳐요"라고 말하는 것이었습니다. 남편은 위로인지 책망인지 모를 소리로 아내의 심사를 건드렸고, 이 아내는 허탈해진 마음으로 잠이 들었습니다. 다음 날은 볕이 좋아 빨래를 했습니다. 탈탈 털어서 베란다에 줄 맞추어 널고 있던 점심 무렵이었습니다.

딩동 하고 초인종이 울렸습니다. "누구세요?"라고 물었더니 "저 혹시 어제 배추 사신 적 있으세요?"라고 묻는 소리가 문밖에서 들려왔습니다. 이 부인은 얼른 문을 열었습니다. 문 앞에는 땀에 전 허름한 차림의 남자가 서 있었는데, 바로 어제 그 배추 장수였습니다. 배추 장수를 보자 부인은 반가운 마음보다 책망하는 마음이 앞서 따지듯 말했습니다.

"네, 맞아요. 근데 왜 인제 오셨죠?"

배추 장수는 민망한 듯 머리를 긁적이며 쪽지 하나를 내밀었습니다.

동 호수가 적힌 쪽지였습니다. 그리고 배추 장사는 말하는 것이었습니다.

"동 호수를 적은 종이가 비에 젖어서 글자가 다 번지고 맨 끝에 5자만 남았거든요."

배추 장사 아저씨는 너무 놀라서 쳐다보는 이 부인의 표정엔 아랑곳하지 않고 말을 이었습니다.

"그래서 이 아파트 단지 안 5호란 5호는 다 돌아다니다가 날이 어두워져서 그만… 아휴, 이거 죄송합니다."

그는 고개까지 숙이며 이 부인에게 사과했습니다. 그는 숨바꼭질 같은 집 찾기에 정말 지친 듯 입술까지 부르터 있었습니다. "어머나, 난 그런 줄도 모르고…" 부인은 그런 그를 의심했던 것이 부끄러워 고개를 들 수가 없었습니다.
여러분, 이 사람이 그저 뜨내기 믿을 수 없는 장사꾼인가요? 바로 그가 심지가 견고한 하나님 나라, 하나님의 성전입니다. 오늘 우리가 읽은 본문 2절은 말합니다.

성문들아 열어라, 믿음을 지키는 의로운 나라가 들어오게 하여라.

신앙인의 심지

정직은 최선의 정책이라는 말은 결코 사라진 고전이 아닙니다.

정직과 신의는 심지가 견고한 사람의 가치관입니다. 하나님께서는 그런 사람에게 평화에 평화를 더하여 주신다고 약속하십니다. 그 사람의 번영과 축복을 약속하십니다. 신앙인의 심지는 야훼 하나님께 근거합니다. 본문 4절은 말합니다.

너희는 영원토록 주님을 의지하여라. 주 하나님만이 너희를 보호하는 영원한 반석이시다.

반석은 흔들리지 않습니다. 심지가 견고한 그의 삶은 흔들리지 않는 반석과 같습니다. 여기 '주 하나님'은 '야훼 하나님'을 달리 번역한 것입니다. 신앙인의 그 반석은 야훼 하나님이십니다. '야훼'라는 하나님의 이름은 '나로 나답게 한다'는 뜻이 있습니다. 심지 있는 자의 자기 정체성을 말합니다. 흔들리지 않는 신앙은 나로 나 되게 하는데 있습니다. 하나님을 믿는 신앙인의 심지는 나로 나 되게 하는 야훼 하나님께 있습니다. 그리스도를 믿는 우리의 심지는 죽어도 다시 사시는 부활의 그리스도에게 있습니다. 죽어도 견고하게 한결같은 마음을 심지 있게 갖는다는 것입니다.

여러분, 우리 신앙의 심지는 견고한가요? 우리 각자의 사업, 학교생활, 가정생활, 직장생활은 견고한 신앙의 심지로 이루어지고 있습니까? 나아가 우리 신앙생활은 어떻습니까? 어려워도 힘들어도 기분이 나빠도, 실패하건 성공하건 하나님을 의지하고 주님을 따르는 견고한 심지를 갖고 있습니까? 죽어도 다시 일어설 수 있고 쓰러져도 일으켜주시는 부활의 주님이 있음을 믿는, 신앙의 견고한 심지를 갖고 있습니까? 혹 신앙도 세상 형편에 따라 이리저리 흔들리고 있지는 않습니까?

나아가 우리 자녀들에게 심지가 견고한 신앙을 말하고 있습니까? 입시, 학원, 아이가 좋아하는 대로 하는 심지 없는 우리 신앙은 아닙니까? 아이들에게도 세상에 밀려 버린 교회 생활을 가르치는 심지 없는 신앙인이 되고 있지는 않습니까?

나오며

우리 교회가 10년이 되었습니다. 교회는 건물이 아닙니다. 교회는 그리스도의 몸입니다. 우리는 그 지체입니다. 우리가 모여 주님이 된다는 것입니다. 문제는 그리스도의 몸을 이루고 있는 지체인 우리 자신입니다. 우리 각자가 한결같은 마음으로, 견고한 심지의 믿음으로 서 있을 때, 그 교회는 주님의 온전한 몸이 되어 우리를 구원하여 주십니다. 결국 우리의 심지 있는 신앙, 우리의 주님께 뿌리박은 한결같은 마음이 우리를 구원한다는 것입니다. 본문 1절에서 예언자 이사야는 외칩니다.

> 우리의 성은 견고하다. 주님께서 친히 성벽과 방어벽이 되셔서 우리를 구원하셨다.

왜 이사야는 예루살렘 성이 견고하다고 하는 것입니까? 그 성을 이루고 있는 지체들이 주님에 심지가 있는, 하나님께 믿음의 뿌리를 갖고 있는 한결같은 사람들이기 때문입니다. 우리의 신앙생활도 마찬가지입니다. 한결같이 그 자리에서, 한결같이 그 마음으로 봉사하고 헌신하는 믿음의 식구들로 교회는 견고한 성이 됩니다. 교회라고 왜 시험이 없겠습니까? 왜 버거움이 없겠습니까? 그러나 교회가 하나님의 교회로 세워질 수 있는 것은 어떤 상황에서나 한결같은 마음으로 봉사하고 헌신하고 섬기는 이들이 있기 때문입니다.

여러분, 세상 사람들로부터 이런 소리를 들으십시오. "저 사람은 심지가 견고한 사람이다, 저 사람은 한결같은 사람이다, 저 사람은 틀림없는 사람이다, 그렇기에 저 사람이 믿는 하나님은 진정으로 살아 있는 하나님이요 흔들리지 않는 하나님이시니 한결같은 마음으로 사람을 보호하고 지켜주실 것이다"라고 말입니다.

오늘 부활절 넷째 주일 이 아침, 오직 주님께 의지하여 한결같은 마음으로 살아가는 여러분의 가는 길을 주님께서 곧게 트이게 해주시며 평탄한 길을 열어 주시기를 주님의 이름으로 축원합니다.

(2012. 4. 29.)

홉니와 비느하스를 생각하며

사무엘상 2:22-32

"그런데 너희는 어찌하여, 나의 처소에서 나에게 바치라고 명한 나의 제물과 예물을 멸시하느냐? 어찌하여 너는 나보다 네 자식들을 더 소중하게 여기어, 나의 백성 이스라엘이 나에게 바친 모든 제물 가운데서 가장 좋은 것들만 골라다가, 스스로 살찌도록 하느냐?"(29절)

거룩함을 함부로

사무엘상 2장 12절 이하를 읽다 보면 우리는 두 가문의 흥망을 목격하게 됩니다. 하나는 제사장인 엘리의 가문이요, 다른 하나는 마지막 사사인 사무엘 가문입니다. 엘리의 가문은 처참하게 망했고, 사무엘은 이스라엘의 마지막 사사와 첫 예언자로서 대대로 존경받는 사람이 됩니다. 그 기준은 단 하나, 거룩함에 있습니다. 거룩한 것을 거룩한 것으로 구별하느냐 못하느냐에 따라 두 가문의 흥망이 갈렸다는 것입니다.

엘리 제사장에게는 두 아들이 있었습니다. 홉니과 비느하스가 바로 그들입니다. 그들은 엘리 제사장의 뒤를 이어 제사장이 될 사람들이었습니다. 그러나 그들은 2장 12절이 말하듯이 행실이 나빴습니다. 공동번역에 의하면 망나니였습니다. 그들은 주님을 무시했습니다. 즉, 하나님을 거룩하게 여기지 않고 경홀히 여겼습니다. 2장 17절은 그들의 죄를 이렇게 말하고 있습니다.

엘리의 아들들은, 주님께서 보시는 앞에서 이렇게 심하게 큰 죄를 저질렀다. 그들은 주님께 바치는 제물을 이처럼 함부로 대하였다.

'제물을 이처럼 함부로 대하였다'는 말은 제사를 함부로 했다는 것입니다. 제사란 거룩한 것을 거룩한 것으로 여기며 결단하는 의식입니다. 거룩한 것을 구별할 줄 아는 자만이 거룩한 자가 됩니다. 홉니와 비느하스는 하나님의 제물을 가로챘고 뇌물을 받았으며 성전에서 수종 드는 여인을 범하였습니다. 마침내 그들의 망나니짓을 아버지인 제사장 엘리가 듣게 되었습니다. 엘리는 두 아들을 불러 꾸짖습니다. 사무엘상 2장 23절 이하의 엘리의 꾸짖음을 공동번역으로 읽어 드리겠습니다.

"어쩌자고 그런 짓을 하느냐? 나는 너희가 못된 짓을 하고 있다는 소문을 듣고 있다. 이놈들아, 못쓴다! 그런 추문이 야훼의 백성 사이에 두루 퍼져서 내 귀에까지 들려오게 하다니, 사람이 사람에게 죄를 지으면 하나님께서 그 사이에 서 주시겠지만, 사람이 야훼께 죄를 얻는다면 누가 그 사이에서 빌어 주겠느냐?"

아버지

이 본문은 매우 의미심장한 본문입니다. 말 그대로 사람이 사람에게 죄를 지으면 용서받을 수 있지만 하나님께 범한 죄는 용서 받을 수 없다는 것입니다. 여기 하나님께 범한 죄란 무엇일까요? 우리는 하나님을 아버지라고 부릅니다. 여기 아버지란 경외와 성별의 대상이라는 의미를 갖고 있습니다. 종교개혁자들은 대요리문답에서 하나님 외에 세 종류의 부모를 말합니다. 첫째는 우리를 낳아준 부모입니다. 둘째는 영적인 부모입니다. 교역자, 목사 등과 같은 성직자를 말합니다. 셋째로 우리에게 지식을 가르쳐 주신 아버지로서의 스승입니다. 그래서 우리는 스승을 사부라고 말합니다. 불행히도 오늘날 아버지들은 더 이상 구별되고 성별된 아버지들이 아닙니다. 더 이상 경외의 대상이 아닙니다.

얼마 전 어느 여자 대학교에서 아버지에 대한 앙케트를 조사했는데 "자기 아버지와 같은 신랑을 만나고 싶다"고 대답한 사람이 5%에 불과했다고 합니다. 오늘날 자식들에게 부모는 잔소리나 하는 낡은 세대의 사람들일 뿐입니다. 스승은 두말할 나위가 없습니다. 가르치는 기계에 불과합니다. 예전처럼 자신의 인생에 영향을 끼친다고 생각하는 스승은 이제 거의 없습니다. 그저 대학입시에 잘 출제되는 지식을 전달하는 선생이 유능한 선생일 뿐입니다.

홉니와 비느하스의 이야기! 사실상 우리의 이야기입니다. 본문 25절에서 이 두 아들은 아비의 꾸짖음을 듣지 않았다고 합니다. 앞서간 사람들의 교훈에 귀를 기울이지 않는 세대의 미래는 없습니다. 케케묵은 잔소리에 불과하다는 생각에서 부모나 성직자나 스승이나 모두 젊은이들에게 쓸모없는 사람들이 되었습니다. 특별히 가정의 가장 기초인 부모의 권위가 무너지고 있습니다. 디모데후서 3장 1절 이하를 보면 사도 바울이 후배 동역자인 디모데에게 말세의 모습이 어떠한가를 설명합니다.

> 그대는 이것을 알아두십시오. 말세에 어려운 때가 올 것입니다. 사람들은 자기를 사랑하며, 돈을 사랑하며, 뽐내며, 교만하며, 하나님을 모독하며, 부모에게 순종하지 아니하며…

말세가 무엇입니까? 갈 데까지 갔다는 것입니다. 막가는 세상이라는 말입니다. 로마서 1장 28절 이하에서도 사도 바울은 하나님이 사람들의 타락이 갈 데까지 가서 그냥 내버려두었다고 말하면서 하나님이 포기한 세상을 묘사하고 있습니다. 29절에서 "사람들은 온갖 불의와 악행과 탐욕과 악의로 가득 차 있으며, 시기와 살의와 분쟁과 사기와…" 이렇게 길게 늘어놓으면서 30절 마지막에서 '부모를 거역하는 자'가 나옵니다. 부모의 권위가 무시되고 무너지는 자리, 그 자리가 말세의 자리요 막가는 세상이라는 말입니다. 탈무드에 의하면 부모는 땅의 하나님입니다. 그러니 사실상 하나님이 무너지고 있다는 것입니다.

엄격하게

성서는 부모를 경홀히 여기는 것에 대해서 매우 엄격하게 다루고 있습니다. 부모를 저주하는 자, 부모의 훈계를 가볍게 여기는 자,

부모의 명예를 더럽히는 자식에 대해 성서는 한결같이 "돌로 쳐 죽이라"고 말하고 있습니다. 이 구절들을 읽다 보면 우리 중에 안 죽을 사람이 없구나 싶습니다. 왜 이토록 무섭게 말하고 있는 것일까요? 이유는 간단합니다. 거룩한 것을 거룩한 것으로 여기지 못하는 세대의 미래가 바로 멸망이기 때문입니다. 여러분, 이 멸망이 피부로 다가와야 합니다. 그래야 그 가정을 바로 세울 수 있습니다.

세계에서 가장 강한 민족을 꼽는데 이스라엘 민족이 단연 먼저입니다. 이유는 무엇보다도 이들이 지난 아버지들의 쌓여온 경험과 교훈을 가장 절실하고 중요하게 여기기 때문입니다. 이스라엘의 자녀들은 지난 과거의 조상들이 겪어온 경험과 교훈인 전승(Tradition)을 가장 존중하기 때문입니다. 'Tradition!'이라고 말하면 이스라엘의 남녀노소 누구나 할 것 없이 일어섭니다. 앉아서 듣는 법이 없습니다. 거룩함으로 받들며 서서 듣습니다. 여기에는 '왜?'라는 말도 없습니다. 바로 이것이 이스라엘이 지난 2천 년간 흩어져 있음에도 한 민족을 유지할 수 있었던 힘입니다.

저는 지금까지 목회하면서 교회 청년들에게 하루빨리 군대에 가라고 말하곤 합니다. 이것은 경험입니다만 군대에 갔다 온 사람과 아직 가지 않은 사람과는 확실한 차이가 있습니다. 군사 문화가 좋아서가 아닙니다. 윗사람을 대하는 태도에 차이가 있습니다. 군대의 상하관계에서 상사를 어려워할 줄 아는 것을 배우게 됩니다. 군에 갔다 온 사람에게서는 좀처럼 "왜"라는 말을 찾기가 힘이 듭니다. 말이 별로 없습니다. 핑계가 그렇게 많지 않습니다. 군대에서는 "왜요?"라는 말이 없습니다. "아니요"라는 말도 없습니다. 그런 말을 했다가는 즉시 기합입니다.

거기에는 일리가 있는 이유가 있습니다. 여러분, 생각해 보십시오 전쟁 중에 '왜'가 필요한가요? 한참 전투 중에 이유를 설명해야 하나요? 전투 중에 왜 적을 사살해야 하는지를 토론해야 하나요? 처음에는 속으로 이해가 되지 않지만 제대할 때쯤이면 비로소 이해하게 됩니다. 동시에 어떻게 군대가 돌아가는지도 알게 됩니다. 명령에 대한 무조건 적인 복종, 그것이 군인의 유일한 살길이라는 것을 알게 됩니다.

그렇습니다. 성별해야 할 것을 성별하는 것, 어려워해야 할 것을 어려워하는 것 바로 거기에 살길이 있습니다. 미래가 있습니다. 홉니와 비느하스에게는 이것이 없었습니다. 효니, 충이니 하는 것은 결코 단순한 예의가 아닙니다. 살길입니다. 이것이 없기에 홉니와 비느하스는 멸망합니다. 가문이 몰락합니다. 거룩한 것을 거룩한 것으로 여기지 못한 교육의 부재 때문입니다. 엘리 자신은 제사장이었지만 바로 이 성별의 자식 교육에 실패하였습니다. 하나님의 사람이 엘리 가문의 멸망을 예언하면서 사무엘상 2장 29절에서 말합니다.

"그런데 너희는 어찌하여, 나의 처소에서 나에게 바치라고 명한 나의 제물과 예물을 멸시하느냐? 어찌하여 너는 나보다 네 자식들을 더 소중하게 여기어, 나의 백성 이스라엘이 나에게 바친 모든 제물 가운데서 가장 좋은 것들만 골라다가, 스스로 살찌도록 하느냐?"

엘리의 교육 실패 이유가 바로 여기에 있습니다. 하나님보다 자식을 더 소중하게 여겼습니다. 자식을 과보호한 것입니다. 하나님의 거룩한 것을 오히려 자식에게 주었다는 것입니다. 거룩한 교육의 부재입니다. 그저 공부만 잘하면 그게 효자요 그게 전부라고 가르친다면 아이가 어떤 사람이 되어가겠습니까? 결국 자식은 무엇을 배우겠습니까? 세속적이고 이기적인 자기의 욕망뿐입니다. 나아가 하나님만이 아니라 부모도 몰라봅니다. 스승도 몰라봅니다. 막돼먹은 망나니 홉니와 비느하스를 키울 뿐입니다. 죽음으로 치닫는 지름길입니다.

반면 사무엘은

하나님은 엘리에게 본문 30절 전반부에서 놀랍고 무서운 심판의 말씀을 전하십니다. 공동번역으로 읽겠습니다.

이에 이스라엘의 하나님 나 야훼가 말한다. 내가 일찍이 네 집과 네 가문이 영원히 나를 섬기리라고 했지만 이제 분명히 말해 두거니와 나는 그 약속을 철회한다.

하나님 자신이 약속을 해놓고 그 약속을 철회하기도 한다는 것을 저도 여기서 처음 알았습니다. 그 이유를 30절 후반부에서 하나님은 말씀하고 있습니다.

나를 존대하는 자는 소중히 여겨 주겠지만, 나를 멸시하는 자는 천대하리라.

마침내 사무엘상 4장에서 엘리의 두 아들 홉니와 비느하스는 블레셋과의 전쟁에서 죽고, 이 소식을 들은 엘리는 충격으로 자기 의자에서 넘어지며 목이 부러져 죽습니다. 반면, 17절에서 홉니와 비느하스가 하나님의 제사를 멸시하는 것과 대조적으로 18절에는 사무엘의 경건

하고 거룩한 삶이 나옵니다

한편, 어린 사무엘은, 모시 에봇을 입고 주님을 섬겼다.

사무엘을 낳은 부모 엘가나와 한나는 경건한 신앙인이었습니다. 한나는 원래 아이를 낳지 못하는 여자였습니다. 그래서 자식을 하나님께 바치겠다고 서원하여 자식을 얻었습니다. 그의 잉태는 거룩한 잉태였습니다. 남편 엘가나 역시 경건한 사람이었습니다. 그는 아이를 못 낳는다고 아내를 천대하지 않았습니다. 오히려 아내를 늘 위로하였고 더욱 사랑하였습니다. 그들은 아들을 낳자마자 하나님의 성전에 바치고 평생을 하나님의 거룩한 사람으로 살도록 하였습니다. 바로 이 점을 보시고 이 부부에게 하나님은 세 아들과 두 딸을 더 주신 것입니다. 그들 부부는 이 자식들을 기도로, 거룩함으로 키웠습니다. 결국 사무엘은 이스라엘의 전무후무한 지도자, 위대한 사사가 된 것입니다.

나오며

오늘은 어버이주일입니다. 여러분, 부모의 사랑을 얼마나 느끼고 있습니까? 일본의 전설 하나를 말씀드리겠습니다. 옛날 홀어머니를 둔 아들이 있었습니다. 이 아들이 결혼하여 아내를 맞이했고 그 아내를 끔찍이 사랑하였습니다. 그런데 아내가 죽을병에 걸렸습니다. 어느 의사가 그 병에는 살아 있는 사람의 간이 좋다고 말해 주었습니다. 아들은 오랜 생각 끝에 어머니는 살 만큼 살았으니까 어머니 간을 빼내 아내에게 먹게 해야겠다고 결심하였습니다. 아들은 어머니를 산속 깊은 곳으로 데려가서 어머니를 죽이고 간을 빼냈습니다. 그리고 무서워 급히 산을 내려오고 있었습니다. 그때 죽은 어머니의 혼령이 나타났습니다. 아들은 깜짝 놀랐습니다. 그때 이 어머니는 아들에게 이렇게 말하는 것이었습니다.

"애야, 천천히 가거라 넘어질라."

이것이 바로 부모의 마음입니다. 부모가 거룩한 존재인 이유입니다. 사람과 짐승의 결정적인 차이가 있습니다. 새끼는 짐승이건 사람이건 누구나 사랑합니다. 그러나 짐승은 늙은 부모를 알아보지 못합니다. 짐승은 결코 늙어 죽지 않습니다. 굶어 죽습니다. 늙은 짐승에게 먹이를 갖다주고 보호해 줄 새끼는 없습니다. 그러나 사람만이 늙은 부모를 봉양합니다. 여기에 짐승과는 다른 사람다운 사람됨이 있습니다. 그런데 오늘날 사람의 탈을 쓴 짐승들이 꽤 많은 것 같습니다. 연일 고령의 부모를 죽이는 현대판 고려장의 소식이 들려오고 있습니다. 가슴 아픈 일입니다.

부모의 주름살은 거룩함의 상징입니다. 거룩한 것을 거룩한 것으로 여기는 데에서 사람됨이 시작됩니다. 오늘 어버이주일 이 아침, 거룩한 것을 성별하여 섬기는 가정이 되어 사무엘 가문에게 내린 축복이 약속으로 우리 산돌의 가정에도 주어지기를 주님의 이름으로 축원합니다.

(2012. 5. 13. 어버이주일)

누가 누구에게 하는 말씀인가?
에베소서 5:21-25, 6:1-9

여러분은 그리스도를 두려워하는 마음으로 서로 순종하십시오(엡 5:21).

어느 부부 이야기

어느 목사님이 자신이 결혼 주례를 한 젊은 부부의 집을 심방하였습니다. 결혼식 때와는 달리 부부 사이가 그리 좋지 못하여 심방을 하게 된 것입니다. 목사님은 두 부부 앞에서 에베소서 5장 21절 이하의 부부에 관한 것을 읽고 말씀을 전하였습니다. 목사님이 가시자, 남편이 대뜸 아내에게 말합니다.

"자 봐 여기 23절에 '남편은 아내의 머리'라고 하잖아. 그리고 '남편에게 하기를 주께 하듯하라'고 성경에도 써 있잖아. 남편이 하늘이라는 말이야. 그런데 당신은 도대체 남편 알기를 뭘로 아는 거야?"

이에 아내도 결코 질 수 없다는 듯이 말합니다.

"말 잘했어. 당신, 25절을 봐. '아내 사랑하기를 그리스도께서 교회를 사랑하셔서 교회를 위하여 자신을 내주심같이 하십시오'라고 되어 있잖아. 자신을 십자가의 죽음에 내어주는 사랑으로 아내를 사랑하라는 목사님 말씀 못 들었어?"

이쯤 되면 사태는 심각해집니다. 그냥 어떤 일을 두고서 "네가 잘했니, 내가 잘했니", "너는 얼마나 잘해서"라고 세상적으로 싸울 때가 더 낫다는 생각을 해봅니다. 신앙을 근거로 싸우면 사태는 더욱 심각해집니다. 종교 간의 분쟁은 끝이 없습니다. 잔인한 전쟁으로까지 치닫습니다. 그들은 기도하며 싸웁니다. 이 부부도 그렇습니다. 신앙으로 대결하면 풀 길이 없습니다. 이 부부를 화해시키기 위해 심방을 갔던 목사님이 더욱 사태를 악화시킨 꼴이 되었습니다.

사실 이 둘 사이에서는 말의 내용이 중요한 것이 아닙니다. 그 말을 누가 했느냐, 그 말을 누가 들어야 하느냐가 더 중요한 것입니다. 말이라고 다 말이 아닙니다. 아이가 해야 할 말이 있고, 어른이 해야 할 말이 있습니다. 하나님이 해야 할 말이 있고, 사람이 할 말이 있습니다. 이것이 바뀌면 곤란합니다.

이제 한글을 막 깨친 여섯 살 어린아이가 어느 날 「육아 일기」라는 잡지를 읽고 있었습니다. 그래 엄마가 아이에게 "너 왜 그 책을 보냐"라고 물었습니다. 그러자 아이는 엄마에게 "응, 엄마가 나 잘 길렀나 보려고요"라고 대답하는 것이었습니다. 요즘 아이들 다 똑똑합니다. 때론 어른들보다 더 잘 알고 말도 잘합니다. 그러나 아이는 할 이야기와 하지 말아야 할 이야기를 구별하지 못합니다. 어른이 해야 할 말을 아이가 합니다. 어른들이 하는 말을 했다고 그가 성숙한 아이입니까?

똑똑한 것이 아닙니다. 분별력이 없는 것이지요.

들을 사람이 들으면 된다

여러분, 오늘 말씀은 누가 하시는 말씀인가요? 사도 바울이 한 말씀인데 사실은 하나님의 말씀을, 사도 바울이 대신 전한 것입니다. 그러므로 하나님이 하시는 말씀입니다. 그러므로 아내가 할 말도 아니고 남편이 할 말도 아닙니다. 오직 하나님만이 하시는 말씀입니다. 하나님의 말씀을 나를 변명하고 나를 내세우고 남을 질책하는 말로 해서는 안 됩니다. 성경을 감히 말씀하지 마시길 바랍니다. 남편이 자기 자신을 세우기 위해 아내에게 말하는 말씀이 아닙니다. 아내가 자기주장을 위해 남편에게 설교하라는 말씀이 아닙니다. 더 중요한 것은 듣는 것입니다.

매 주일 이 강단에서 나오는 말씀은 누가 하는 말씀입니까? 목사가 하는 말씀입니까? 목회자는 하나님의 말씀을 대언할 뿐입니다. 말할 인격도 자격도 없습니다. 다만 하나님의 말씀을 전할 뿐입니다. 또한 오늘 이 강단의 말씀은 누구에게 하는 것입니까? 혹 이 말씀을 들으면서도 '이것은 우리 남편이 들어야 할 이야기야,' '맞아. 저 말은 꼭 우리 아내가 들어야 할 말씀인데…', '저 말씀은 김 집사가 들어야 할 말인데… 하필 오늘 같은 날 안 나오다니…' 하며 생각하고 있지는 않습니까? 하나님의 말씀은 '나'를 향한 말씀일 때 비로소 깨우침이 되고 은혜가 된다는 것을 잊어서는 안 됩니다.

오늘 에베소서 5장 21절 이하의 말씀은 다른 말씀과는 좀 다른 패턴의 문체임을 알 수 있습니다. 구체적인 호칭이 나오기 때문입니다.

22절은 '아내 된 이 여러분'이라고 시작됩니다. 25절은 '남편 된 이 여러분'이라고 부르며 시작됩니다. 6장 1절에는 '자녀 된 이 여러분'이라고 말합니다. 6장 4절은 '아버지 된 이 여러분'이라고 말합니다. 더 나아가 5절에는 '종으로 있는 이 여러분'이라고 부르고 6장 9절에서는 '주인 된 이 여러분'이라고 부르십니다. 왜 이렇듯 구체적으로 호칭을 부르는 것일까요?

'아내 된 이 여러분'이라고 하나님께서 부르셨다면 아내인 내가 들으면 됩니다. 아내들에게 하시는 그 말씀을 남편이 할 필요도 없고 해서도 안 됩니다. '남편 된 이 여러분' 했다면 남편인 내가 들으면 됩니다. 남편에게 하시는 그 말씀을 아내가 들어 할 말도 아닙니다. '자녀 된 이 여러분' 했다면 자녀는 이 말만 들으면 됩니다. 부모에게 한 말까지 참견할 필요가 없습니다. '아버지 된 이 여러분'이라고 불렀으면, 아버지만 들으면 됩니다. 자식이 들어 부모에게 할 말이 아닙니다. 말할 분은 따로 있습니다.

부부간의 순종과 사랑, 부모 공경과 자녀 사랑이라는 내용을 우리가 모를 리 없습니다. 문제는 누가 누구에게 말씀하고 있느냐 누가 들어야 되느냐입니다. 왜 앞에서 말한 부부가 서로 문제 되었을까요? 제가 들을 것만 들으면 되는데 남이 들을 것까지 참견해서 말썽이 생기는 것입니다. 남편이 들을 것을 아내가 듣고 아내가 들어야 할 것을 남편이 들어 문제가 생긴 것이고, 하나님이 말씀해야 할 말씀을 사람이 말해 문제가 생긴 것입니다. 오늘 말씀은 그래서 구체적으로 호칭을 불러 듣는 자를 제한하십니다. 말씀하시는 이는 오직 한 분 하나님이십니다. 우리 각자는 아내로서, 남편으로서, 자녀로서, 아버지로서, 부모로서 듣기만 하면 됩니다.

정직한 사람은

오늘 여러분은 어느 자리에서 이 말씀을 듣고 있습니까? 혹시 누구에게 말해 주어야지 하며 듣고 있지는 않습니까? 오늘 하나님은 아내와 남편, 부모와 자녀, 각각에 말씀하고 계십니다. 아내와 남편, 부모와 자녀가 각각의 호칭에 "네"하고 들으면 됩니다. 하나님은 다른 사람이 아닌, 분명한 호칭으로 들어야 할 사람을 지칭하고 있으니까요.

사실 사람도 마찬가지입니다. 정직한 사람은 당사자에게 정확하게 묻고 말합니다. 남을 통해 에둘러 말하지 않습니다. 마가복음 2장 16절을 보면 율법학자들이 예수님의 제자들에게 찾아와 묻습니다. 물음의 내용은 왜 너희 스승은 죄인이나 세리들과 함께 어울리냐는 것이었습니다. 참으로 답답합니다. 그렇다면 이 질문은 스승인 예수님께 해야지 왜 제자에게 하는 것입니까? 이어서 18절을 보면 어떤 사람들이 예수님께 찾아와 묻습니다. 물음의 내용은 요한의 제자들과 바리새인의 제자들은 금식하는데 예수님의 제자들은 왜 금식하지 않느냐는 것입니다. 그렇다면 이 질문은 제자들에게 물어야 할 질문이지 스승에게 물어야 할 질문이 아닙니다.

스승에게 물어야 할 것은 제자들에게 묻고, 제자들에게 물어야 할 것은 스승에게 묻습니다. 아주 꼬인 마음입니다. 못된 마음입니다. 그것도 남과 비교해서 말입니다. 결국 예수님과 제자들 사이를 이간시키고자 하는 것이지요. 할 말이 있으면 당사자에게 하는 것입니다. 여러분, 어떻습니까? 우리 역시 남의 이야기를 이렇게 하고 있지는 않습니까? 말해야 할 당사자에게 하면 됩니다. 꼭 필요해서 말할 사람에게만 말하면 됩니다. 다른 사람에게 할 필요가 없습니다. 그것은 다른 사람과 관계가 없습니다.

요한복음 21장 15절 이하를 보면 예수님은 부활하신 후 디베랴 바닷가에서 제자들을 만납니다. 그리고 조반을 먹으면서 베드로에게 앞으로의 이야기를 해줍니다. 앞으로 어떻게 순교 당할 것인지 말해 줍니다. 그러자 21절에서 베드로는 예수님의 사랑하시는 제자 하나를 두고 예수님께 "주님, 이 사람은 어떻게 되겠습니까?"라고 묻습니다. 그러자 예수님은 22절에서 대답해 주십니다.

"그것이 너와 무슨 상관이 있느냐? 너는 나를 따라라!"

아주 간단하고 명쾌한 답변입니다. 그 사랑하시는 제자가 어떻게 되든 그게 무슨 상관이 있습니까? 문제는 베드로 자신이 들어야 할 순교일 뿐입니다. 남의 자식이 등수가 몇 등이건 그것이 무슨 상관입니까? 내 자식이 최선을 다해 열심히 공부하고 있느냐가 중요한 것이 아닙니까? 그렇습니다. 남의 인생이 아닙니다. 내 인생입니다. 내가 들어야 할 것을 듣고 따르면 됩니다. 신앙이란 다른 것이 아닙니다. 내가 들어야 할 자리에서 들으면 됩니다. 남이 들어야 할 것에 귀를 기울일 필요가 없습니다. 그럴 만큼 인생의 시간이 남아 있지 않습니다.

서로 세워주는 자리

오늘 말씀 에베소서 5장 21절 이하는 부부, 부모와 자녀 그리고 종과 주인 사이에 대한 말씀입니다. 우리는 어디에 서 있습니까?

여러분, 주께서 부르시는 그 호칭 앞에서 그 말씀을 들으면 됩니다. 남의 호칭 앞에서 하신 말씀을 들어 말할 것도 없습니다. 각자를 부를 때 그 말씀을 듣기만 하면 됩니다. 그렇다면 인간관계에 문제가 없을 것입니다. 그 가정에 평화가 있을 것입니다. 그러나 쉽지 않습니다. 사람이란 자신을 보게 하는 말씀보다는 남을 지적하는 말씀에 익숙합니다. 왜 그럴까요? 남을 지적하여 우위에 서고 싶고 남을 지배하고 싶기 때문입니다. 그렇기에 인간관계에 있어서 아주 기본적인 것을 대전제로 깔고 있습니다. 너무나 소중한 말씀입니다.

여러분은 그리스도를 두려워하는 마음으로 서로 순종하십시오.

원래 '순종하다'라는 말은 주종관계에서 종이 주인에게 하는 것입니다. 그런데 여기서는 부부, 부모와 자녀, 즉 가족 간의 관계에 적용하고 있습니다. 이 순종이 현실 속에서 유일하게 되는 곳이 있습니다. 엄마와 자식 사이입니다. 요새는 정말 자식이 상전입니다. 주인이라는 말입니다. 특히 엄마들을 보면 자식을 정말 주인께 순종하듯이 잘 모십니다. 아이가 공부하고 있는 동안 두 눈을 똑바로 뜨고 밤늦도록 지켜봅니다. 먹을 것까지 바쳐가면서 말입니다. 그 상전이 주무실 때까지 지켜봅니다.

여러분, 왜 하나님이 우리에게 자식을 주셨는지 아십니까? 마음만 먹으면 이렇게까지 순종할 수 있다는 것을 알게 하기 위해서입니다. 마음만 먹으면 자식에게 하듯이 이웃에게도 할 수 있다는 것입니다. 또 있지요. 이렇게 해서 자식이 잘 안되어도 자식을 버리는 사람은 없습니다. 그리고 비로소 겸손을 배웁니다. 내가 아무리 노력해도 내 뜻대로 안 되는 것이 있다는 것을 깨닫게 됩니다. 그런데 '순종하다' 라는 말은 헬라어로 '휘포타쏘'인데, 이 말의 원뜻은 '세워주다'입니다. 서로 세워주라는 말입니다. 아내는 남편을 세워주어야 합니다. 남편은 아내를 세워주어야 합니다. 그것이 아내가 들어야 할 자리요 남편이 들어야 할 자리입니다.

얼마 전 어떤 사람이 저에게 "목사님, 여필종부라는 말이 무슨 뜻인 줄 아세요?"라고 묻습니다. 그래서 "아내는 반드시 남편을 따라야 한다"는 말이라고 대답했더니 아니라고 하더라고요. 무슨 뜻이냐고 했더니, "여자는 필히 지아비를 종처럼 부려야 한다"는 뜻이랍니다. 요즘 세상을 반영합니다. 아내의 자리는 남편을 세워주는 위치입니다. 마찬가지로 남편의 자리는 아내를 세워주는 자리입니다. 서로 세워주는 관계, 그것이 부부 된 자리입니다.

서로 세워주는 파트너가 아내와 남편입니다. 여러분, 아내가 세워주지 않으면 남편은 설 곳이 없습니다. 남편이 세워주지 않으면 아내는 설 곳이 없습니다. 외롭습니다. 방황합니다. 힘들어 쓰러진 남편, 지쳐 힘든 아내를 서로 세워주어야 합니다. 팔불출이라도 좋습니다. 그래야 행복한 가정을 이룰 수 있습니다. 부모 자식도 마찬가지입니다. 자식은 부모를 세워주는 자리입니다. 부모는 자식을 세워주는 자리입니다. 부모를 세워주기 위해 부모를 공경하라는 것입니다. 자식을 세우기 위해 주의 교양과 훈계로 양육하라는 것입니다.

그리스도 안에서

순종과 사랑, 공경과 바른 양육은 서로를 세워주는 것입니다. 그리고 그 기준은 그리스도이십니다. '그리스도 안에서'라는 표현에 주의를 기울이며 이 말씀을 묵상합시다. 남편 노릇을 제대로 해야 남편을 세워줍니까? 아내가 자신에게 잘해야 사랑합니까? 사용자가 제대로 된 사람이어야 그 사람의 말을 따르는 것입니까? 그 사람이 자격이 없다고 그의 말을 따르지 않아도 된다는 것입니까?

오늘 본문의 모든 말씀은 '그리스도' 또는 '주님'과 관련이 있습니다. 22절에 이어서 25절 말씀입니다.

아내 된 이 여러분, 남편에게 하기를 주님께 하듯 하십시오.

남편 된 이 여러분, 아내를 사랑하기를 그리스도께서 교회를 사랑하셔서 교회를 위하여 자신을 내주심같이 하십시오.

역시 아내 사랑도 그리스도가 기준입니다. 또 6장 1절, 5절, 9절을 보십시오. 종도 주인도 모두 같은 기준 아래 있습니다.

자녀 된 이 여러분, [주 안에서] 여러분의 부모에게 순종하십시오.

종으로 있는 이 여러분, 두려움과 떨림과 성실한 마음으로 육신의 주인에게 순종하십시오. 그리스도께 하듯이 해야 합니다.

주인 된 이 여러분, 종들에게 이와 같이 대하고, 위협을 그만두십시오. 그들의 주님이시요 여러분의 주심이신 분께서 하늘에 계시다는 것과, 주님께서는 사람을 차별하여 대하지 않으신다는 것을, 여러분은 아십시오.

하늘을 두려워하는 사람이라면 그가 누구이든 그의 인권을 소중하게 하늘처럼 여겨야 할 것입니다. 이 모든 것의 기준이 '주님'입니다. 이것은 조건 없이 절대적이라는 말입니다. 자격이 있어 사랑하고 자격이 있어 공경하는 것이 아닙니다. 어떤 상황에서나입니다.

왜 그럴까요? 내가 참고 잘하면 남편이 잘하고 아내가 언젠가는 잘하게 될 것이라는 것 때문입니까? 아니면 형편없는 부모, 자격 없는 부모이지만 공경하다 보면 언젠가는 자녀에게 자랑스러운 부모가 될 것이라는 것 때문입니까? 지금은 못된 자식이지만 주님의 훈련과 훈계로 참고 기르다 보면 좋은 자식이 될 것이라는 것 때문입니까?

아닙니다. 이것은 상대방에 대한 이야기가 아닙니다. 언젠가는 못된 남편과 아내가, 언젠가는 형편없는 자식이, 언젠가는 자격 없는 부모가 회개하고 돌아올 것이라는 이야기가 아닙니다. 그런 잘못된 부모, 못된 자녀, 그런 주인과 종은 하나님께서 알아서 하실 것입니다. 우리는 그들의 징벌과 결말에 귀를 기울일 필요가 없습니다. 그것은 하나님과 그들과의 관계일 뿐입니다. 그것은 우리가 말할 것도 아닙니다. 우리는 우리를 부르셔서 하시는 말씀에만 귀를 기울이면 됩니다.

핵심이 바로 여기에 있습니다. 당사자인 '나'입니다. 바로 그렇게 참고 섬기는 남편과 아내인 '나', 바로 그렇게 공경하는 자식인 '나', 바로 그렇게 자식을 키우는 부모인 '나'의 품성이 하나님의 성품, 그 거룩함에 이른다는 것입니다. 특별히 부모 공경에 대해 '약속이 딸려 있는 첫째 계명'이라고 한 이유가 여기에 있습니다. 그 약속은 다름 아닌 그리스도의 분량에 이르는 믿음, 하나님의 거룩함에 이르는 성품이 된다는 것입니다.

나오며

여러분, 왜 우리는 사람과의 관계에서 상처를 받을까요? 종처럼 순종하며 섬기는 마음이 없기 때문입니다. 종은 상처받지 않습니다. 누가 명령적으로 말했다고 기분 나빠하지 않습니다. 오히려 당연히 여깁니다. 주인의 무엇이든 견딥니다. 5월은 사람의 달로 채워져 있습니다. 사람 관계가 그만큼 피폐한 현실입니다. 더욱이 가장 기초가 되는 가족의 관계가 파괴되고 있습니다. 이것을 회복해야 하는 것이 작금의 교회 교육의 절실한 사명이기도 합니다.

부활절 일곱째 주일 이 아침, 주님께서 내게 들려주시는 말씀만을 들으며 서로 순종하며 섬기는 믿음을 통해 건강한 가족 관계, 건강한 인간관계가 회복되기를 주님의 이름으로 축원합니다.

(2012. 5. 20.)

성령강림절

성령의 본질-자유(갈 5:13-26)

우리를 보시오!(행 3:1-10)

제 가슴을 칠 때입니다(삿 21:1-7)

초대받은 사람에서 초대하는 사람으로(눅 14:15-24)

성령의 본질-자유
갈라디아서 5:13-26

그리스도 예수께 속한 사람은 정욕과 욕망과 함께 자기의 육체를 십자가에 못박았습니다(24절).

경제적 자유

여러분은 지금 자유를 누리며 행복하게 살고 있습니까? 아니면 뭔가에 눌리고 쫓기며 살아가고 있습니까? 이 나라는 분명 자유민주주의 국가입니다. 여러분이 가고 싶은 곳을 막지 않습니다. 사고 싶은 것을 규제하지 않습니다. 말하고 싶은 것을 금지하지 않습니다. 그런데도 행복한 자유를 누리고 있다고 생각하는 사람은 그리 많지 않습니다. 무엇이 우리의 자유를 방해하고 있습니까?

첫째는 가진 것이 없을 때입니다. 경제적 자유가 문제입니다. 빈곤하면 자유롭지 못합니다. 미국 초대 대통령인 조지 워싱턴도 흑인을 노예 해방하려 했습니다. 그러나 미국의 흑인 노예 해방은 16대 링컨 대통령 시절에서야 이루어졌습니다. 왜 못했을까요? 이유는 간단합니다. 흑인 노예들을 풀어줘 봤자 그들이 독립적으로 일해서 먹고살 수 있는 사회 체제나 의식이 아직 없었기 때문입니다.

출애굽기는 하나님이 이스라엘 백성을 이집트의 억압으로부터 벗어나게 하여 자유인이 되게 하는 과정을 그린 역사입니다. 그러나 노예에서 벗어났다고 자유인이 되는 것은 아닙니다. "오늘부터 너희들은 노예가 아니다"라고 말해봤자 경제적인 능력이 없다면 그들은 자유인이 될 수 없습니다. 이스라엘을 출애굽 시킨 하나님도 이 점을 잘 알고 있었습니다. 출애굽기 3장 21절 이하에서 하나님은 모세에게 말씀하십니다.

"나는 이집트 사람이 나의 백성에게 은혜를 베풀게 하여, 너희가 떠날 때에 빈 손으로 떠나지 않게 하겠다. 여인들은 각각, 이웃에 살거나 자기 집에 함께 사는 이집트 여인들에게서 은붙이와 금붙이와 의복을 달라고 하여, 그것으로 너희 아들딸들을 치장하여라. 너희는 이렇게 이집트 사람의 물건을 빼앗아 가지고 떠날 것이다."

하나님은 이스라엘을 몸만 자유인으로 해방시키지 않았습니다. 분명 출애굽 사건은 경제적 자유를 포함하고 있습니다. 그동안의 노예로 일해 준 대가를 강제적으로라도 빼앗아 출애굽 한 것입니다. 자본주의 사회에서의 돈의 위력은 대단합니다. 우스갯소리로 "뭐니 뭐니 해도 머니가 제일"이라고 말합니다.

사업 자금으로 고통을 겪고 있는 어떤 분을 만났는데, 그는 딸이 어버이날 꽃다발을 주니까 자기도 모르게 "나는 꽃다발보다도 돈다발이 좋다"고 실언했다고 합니다. 맞아 죽어도 좋으니까, 돈벼락을 맞았으면 좋겠다고 말하는 사람도 있습니다. 돈, 재물이 사람을 자유롭게 합니다. 분명코 맞는 말입니다. 돈이 생기고 풍요로워지면 자유가 생긴 만큼 선택의 범위도 늘어납니다. 돈이 없을 때는 선택의 여지가 없습니다. 먹고 입는 것만 해결하는 데에도 모자랍니다. 그러나 많이 벌면 번 만큼 쓸 곳도 늘어납니다. 그래서 이것도 저것도 하고 싶어 더욱 돈이 필요하다고 생각합니다.

돈의 위력을 알면 알수록 더욱 많은 돈을 벌고 싶어 합니다. 결국 뭐든지 돈으로 해결할 수 있다는 생각에까지 이르면 그만 돈의 노예가 되어버립니다. 이제 자유는 없어집니다. 돈을 벌기 위해 일의 노예가 되기도 합니다. 일확천금을 위해 범죄의 노예가 되기도 합니다. 돈은 벌었지만 양심을 잃어버립니다. 돈은 벌었지만 법과 도덕을 잃어버린 사람들이 적지 않습니다. 인간관계도 이상해집니다. 돈이 없을 땐 친구도, 친척도 허물없이 흉금을 터놓고 만났는데, 돈이 많아지면 찾아오는 사람도 이상한 눈으로 보게 됩니다. 내 돈 뜯으러 왔나 싶기도 합니다. 불신의 노예가 됩니다. 돈 자체가 나쁜 것이 아닙니다. 어떻게 쓸 것이냐에 대한 분명하고 바른 생각을 갖지 않으면 돈을 얻는 대신 모든 것을 잃어버리게 됩니다. 돈은 벌었지만 신의를 잃어버린 사람이 많습니다. 결국 경제적 자유는 얻었지만 양심의 자유를 잃어버린 것입니다.

두 번째로 우리의 자유를 방해하는 것으로 '무지'를 생각해 볼 수 있습니다. 구약의 호세아서를 보면 하나님은 '무지' 때문에 이스라엘이 남의 나라의 포로가 될 것이라고 말씀하십니다. 많은 것을 알게 되고 좋은 학벌을 얻게 될 때 그만큼 자유로워집니다. 그러나 자유로워진 만큼 선택의 범위도 큽니다. 일할 곳이 많아집니다. 아마도 우리네 자녀를 일류대학에 보내고 싶어 하는 것도 이 때문일 것입니다. 인생의 앞길에 선택의 폭이 넓어져 갑니다.

그러나 조심해야 합니다. 많은 지식과 높은 학력을 얻기 위해 경쟁해야 합니다. 경쟁으로 원하는 학벌과 지위를 차지해야 합니다. 그리고 남을 부리게 됩니다. 나의 자유는 늘어났지만 내 밑에 있는 사람은 그만큼 자유를 빼앗깁니다. 결국 남의 자유를 빼앗은 것입니다. 빼앗은 자유 때문에 자유를 빼앗긴 사람을 경계해야 합니다. 이제 자유는 없습니다. 빼앗긴 자유를 지키기 위해 더욱 많은 지식을 쌓아야 하고 다른 사람에 관한 경계를 늦춰서도 안 됩니다. 결국 지식의 노예가 되고 한번이 노에, 지위의 노예가 됩니다.

돈을 어떻게 쓸 것이냐, 지식을 어디에 쓸 것이냐에 대한 바른 결단, 양심의 결단이 없다면 돈과 지식의 노예가 됩니다. 노예가 된다면, 분명 우리는 자유인이 아닙니다. 자유인이 아니라면 구원받은 사람도 아닙니다.

매이는 자유

오늘 우리가 읽은 본문이 이것을 말해 줍니다. 본문 13절에서 사도 바울은 "형제자매 여러분, 하나님께서는 여러분을 부르셔서, 자유를 누리게 하셨습니다"라고 말하고 있습니다. 분명 자유를 위하여 부르심을 받은 것은 확실합니다. 그런데 아직 그것이 끝이 아닙니다. 본문의 말씀대로 '그러나'입니다. 자유를 얻었으나 그 자유를 이떻게 쓰고 있느냐의 문제를 제기하고 있는 것입니다.

본문 16절 이하에서 말하는 '육체의 욕망'이란 바로 우리가 흔히 말하는, 하고 싶은 대로의 자유를 말합니다. 내가 하고 싶은 대로,

내 욕심대로 자유롭게 살고 싶습니다. 욕심대로 돈과 재물을 갖고 싶고, 학력을 갖고 싶어 합니다. 그러나 어느새인가 자유는 없어졌습니다. 경제적인 자유를 얻으면 자유로울 줄 알았습니다. 이것저것 사고 싶은 것 사고, 놀고 싶은 대로 놀고, 마시고 싶은 대로 마시게 되었습니다. 그것이 자유인 줄 알았습니다. 그러나 어느새 방종의 노예, 환락과 쾌락의 노예, 끝내는 죄의 노예가 되어버렸습니다. 그러므로 사도 바울은 육체적인 소욕대로의 삶이 자유가 아니라 오히려 노예가 되게 하였다고 증언하고 있는 것입니다.

자유의 남용에서 오히려 죄의 노예가 된 모습을 불쌍하게 보아야 합니다. 본문 19절 이하는 제멋대로의, 육체의 욕망에서 나온 죄의 모습을 열다섯 가지로 열거하고 있습니다. 19절의 음행과 더러움과 방탕은 감각적인 죄를 말합니다. 20절의 우상숭배와 마술은 종교적인 죄이며, 원수 맺음과 다툼과 시기와 분냄과 분열과 파당은 사회적인 죄이며, 마지막으로 21절의 질투와 술 취함과 흥청망청 먹고 마시는 놀음은 개인적인 윤리에 저촉되는 죄를 말하고 있습니다.

참 자유는 육체의 욕망대로 하는 것을 말하지 않습니다. 참 자유는 오히려 그 육체의 욕망을 거스리는 데에서 나옵니다. 본문 17절에서 "육체의 욕망은 성령을 거스르고, 성령이 바라시는 것은 육체를 거스릅니다"라고 사도 바울은 말하고 있습니다. 여기 거스른다는 말은 분명 자유와 배치되는 말입니다. 그러나 사도 바울은 바로 그것을 참 자유로 보았습니다. 육체의 욕망을 따라 하고 싶은 대로 사는 삶을 제어하는 것이야말로 자유라고 본 것입니다. 그러므로 참 자유는 법과 도덕과 양심의 문제라는 것입니다. 내 육체의 본성과 정욕에 따라 사는 것이 자유가 아니라 반대로 그것을 제어하는 법과 도덕과 양심의 의지에 따라 사는 것을 자유라고 본 것입니다.

몇 해 전 텔레비전을 통해 "질서는 편하고 아름답고 자유로운 것"이라는 좋은 구호를 본 적이 있습니다. 질서는 법을 지키는 것입니다. 거리의 빨간 신호등은 나를 위해 있는 것입니다. 그것은 나를 가로막는 것이 아니라 나의 안전, 나의 진정한 자유를 위해 있는 것입니다. 법이 나를 위한 것임을 알 때 그 법은 나를 매이게 하는 것이 아니라 나를 자유하게 한다는 것을 깨닫게 됩니다. 우리의 결혼 생활도 마찬가지입니다. 결혼을 아내나 남편, 심지어는 자식에게 매여 부자유스럽다고 여기는 사람들이 있습니다. 결혼의 참 의미를 모르는 사람들입니다. 이런 말이 있습니다.

한 사람에게 매이는 것이 가장 큰 자유임을 아는 자가 결혼할 자격이 있다.

성령의 열매

성서의 말씀은 우리의 삶의 신호등입니다. "하지 말라", "기다리라"는 말씀은 빨간 신호등입니다. "하라"는 말은 파란 신호등입니다. 성서의 말씀은 언뜻 우리를 매이게 만드는 것처럼 보입니다. 아닙니다. 그것은 육체의 욕망을 거스르게 하는 참 자유의 말씀입니다. 우리의 양심의 자유를 일깨우는 약속의 말씀입니다. 알다시피 성령은 하나님이십니다. 따라서 성령의 인도대로 사는 것은 하나님의 뜻대로 사는 것을 말합니다. 22절 이하에서 성령을 좇아 사는 사람의 품성을 아홉 가지로 말하고 있습니다.

그러나 성령의 열매는 사랑과 기쁨과 화평과 인내와 친절과 선함과 신실과 온유와 절제입니다. 이것들을 막을 법이 없습니다.

사도 바울은 이 아홉 가지 성령의 열매를 막을 법이 없다고 말합니다. 거칠 것이 없는 진정한 자유인이 되는 품성이라는 말입니다. 양심의 법을 따르는 사람의 품성입니다. 우리는 흔히 성령을 말할 때마다 열광적이고 뜨겁고 신비주의적인 것으로 이해하려고 합니다. 성령 충만하면 왠지 가슴이 달아오르고 붕 뜬 것 같은, 말로는 설명할 수 없는 영역으로 이해하곤 합니다. 그러나 여러분, 성령의 역사 그리고 성령의 증거와 열매는 너무나 명백합니다. 그것은 아홉 가지 인간의 품성으로의 변화를 말합니다.

성령의 아홉 가지 열매는 분명히 인간의 품성이요 인간성을 말합니다. 사랑하면 성령 받은 것입니다. 언제나 기뻐할 줄 알면 성령 받은 것입니다. 평화롭다면 성령 받은 것입니다. 참을 수 있다면 성령 받은 것입니다. 누구에게나 언제나 친절할 수 있다면 성령 받은 것입니다. 선한 마음으로 선한 일을 하고 있다면 그는 성령 받은 사람입니다. 신실한 사람이라면 그는 성령 받은 사람입니다. 온유하고 절제할 줄 안다면 그는 성령 받은 사람입니다. 성령을 받은 증거는 마음이 뜨거워지는 것이 아니라 인간성의 변화를 말합니다. 이 아홉 가지 성령의 열매가 바로 참 자유인의 품성이라는 말입니다.

여기서 우리는 진정한 자유인의 자유를 보게 됩니다. 이 아홉 가지 열매는 소유하는 자유가 아니라 베푸는 자유입니다. 높아지는 자유가 아니라 낮아지는 자유입니다. 지배하려는 자유가 아니라 섬기려는 자유입니다. 빼앗는 자유가 아니라 베푸는 자유입니다. 13절로 돌아가 사도 바울은 이 점을 두고 자유의 깊은 의미를 우리에게 주고 있습니다.

형제자매 여러분, 하나님께서는 여러분을 부르셔서, 자유를 누리게 하셨습니다. 그러나 여러분은 그 자유를 육체의 욕망을 만족시키는 구실로 삼지 말고, 사랑으로 서로 섬기십시오.

육체의 욕심을 만족시키는 자유가 아니라 기꺼이 종노릇도 할 수 있는 자유를 말하고 있습니다. 하고 싶은 대로의 지유가 아니라 해서는 안 될 것을 안 하는 자유입니다. 자기를 절제하는 자유입니다. 사랑하는 자유입니다. 섬기는 자유입니다. 이것이 바로 성령의 본질입니다. 그러나 성령의 아홉 가지 열매로 산다는 것이 결코 쉬운 일은 아닙니다. 사도 바울도 이것 때문에 로마서 7장 24절에서 "아, 나는 비참한 사람입니다"라고 절규하고 있는 것입니다.

사실이 그렇습니다. 앞에서 말한 열다섯 가지의 악덕의 목록으로 살기가 쉽습니다. 밤새 술 마시고 도박하고, 놀러 가고 싶은 대로 놀러 가는 자유는 얼마든지 할 수 있습니다. 도박은 밤을 새우면서도 졸지도 않고 하지만 기도와 공부는 그렇지가 않습니다. 도박하는 그 열심으로 공부를 했으면 아마 박사학위 몇 개는 취득했을 것입니다.

여러분, 이것을 분명히 알아야 합니다. 성령의 인도대로 살지 않으면 육체의 욕망대로 살 수밖에 없습니다. 악덕을 행하지 않기 위해서는 단지 소극적으로 이러한 악을 행하지 않는 것뿐만 아니라, 보다 적극적으로 성령이 말하는 품성대로 살아야 한다는 것입니다. 악을 행하지 않기 위해서는 선을 행하는 것 외에 방법이 없다는 것입니다. 본문

16절에서 사도 바울은 말하고 있습니다.

내가 또 말합니다. 여러분은 성령께서 인도하여 주시는 대로 살아가십시오. 그러면 육체의 욕망을 채우려 하지 않을 것입니다.

죄에 대한 소극적 처방이 아니라 적극적 처방입니다. 앞서 말했듯이 이 적극적 처방은 바울이 갈등한 대로 쉬운 것이 아닙니다. 단지 인간의 의지나 결단으로 되는 것이 아닙니다. 그래 성령의 역사를 말하는 것입니다. 나를 향한 성령의 강권적 역사입니다. 이것이 우리가 신앙의 자리에 있어야 하는 이유입니다. 성령의 강권적인 역사를 받아들이는 것, 바로 여기에 참 자유의 삶이 있다는 것입니다. 전적으로 성령의 부름을 따라, 성령의 붙들림에 따라 사는 것을 말합니다. 사도 바울은 본문 24절에서 이 점을 두고 말하고 있습니다.

그리스도 예수께 속한 사람은 정욕과 욕망과 함께 자기의 육체를 십자가에 못박았습니다.

그렇습니다. 육체의 욕망대로 사는 우리의 삶을 십자가에 못 박는 데에서 우리를 정욕과 욕망의 노예로부터 해방시킵니다. 아직 내 삶이 나 스스로 생각하고 결단하는 대로 이루어진다고 생각한다면 우린 아직 우리 자신을 모르는 사람들입니다. 아직 자신이 삶의 주인이라고 생각한다면 우리는 죄의 노예일 수밖에 없습니다.

나오며

　그리스도인은 예수님을 주님이라고 부릅니다. 그분이 우리 삶의 주인입니다. 그리스도를 믿는다는 것은 그분을 주님으로 섬기겠다는 것입니다. 주님의 십자가는 바로 우리의 죄를 죽인 사건입니다. 그러므로 그리스도의 사람들은 육체의 소욕대로 사는 죄와 욕심의 삶을 십자가에 못 박아 죽인 사람들입니다. 우리는 십자가를 바라보며 예배를 드립니다. 십자가에 우리의 세상적 근심과 욕심을 못 박기 위해 예배를 드리고 있는 것입니다. 우리를 부지유히게 하는 죄와 욕심을 십자가에 못 박고 자유인이 되기 위해 예배를 드리고 있습니다. 주님의 십자가에 우리의 죄와 욕심을 못 박아 죽일 때, 주님의 부활과 함께 우리도 부활할 것입니다.

　아주 어린 시절 초등학교도 안 들어갔을 때 어머니가 방에서 걸레질을 하고 계셨습니다. 저는 어머니 등에 올라탑니다. 어머니는 단 한 번도 귀찮아하시지 않았습니다. 오히려 제가 올라타면 어머니는 기꺼이 말이 되어 주셨습니다. 그리고 "히힝" 하며 말소리까지 내주셨습니다. 어머니는 기쁜 마음으로 저를 위해 말이 되어 주는 자유를 가지셨던 것입니다.

　오늘 성령강림주일 이 아침, 사랑의 종노릇까지 기쁜 마음으로 자유롭게 하는 자유인의 축복이 모든 교우에게 넘치기를 주님의 이름으로 축원합니다.

(2012. 5. 27.)

우리를 보시오!
사도행전 3:1-10

베드로가 말하기를 "은과 금은 내게 없으나, 내게 있는 것을 그대에게 주니, 나사렛 예수 그리스도의 이름으로 [일어나] 걸으시오" 하고(6절)

한 죄인인 남자

오래전 제가 시무하던 교회에 성매매로 먹고사는, 이른바 포주 노릇을 하는 분이 있었습니다. 그러나 교회는 참 열심히 다녔습니다. 그런데 그는 항상 눈에 잘 띄지 않는 자그마한 성경책을 목욕탕 갈 때 갖고 다니는 가방에 넣어 다녔습니다. 그리고 교회에 들어올 때는 주위를 두리번거린 다음에 재빠르게 들어오곤 했습니다. 하루는 제가 그 분에게 왜 성경책을 하필 그런 곳에 넣어 다니냐고, 왜 그렇게 작은 성경책을 갖고 다니냐고 물어보았습니다. 좀 떳떳하게 교회를 다녔으면 해서 물은 질문이었습니다. 그러자 그분이 "목사님, 아시다시피 제가 하는 일이 좀 그렇습니다. 그러니 제가 교회에 다닌다면 아마 남들이 비웃을 것입니다. 주제에 성경 읽고 교회 다닌다고 욕할까 봐 이렇게 하고 다닙니다."

그의 불우한 어린 시절 이야기를 들어보면 그의 삶을 이해할 수 있게 됩니다. 그는 아예 우리와는 다른 그런 세계에서 태어난 사람입니다. 그의 아버지는 감옥을 제집 드나들듯 들락거리는 폭력배였습니다. 그가 태어나자마자 아버지는 폭력배에 의해 칼에 찔려 죽었습니다. 어머니 역시 고아였습니다. 아버지가 죽은 이후 어머니는 여러 남자와 어울리게 되었고 결국 의붓아버지와 살다, 구박에 못 이겨 초등학교 4학년 때 집을 나와 주먹세계에 발을 들여놨고, 그 자신도 소년원과 교도소를 전전하였습니다.

결국 보고 배운 것이라고는 주먹질과 여자와 마약 장사뿐이었습니다. 나이가 들면서 감옥에 가는 일은 없어졌지만 특별히 아는 것도 없어, 쉰이 다 되어가는 데도 포주 노릇이나 하며 살고 있었습니다. 그러던 어느 날 그가 파출소장인 친구의 권유로 교회에 나오게 되었는데, 한동안 자신의 직업 때문에 갈등하였습니다. 그때가 바로 제가 그 교회에서 목회하던 때였습니다. 그는 자신이 하는 일을 그만둘까도 생각했습니다만 할 줄 아는 것이 이뿐이니 어쩔 수 없었던 것이죠.

그러나 그는 용단을 내렸습니다. 늦게 결혼하여 얻은 하나밖에 없는 아들을 위해서라도 직업을 바꾸기로 한 것입니다. 그는 지금 조그마한 방역회사를 운영하며, 그 자신 또한 환경미화원으로 일을 하고 있습니다. 과거의 어두운 삶을 씻듯이 그는 소독을 하고 거리 청소를 하고 있습니다. 제가 그 교회를 떠났던 해 연초에 그에게 직분을 주었습니다. 저는 망설이지 않았습니다. 그의 떳떳지 못한 직업이 마음에 걸리지 않았습니다. 이유는 단 하나 그가 살아온 자신의 삶에 대해 철저히 죄의 아픔을 확실히 가지고 있었기 때문입니다.

죄에 대한 자각의 아픔

자신의 잘못을 뼈저리게 느낀다는 것, 쉽지 않습니다. 여러분, 여러분은 자신에 대해 죄인이라고 생각하고 있습니까? 나는 죄인이라고 마음으로부터 우러나오는 고백을 하는 것이 쉽지 않을 것입니다. 더욱이 남과 비교하면 오히려 괜찮은 사람이라고 여겨지기도 할 것입니다. 포주나 창녀와 우리 자신을 비교하면 더할 나위 없을 것입니다. 그러나 예수님께서는 마태복음 21장 31절에서 당시 하나님을 잘 믿는다는 종교지도자들인 대제사장들과 장로들에게 창녀들이 너희보다 먼저 하나님 나라에 들어갈 것이라고 말씀하신 것을 기억하십시오. 대제사장과 창녀, 생각해 보면 비교가 안 되는 두 직업입니다. 하나는 거룩하고 존경받는 직업이요, 하나는 자타가 공인하는 타락한 여자입니다. 그러나 하나님 나라는 창녀의 것이라고 예수님은 단호히 말씀하신 것입니다. 이유는 단 하나 죄에 대한 뼈저린 자각 때문입니다.

오늘 그리스도인들의 비극이 바로 여기에 있습니다. 죄에 대한 감각이 무뎌졌습니다. 그가 거룩한 성직자이건, 거리의 몸을 파는 창녀건 하나님의 구원의 기준은 죄에 대한 통증에 있습니다. 종교개혁의 불을 지핀 루터는 그가 사제라는 이유로 자신의 죄의 문제를 등한시하지 않았습니다. 그는 거룩한 사제였지만 오히려 죄의 문제에 심각하게 번뇌하였습니다. 루터는 이렇게 고백하고 있습니다.

"하나님이 내 죄를 용서해 주셨을지 모르지만 나는 내 죄를 잊을 수 없다."

죄는 죄이지 어찌 하나님께 기도했다는 이유만으로 사함을 받을 수 있겠는가에 대한 루터의 진지한 고뇌입니다. 바로 이것 때문에 하나님은 그를 종교개혁의 기수로 쓰셨습니다. 예수님께서는 마가복음 2장 17절 후반부에서 말씀하십니다.

"나는 의인을 부르러 온 것이 아니라 죄인을 부르러 왔다."

나아가 사도 바울은 로마서 5장 20절에서 죄의 통증이 은혜를 더욱 느끼게 했다고까지 말하고 있습니다.

죄가 많은 곳에, 은혜가 더욱 넘치게 되었습니다.

어떻게 보면 죄를 권장하는 이야기처럼 들려옵니다. 은혜를 얻기 위해 앞으로도 죄를 지어야 한다는 이야기처럼 들려옵니다. 물론 그것은 결코 아닙니다. 이것은 앞으로의 문제가 아닙니다. 돌이켜 지나온 삶을 보는 문제입니다. 여러분, 지나온 삶에 만족하십니까? 괜찮은 삶이라고 여기고 있습니까? 아마도 만족하는 분은 그리 많지 않으리라고 생각합니다. 만족하건 안 하건 그것이 중요한 것이 아닙니다. 과거가 어떻든 과거를 바꿀 수는 없습니다. 문제는 현재요 미래입니다.

그런데 현재와 미래를 위해 우리는 과거를 돌이켜 볼 수밖에 없습니다. 과거의 답습으로는 현재와 미래를 이룰 수는 없습니다. 과거에 대한 뼈저린 반성이 없이는 현재와 미래도 과거의 연속일 수밖에 없을 것입니다. 과거의 삶이 팔자라고 생각한다면 앞으로의 운명도 이미 결정되었을 것입니다. 그러나 과거가 죄 된 삶임을 통감하며 과거와의 단절을 위한 철저한 돌이킴이 있다면 분명 우리의 미래는 과거의 연속이지는 않을 것입니다. 여러분, 오늘 이 시간 주님께서 허락하시는 말씀을 통하여 여러분의 팔자가 펴지는 은혜를 받기를 바랍니다.

태어날 때부터 죄인

오늘 우리가 읽은 사도행전 3장 1-10절은 한 장애인이 일어서는 기적 이야기를 보도하고 있습니다. 본문 2절에 의하면 그는 나면서부터 못 걷는 사람이었습니다. 그리고 벌써 마흔도 훌쩍 넘었습니다(행 4:22). 팔자로 타고난 사람이었습니다. 더욱이 그는 가난하였습니다. 사람들은 날마다 예루살렘 성전의 '아름다운 문'이라는 곳에 그를 떠메어 날라다 놓고 구걸하게 하였습니다. 본문 2절에 '날마다'라는 말이 의미하듯 그는 장애인 팔자에다 구걸하는 팔자였습니다.

어느 날 베드로와 요한이 성전에 기도하러 올라가면서 이 사람을 만나게 됩니다. 팔자가 그렇듯이 이 거지는 베드로와 요한에게 구걸하였습니다. 이때 베드로는 요한과 함께 이 사람에게 "우리를 보시오"라고 말합니다. 그는 무엇을 주려고 하나보다 하며 베드로와 요한을 쳐다봅니다. 이때 베드로는 본문 6절에서 말했습니다.

"은과 금은 내게 없으나, 내게 있는 것을 그대에게 주니, 나사렛 예수 그리스도의 이름으로 [일어나] 걸으시오."

그러면서 그의 오른손을 잡아 일으켰습니다. 그러자 그는 당장에

다리와 발목에 힘을 얻어 뛰어 일어나 걷기 시작하며 성전으로 하나님께 찬양하며 들어갔다고 합니다. 과연 이 기적 같은 이야기가 무엇을 의미하는 것입니까? 분명히 베드로와 요한이 '은과 금은 내게 없으나' 한 것으로 보아, 주고자 하는 것이 돈은 아닐 듯싶습니다. 부자로 팔자 고치는 이야기는 아닌 것입니다. 뭔가 동전 몇 닢, 물질적으로 구걸하는 마음으로 쳐다보는 이 불행한 사람에게 베드로는 은과 금은 없다고 말하고 있습니다.

그 이름

베드로가 그에게 준 것은 '나사렛 예수 그리스도'라는 이름 하나였습니다. 도대체 그것이 무엇이기에 그 앉은뱅이를 걷고 뛰게 하였습니까? '나사렛 예수 그리스도'라는 그 이름에 무슨 마법적인 초능력이 있어서 그러한 기적이 일어났을까요? 그저 기도 속에서 '나사렛 예수'라는 이름만 외쳐대면 그러한 기적이 일어날 수 있겠느냐는 말입니다. 그러면 예수님은 허경영이라는 사람과 다를 바 없는 사람입니다. 허경영이라는 사람에 의하면 자신의 이름을 부르면서 수영을 하면 기록이 더 좋아지고 병이 치료되고 등등 기적이 일어난다고 합니다. 너무 우스운 이야기이지만 오늘 여전히 기복적인 주술 신앙이 판을 치고 있는 현실입니다.

나사렛이라는 곳은 이스라엘 북부 변경 갈릴리 지방에 속해 있는 곳으로 늘 이방 국가들과 전쟁이 잦았던 곳이기에 이방인과의 잡혼이 이루어지기도 한 곳입니다. 한마디로 순수한 이스라엘 혈통이 아닙니다. 그래서 예루살렘을 중심으로 한 유대 지방에서는 그 갈릴리 나사렛을 이방 지역으로 부르고 있었습니다. 그리고 그들 나사렛 사람들을 무시하였습니다. 한마디로 천민 취급을 한 것입니다. 게다가 매우 가난한 사람들이었습니다. 요한복음 1장 46절에 의하면 후에 예수님의 제자가 될 나다나엘은 그의 친구 빌립이 나사렛 예수를 만나러 가자고 권할 때, "나사렛에서 무슨 선한 것이 나올 수 있겠소"라고 반문할 정도였습니다.

'나사렛 예수 그리스도'라는 이름은 바로 그런 천한 지역 출신의 예수라는 사람이 바로 그리스도라는 말입니다. 그리스도라는 말은 직함입니다. 하나님의 기름 부음을 받은 메시아라는 말입니다. 세상 사람들을 구원할 메시아라는 말입니다. 그렇게 천한 지역 출신인 예수가 하나님의 기름 부음을 받은 하나님의 아들이라는 말입니다. 천박한 땅의 출신이 아니라 하늘로부터 부름 받은 존재라는 것입니다.

여러분, 다 알다시피 제 이름이 김종수입니다. 저는 예수님과 형제입니다. 우리 가문은 수 자 돌림 가문입니다. 예수, 종수 안 그렇습니까? 농담이 아닙니다. 진짜입니다. 제가 어느 목사처럼 교주가 되려고 이런 말을 하는 것이 아닙니다. 물론 제가 만든 이야기입니다. 그러나 내용은 농담이 아닙니다. 진실입니다.

그 이름을 믿는다는 것

제가 그렇듯이 여러분 모두가 바로 그 가문에 속한 사람입니다. 내가 그리스도를 믿는다는 것은 그리스도와 하나가 되었다는 말입니다. 그와 한 형제라는 말입니다. 그리스도인이라는 말은 단지 그리스도를 위에 놓고 그를 추앙하는 사람들이 아닙니다. 우리가 그리스도인이 되었다는 것은 우리 자신, 우리 각자가 하나님의 기름 부음을 받은 하나님의 자녀라는 것을 말해 줍니다. 그러므로 그리스도인이 된다는 것은 팔자가 바뀐 것을 의미합니다. 우리는 세례를 통하여 하나님의 자녀임을 확인합니다. 우리는 성찬식을 통하여 주님의 살과 피를 먹습니다. 살과 피, 말하자면 그리스도의 가문이 된 것입니다. 요한복음 1장 12절 이하는 이를 두고 이렇게 말하고 있습니다.

> 그러나 그를 맞아들인 사람들, 곧 그 이름을 믿는 사람들에게는, 하나님의 자녀가 되는 특권을 주셨다. 이들은 혈통에서나, 육정에서나, 사람의 뜻에서 나지 아니하고, 하나님에게서 났다.

그렇습니다. 단지 인간의 가문, 인간의 혈통으로 난 자가 아니라 주어진 지역, 학력, 재산으로 내 팔자가 그러려니 하고 사는 사람이 아니라 하나님으로부터 난 자라는 것을 말해 주고 있습니다. 금과 은, 돈 몇 푼으로 기가 살고 죽는 그런 사람이 아닙니다. 호주머니에 돈 있다고 헤헤거리고, 주머니에 돈이 없다고 어깨가 축 늘어진 그런 사람이 아닙니다. 학력으로 인격마저 결정되어 주저앉고 사는 그런 삶이 아닙니다. 그리스도인이란 팔자가 바뀐 사람입니다. 하늘이 준 약속을 갖고, 땅의 고향이 아니라 하늘의 고향을 향하여 성실하고 진실하게 하나님의 고귀한 자녀임을 깨닫고 살아가는 사람입니다.

바로 이 점을 두고 베드로가 요한과 함께 본문 4절에서 앉은뱅이 걸인에게 "우리를 보시오"라고 말하고 있는 것입니다. 사실 베드로도 예외 없이 천한 갈릴리 지방 출신입니다. 베드로가 우리를 보라고 하였지만 인간의 눈으로 보면 별 볼 일 없는 사람입니다. 출신도

천하고, 직업도 하루 벌어 하루 먹고사는 가난한 어부입니다. 본문 6절의 말 그대로 은과 금이 없습니다. 그런데도 베드로는 당당하게 "우리를 보시오"라고 말합니다.

"나도 하루 벌어 하루 먹고사는 가난하고 별 볼 일 없는 어부였소. 예루살렘의 유대인들은 나를 갈릴리 천한 것이라고 여겼소. 사실 나도 그게 내 팔자인 줄 알았소. 그게 내 팔자려니 하고 그 팔자에 주저앉으며 살아온 앉은뱅이 당신과 같은 사람이었소. 그러나 나사렛 예수 그리스도를 만나고 내 팔자가 이게 아니라는 것을 알았소. 세상을 구원할 엄청난 일을 할 수 있는 하나님의 자녀, 작은 메시아인 그리스도인임을 깨달았소. 바로 그런 나를 보라는 것이요."

본질을 바꾸는 것

여러분, "우리를 보시오!" 이 말이 단지 베드로만의 말이 되지 않기를 바랍니다. 그리스도를 만나 우리 모두 세상 한복판에서 당당하게 외칠 말입니다. 사실 이것이 전도입니다. 교회에 사람 데려오는 일이 전도가 아닙니다. 사람들에게 "우리를 보시오", "나를 보시오"라고 당당하게 말할 수 있는 것이 전도입니다. 우리의 무엇, 나의 무엇을 보라는 말입니까? 스스로를 열등, 혹은 우월한 팔자로 규정짓는 금과 은이 얼마나 있나 보라는 것이 아닙니다. 소유를 보라는 말이 아닙니다. 지위를 보라는 말이 아닙니다. 가문을 보라는 말이 아닙니다. 그것과 관계없이 그 어떤 상황이든 나사렛이라는 가난하고 천한 출신일지라도 하나님의 소중한 자녀요 세상을 구할 메시아임을 보라는 것입니다.

'내 주제에 뭘?' 하며 스스로를 비하하는 주저앉은 앉은뱅이 팔자가 아닙니다. 그렇기에 구걸이나 하는 거지 인생이 아닙니다. 우리의 고통, 실패, 좌절이 우리의 운명이 아닙니다. 그러한 것들이 우리의 팔자라고 여기며 거기에 주저앉은 삶을 살 수는 없습니다. 나사렛 예수 그리스도라는 그 이름은, 그 이름을 믿은 모든 사람의 운명을 바꾸어 줍니다.

"나사렛 예수 그리스도의 이름으로 [일어나] 걸으시오."

태어날 때부터 걷지 못한 채 구걸하며 살아온 이 사람, 그는 성전 문 앞에 머물며 성전 안으로 들어가지 못한 삶을 살았습니다. 그의 신앙은 아직 신앙의 본질에 들어가지 못하고 있었습니다. 만일 베드로와 요한이 그 걸인에게 동전을 주었다면 그 걸인은 한 끼를 해결했을 것입니다. 그러나 곧 원래대로 구걸하는 상태로 돌아왔을 것입니다. 동전은 팔자를 바꾸지 못합니다. 그러나 베드로는 그에게 본질을 건넸습니다. '나사렛 예수 그리스도'라는 본질입니다. 구원받는 구걸하는 사람이 아니라 구원하는 베푸는 메시아입니다.

나오며

여러분, 우리의 신앙의 위치가 어디에 있습니까? 성전 밖입니까? 성전 안입니까? 교회 밖입니까? 교회 안입니까? 아직도 님이 나를 어떻게 해주기를 바라는, 남에 의해 내가 결정되는, 잘 안되면 남을 원망하고 세상을 원망하는 교회 밖의 삶입니까? 아니면 남이 나를 어떻게 해주는 것이 아니라 내가 남을 일으켜주고 베풀어 주고 세워주는 교회 안의 삶입니까? 이 걸인은 벌떡 일어났습니다. 그리고 성전을 향하여 걸었습니다. 이제는 그 누구도 그를 떠메고 가는 귀찮은 존재가 아닙니다. 그는 스스로 걷고 뛰고 찬양했습니다. 그는 더 이상 성전 밖에 있지 않습니다. 그는 성전 안, 생의 본질 안으로 들어갑니다.

이 사람은 사실 우리 모두입니다. 버거운 세상살이에 주저앉은 내 모습이요 우리 모습입니다. 신앙조차 '주시옵소서'라는 구걸을 하고 있는 우리 모습입니다. 여러분, 이제 나사렛 예수가 그리스도라는 것을 보십시오. 그 천하고 가난한 나사렛이 더 이상 구걸하는 빈곤, 경멸의 상징이 아니라 메시아의 출생지라는 것을 보십시오. 말을 바꿀까요? 이제 여러분이 그리스도입니다. 이제 제가 그리스도입니다. 죽어도 다시 벌떡 오뚝이처럼 일어서는 그리스도입니다. 걷다 못해 뛰고 찬양하는 우리 자신입니다.

성령강림 후 일곱째 주일 이 아침, 버거운 우리의 인생의 길에서 다리와 발목에 힘을 주시는 성령의 은총이 넘쳐 다시 세상에 나가 당당히 "우리를 보시오!"라고 말할 수 있는 작은 그리스도, 아니 더 큰 그리스도가 되기를 주님의 이름으로 축원합니다.

(2012. 7. 15.)

제 가슴을 칠 때입니다
사사기 21:1-7

그들은 울부짖었다. "주 이스라엘의 하나님, 어찌하여 이런 일이 이스라엘에서 일어났습니까? 오늘 한 지파가 끝내 이스라엘에서 없어지고 말았습니다"(3절).

형제간의 비극

19세기 말 제정 러시아는 그칠 줄 모르는 권력투쟁의 연속이었습니다. 러시아 작가 고골리(Nikolai Vasilevich Gogol)는 당시의 사회상을 보면서 피를 흘리게 하고 차지한 자리, 복수로 빼앗은 자의 마지막 모습이 어떠한가를 『이반과 피터』에 적나라하게 표현했습니다. 왕이 총애하는 두 젊은 무사 이반과 피터가 있었습니다. 그들은 의형제를 맺고 살았습니다. 어느 날 왕이 이반과 피터를 불러 산적 두목을 잡아 오라고 명령합니다. 산적을 잡는 사람에겐 큰 상금이 약속되었습니다.

이반과 피터는 길을 떠나면서 서로 다짐했습니다. 누가 먼저 산적 두목을 잡든지 간에 상금도 명예도 똑같이 나누자고 말입니다. 산적 두목을 잡은 사람은 이반이었습니다. 왕은 약속대로 상금을 내려 이반을 크게 치하했습니다. 이반은 상금을 똑같이 피터와 나누었고 명예도 나누었습니다. 그러나 명예는 눈에 보이는 물질이 아니기 때문에 마음속으로만 나눌 수 있었습니다. 명예는 어떻게 나눌 길이 없었기에 피터는 이반을 오해하기 시작했습니다.

그 일 이후 어느 날 이반이 아홉 살 난 외아들과 함께 강변을 산책하고 있었습니다. 아들의 손을 잡고 이반이 막 강 언덕에 올라섰을 때 피터가 부하 두 사람과 함께 핏발 선 눈으로 이반을 향해 활을 겨누고 있었습니다. 이반은 애원했습니다.

"형님 내가 가진 모든 것을 형님에게 다 드리겠습니다. 아니 이것이 왕명이라면 나는 죽어도 좋습니다. 그러나 이 철모르는 어린 것만은 살려주십시오."

그러나 애원이 끝나기도 전에 화살은 이반과 아홉 살 난 아들의 심장을 뚫었습니다. 그런 뒤 세월이 흘러 피터도 이 세상을 떠나 이반과 피터는 나란히 최후의 심판자 앞에 서게 되었습니다. 심판자는 언도했습니다.

"이반! 네가 원하는 대로 복수를 해도 좋다. 어떻게 했으면 좋겠는가?"

천추의 한을 품은 이반, 그의 마음은 복수심으로 가득 찼습니다.

"주여, 내 앞에서 당장 저 놈을 찢어서 죽여주십시오. 아니, 그것만으로는 만족할 수 없습니다. 그 죽인 시체를 가루로 만들어 갈바닥에다 뿌리게 하여 주십시오. 아닙니다! 그것으로서도 이 사무친 원한이 풀리지는 않겠습니다. 피터 저놈을 한번이 아니라 열 번 스무 번, 아니 백 번, 천 번 영원히 끓는 가마 속에서 죽지도 않고 살지도 못하게 끓여 주십시오."

심판자는 이반의 요구대로 피터를 심판하였습니다. 그리하여 이반의 눈앞에는 영원히 쉬지 않고 끓는 기름 가마 속에서 죽지도 살지도 못하는 피터의 발악과 신음 소리가 그치지 않게 되었습니다. 그런데 고골리는 바로 이 작품을 통해서 영원한 고통 속에 있는 피터보다도, 피터의 고통스러운 모습을 지켜보는 이반의 고통이 더 크다는 것을 묵시적으로 보여주고 있습니다

6.25 62년

오늘 우리는 광복 67년 아니 분단 67년을 눈앞에 두고 있습니다. 지난 10년간의 화해도 한순간에 무너지고 있습니다. 남과 북, 원점으로 돌아갔습니다. 몇 년 전부터 6.25 한국전쟁 기념식 때마다 "아아! 잊으랴"로 시작되는 6.25 노래를 다시 부르고 있습니다. 이 노래에 이런 후렴 가사가 있습니다.

"이제야 갚으리 그날의 원수를/ 쫓기는 적의 무리 쫓고 또 쫓아/ 원수의 하나까지 쳐서 무찔러/ 이제야 빛내리 이 나라 이 겨레"

그 원수가 누구입니까? 우리 형제입니다. 그 형제를 끝까지 쫓아 죽이고 무찔러야 이 나라와 이 겨레를 빛낼 수 있다는 어처구니없는 노래를 우리는 불러왔던 것입니다. 한 민족이 타의에 의해 분단되어

형제와 부모 자식이 갈라진 것도 땅을 칠 일이건만, 같은 민족끼리 '원수'라고 이를 갈며 끝까지 쫓아가 죽여야 한다는 우리의 비극을 무엇으로 설명할 수 있겠습니까?

한국전쟁이 끝난 지도 벌써 62년입니다. 이 비극이 누구 탓이라고 말하기 전에 이념과 권력에 눈이 어두워 제 형제 제 부모임을 망각한 우리의 어리석음이요, 그 민족의 일원인 제 탓이라고 고백해야 할 것입니다. 6.25는 제 가슴을 치며 통곡하며 회개해야 할 사건입니다. 아들이 못된 짓을 할 때마다 '이것은 내 탓입니다'라고 생각하며 자기 사진에 못으로 구멍을 하나씩 뚫었다는 어머니의 이야기가 있습니다. 하루는 아들이 집에 들어왔을 때 구멍 뚫린 사진을 붙들고 울고 있는 어머니를 보았습니다. 이제는 더 이상 구멍을 뚫으려야 뚫을 수도 없을 만큼 무수한 구멍이 뚫린 사진을 붙들고 눈물을 흘리고 있었습니다. 오늘 우리는 이 어머니의 심정으로 분단의 현실을 바라보아야 하며 다시는 이 땅에 제 형제, 부모의 가슴에 못을 박는 비극의 전쟁이 일어나지 않도록 기도해야 할 것입니다.

베냐민 전쟁

사사기는 확실한 지도자가 없이 지내던 이스라엘 민족의 격동기이며 배반의 역사가 수레바퀴 돌 듯 반복된 시기의 이야기입니다. 가나안 정착 후 이스라엘 열두 지파는 자기의 몫, 자기 지파만을 생각하면서 뿔뿔이 흩어졌습니다. 오늘 본문의 이스라엘의 열한 지파와 베냐민 한 지파의 싸움은 사사기 19장에서부터 시작됩니다.

에브라임 산지에 사는 레위 사람 하나가 베들레헴 처가에 가 있는 첩을 데리고 집으로 돌아오는 길이었습니다. 이들 부부가 여부스 족속이 사는 마을에 이르렀을 때 이미 날이 저물었습니다. 그러나 이들 부부는 걸음을 멈추지 않았습니다. 그것은 여부스 족속은 혈통이 다른 이방 민족이었고 조금만 더 가면 동족 이스라엘 열두 지파 가운데 하나인 베냐민 지파에 속하는 기브아 땅이 있으니, 그곳에서 머물겠다고 생각했기 때문입니다.

부부는 겨우 기브아에 도착하여 장터에 앉아 있었습니다. 어느 노인이 밭일을 마치고 돌아오다가 이 레위 부부를 보고 자기 집으로 데려갔습니다. 레위 부부는 그 집에 들어가 몸을 씻고 늦은 저녁밥을 맛있게 먹고 있는데 기브아 성에 사는 불량배들이 몰려왔습니다. 그들은 레위 사람의 아내를 내놓으라고 요구했습니다. 집주인인 노인은 차라리 자기 딸을 내놓을 테니 이 사람들에게만은 못된 짓을 하지 말라고 애원했습니다. 그러나 불량배들은 기어이 레위 사람의 첩을 데려다가 밤새도록 욕보이고는 새벽녘에야 놓아주었습니다. 이 여인은 남편이 머물고 있는 집에 겨우 돌아와 그 집 문지방을 붙들고 쓰러져 죽고 말았습니다.

이 일을 당한 레위인은 아내의 시체를 품에 안고 자기 집으로 돌아와 그 시체를 열두 토막 내어 열두 지파에게 보냈습니다. 이런 경악을 금치 못할 소식을 들은 지파마다 놀라 분개하였습니다. 그래서 베냐민 지파를 제외한 온 이스라엘 사람들이 미스바에 모였습니다. 칼을 차고 나온 사람이 40만 명이나 되었다고 합니다. 베냐민 지파에서도 무장하고 나선 사람이 2만 6천 명이나 되었습니다.

이 싸움은 삼 일간 벌어졌는데 양쪽 다 엄청난 사상자를 내었습니다. 이스라엘 연합군은 처음 2일간의 전쟁에서 4만 4천 명이 죽었습니다. 그러나 마지막 셋째 날 다시 시작된 싸움에서 범죄한 베냐민 족속은 결국 600명만 남고는 모두 전멸하였습니다. 승리한 이스라엘은 베델로 돌아왔습니다. 그리고는 하나님의 제단 앞에서 가슴을 치며 대성통곡을 하였습니다. 21장 3절입니다.

"주 이스라엘의 하나님, 어찌하여 이런 일이 이스라엘에서 일어났습니까? 오늘 한 지파가 끝내 이스라엘에서 없어지고 말았습니다."

범죄한 동족 베냐민을 쳐서 승리한 후 승자도 패자도 없는 슬픔 속에서 오히려 멸망한 베냐민 지파를 위해 기도하면서 가슴을 치며 통곡하였습니다. 그리고 제단을 쌓고 죄의 용서를 구하는 번제와 화해를 희구하는 화목제를 드렸습니다. 그 전쟁이 범죄자를 문책하는 전쟁이었지만 결국 제 가슴을 쳐야 하는 전쟁임을 알았던 것입니다.

하나님의 전쟁

오늘 우리는 민족 해방 67주년 아니 민족 분단 67주년을 맞는 평화통일주일 예배로 드리고 있습니다. 아직도 휴전선은 철벽처럼 서 있습니다. 남과 북의 반목과 갈등의 끝이 보이지 않습니다. 그러나 우리는 아직 회개하지 않고 있습니다. 여러분, 6.25는 하나님이 일으키신 전쟁입니다. 6.25는 한 형제, 한 민족이면서도 화해할 줄 모르는 우리의 강퍅함을 응징하신 하나님이 일으키신 전쟁입니다. 신앙의 눈으로 보시기 바랍니다. 도대체 얼마나 죽어야 제 가슴을 치며 통곡하며 그 어리석음을 참회할 수 있겠습니까?

사사기 20장에서 이스라엘 연합군과 베냐민과의 전쟁에서 이스라엘 연합군이 두 차례나 패했을 때 사사기 20장 23절, 26절 이하에서 이스라엘 연합군은 하나님께 이 전쟁을 계속해야겠냐고 묻습니다. 그때 하나님께서 분명 가서 싸우라고 말씀하십니다. 알고 보면 이 전쟁은 하나님께서 일으키신 것입니다. 이스라엘 백성들에게 한 민족, 한 형제의 화해를 깨닫게 하기 위한 하나님의 전쟁이었습니다. 분명 하나님의 심판이었습니다. 6.25는 우리로 회개를 촉구하는 하나님의 응징이었습니다. 6.25 전쟁은 우리 민족의 강퍅함에 대한 심판이요 형제애를 되찾으라는 하나님이 촉구가 담겨 있는 것입니다.

"이런 전쟁의 결과가 무엇이냐? 한 형제의 이런 반목과 갈등의 결과가 무엇이냐? 누가 승리했느냐? 남북 아무도 승리하지 못한다. 다만 그 분단선을 그은 강대국의 꼭두각시 노릇만 있을 뿐이다. 남북 모두 패했다. 얼마나 죽어 나가야 어리석음을 알겠느냐?"

그러나 이 전쟁에도 불구하고 이 전쟁 속에서 남과 북 모두가 죄 없는 형제와 부모를 엄청나게 죽였으면서도 우리는 회개하지 않았습니다. 우리는 이렇듯 강퍅한 사람들입니다. 세계가 다 이념의 대립을 졸업해도 우리는 아직 멀었습니다. 그렇기에 남과 북만이 갈라져 있는 것이 아닙니다. 하나님은 동과 서를 갈라놓았습니다. 우리의 회개를 촉구하고 있습니다. 그러나 우리는 아직 동과 서의 지역감정에 놀아나고 있습니다. 그것이 우리의 의식 수준이요 우리의 강퍅함입니다.

여러분, 이런 의미에서 8.15는 해방을 기뻐하는 날이 아닙니다. 분단에 대한 민족의 속죄일이 되어야 합니다. 남과 북이 제 가슴을 치며 재를 뒤집어쓰고 회개해야 합니다. 동은 서를 위해 제 가슴을 치며 목 놓아 울어야 합니다. 서는 동을 위해 제 가슴을 치며 통곡해야 합니다. 예수님께서 말씀하신 원수 사랑, 원수 사랑 속에 제가 사는 길이 있습니다. 남이 살려면 북을 살려야 합니다. 북이 살려면 남을 살려야 합니다. 동이 살려면 서를 살려야 합니다. 서가 살려면 동을 살려야 합니다. 서로를 품어야 합니다. 서로의 상처를 싸매야 합니다.

더 이상 적개심을 불태우는 날이어서는 안 됩니다. 제 가슴을 치는 속죄 속에서만이 비로소 민족 화해의 역사는 펼쳐질 수 있습니다. 비록 불법으로 이지러진 베냐민 지파이지만 반드시 회복해야 할 이스라엘임을 알고 제 가슴을 치며 통곡한 저 이스라엘 연합군의 마음이 우리에게 먼저 세워져야 합니다. 그래야 죽임이 아닌 살림의 통일, 평화통일을 이룰 수 있습니다. 시인 문익환 목사님은 <꿈을 비는 마음>에서 이렇게 꿈꾸고 있습니다.

개똥 같은 내일이야
꿈 아닌들 안 오리오마는
조개 속 보드라운 살 바늘에 찔린 듯한
상처에서 저도 몰래 남도 몰래 자라는
진주 같은 꿈으로 잉태된 내일이야
꿈 아니곤 오는 법이 없다네.

그러니 벗들이여!
보름달이 뜨거든 정화수 한 대접 떠놓고
진주 같은 꿈 한자리 점지해 줍시사고
천지신명께 빌지 않으려나!
벗들이여!

이런 꿈은 어떻겠오?

155마일 휴전선을

해 뜨는 동해 바다 쪽으로 거슬러 오르다가 오르다가

동해 바다가 굽어보이는 산정에 다달아

국군의 피로 뒤범벅이 되었던 북녘땅 한 삽

공산군의 살이 썩은 남녘땅 한 삽씩 떠서

합장을 지내는 꿈,

그 무덤은 우리 5천만 겨레의 순례지가 되겠지

그 앞에서 눈물을 글썽이다 보면

사팔뜨기가 된 우리의 눈이 제대로 돌아

산이 산으로, 내가 내로, 하늘이 하늘로,

나무가 나무로, 새가 새로, 짐승이 짐승으로,

사람이 사람으로 제대로 보이는

어처구니없는 꿈 말이외다.

그도 아니면

이런 꿈은 어떻겠오?

철들고 셈들었다는 것들은 다 죽고

동남동녀들만 남았다가

쌍쌍이 그 앞에 가서 화촉을 올리고

—그렇지, 거기는 박달나무가 있어야지—

그 박달나무 아래서 뜨겁게들 사랑하는 꿈,

그리고는 동해 바다에서 치솟는 용이 품에 와서 안기는 태몽을 얻어

딸을 낳고

아침 햇살을 타고 날아오는

황금빛 수리에 덮치는 꿈을 꾸고

아들을 낳는

어처구니없는 꿈 말이외다.

그도 아니면

이런 꿈은 어떻겠오?

그 무덤 앞에서 샘이 솟아

서해 바다로 서해 바다로 흐르면서

휴전선 원시림이

압록강 두만강을 넘어 만주로 펼쳐지고

한려수도를 건너뛰어 제주도까지 뻗는 꿈,

그리고 우리 모두

짐승이 되어 산과 들을 뛰노는 꿈,

새가 되어 신나게 하늘을 나는 꿈,

물고기가 되어 펄떡펄떡 뛰며 강과 바다를 누비는

어처구니없는 꿈 말이외다.

비나이다 비나이다

천지신명님 비나이다

밝고 싱싱한 꿈 한자리

평화롭고 자유로운 꿈 한자리

부디 점지해 주사이다.

(2012. 8. 12. 평화통일주일)

초대받은 사람에서 초대하는 사람으로
누가복음 14:15-24

그 종이 돌아와서, 이것을 그대로 자기 주인에게 일렀다. 그러자 집주인이 노하여 종더러 말하기를 '어서 시내의 거리와 골목으로 나가서, 가난한 사람들과 지체에 장애가 있는 사람들과 눈먼 사람들과 다리 저는 사람들을 이리로 데려오너라' 하였다(21절).

주인은 어려워

몇 년 전 꽤 인기 있던 드라마 <선덕여왕>이 얼마나 역사적 사실인가는 잘 모르겠습니다만 이 드라마를 재미있게 만든 인물은 바로 미실이라는 국가의 길흉화복을 관장하는 세주였습니다. 드라마 중반 이후는 선덕여왕이 될 덕만 공주와 미실 세주의 권력 다툼이 주된 내용이었습니다. 정말 어느 정도 역사적 사실인지는 모르겠지만 덕만 공주는 당시 부와 권력을 독차지했던 귀족들에게서 고통을 받고 있던 백성들에게 그 부와 권력 그리고 자유를 나눠 주고 싶어 했습니다.

덕만 공주는 백성에게 진실을 말해 주고 싶어 했고 희망을 주고 싶어 했습니다. 그리고 이를 위해 소통하려 했고 궁극적으로 백성에게 정치적, 경제적 자유를 주고 싶어 했습니다. 한마디로 백성을 나라의 주인으로 만들고 싶어 했던 것입니다. 그러나 쉽지 않았습니다. 백성들이 이런 덕만 공주를 이해하지 못했고 오히려 배반하기도 했습니다. 덕만 공주에게 미실은 공주의 백성을 위한 태도가 얼마나 어리석은 것인지를 비판하며 극 중에서 이렇게 말합니다.

"백성은 진실을 부담스러워하며 희망은 버거워하고 소통은 귀찮아합니다. 그리고 그들에게 자유를 주면 그들은 망설이고 주저합니다. 백성은 즉물적이어서 떼쓰는 어린아이와 같습니다."

생각해 보면 미실의 이야기가 맞습니다. 사람들에게 자유와 권리를 주면, 이 자유와 권리를 주체하지 못합니다. 백성이 주인이 되는 정치를 민주주의라고 합니다. 말 그대로 민이 주인이 되는 정치체제입니다. 그러나 민주주의를 건강하게 누리는 백성은 그다지 많지 않습니다. 주인이 되지 않아도 좋으니 잘 먹고 잘살게만 해준다면 차라리 노예가 되고 싶어 합니다. 아직도 우리나라의 40%가 넘는 사람들이 독재자를 향수하는 것만 봐도 충분히 알 수 있습니다. 사실 민주주의는 제도의 문제가 아니라 백성들 하나하나의 의식의 문제입니다. 사람이란 주인 행세는 하고 싶어 하나 책임을 지는 주인의 역할을 감당하지 못합니다. 자기 자신이 문제의 시작이자 해결이라는 책임 의식, 주인의식을 잊어서는 안 됩니다.

옛사람들이 법과 제도로서 사람을 부릴 줄 알았으면 굳이 노예를 쇠사슬에 묶어 두진 않았을 거라는 말이 있습니다. 그 말을 뒤집어 생각하면 얼마든지 법이나 규정, 제도로서 사람을 통제할 수 있다는 이야기입니다. 자유인이 노예가 되기보다는 노예가 자유인이 되기가 더 어렵다고 합니다. 표현이 뒤바뀐 것이 아닐까 싶을 만큼 받아들이기가 어려운 말입니다. 아무리 그래도 그렇지 노예가 자유인이 되는 것이 쉽겠지, 자유인이 노예가 되는 것이 더 쉬울까, 의아한 생각이 듭니다. 자유인으로 살다가 노예가 되면 갑갑하고 힘겨워서 살 수가 없을 거라는 생각이 너무 자명하기 때문입니다.

그러나 곰곰 생각해 보면 얼마든지 그 말이 맞을 수 있겠다 싶습니다. 한번 노예근성에 빠지고 나면 좀체 벗어나기가 어렵기 때문입니다. 자신도 모르게 노예 생활에 익숙해지면 그것을 편안하고 안전하게 생각하기 시작합니다. 마치 든든한 무엇이 자신을 돌보아 준다고 생각을 하게 되는 것입니다.

새는 새장에 갇혀 사육을 당하면서도 때마다 주는 모이에 만족하며 살아갑니다. 끝 모르는 하늘을 나는 자유가 두렵고, 위험을 무릅쓰고 스스로 먹이를 구하는 고단함이 싫어집니다. 기계처럼 시키는 대로 하는 것이 편해져서 스스로 생각하고 판단하고 결단하는 능력을 잃어버리고 맙니다.

오늘날 우리는 어느 누구도 쇠사슬에 묶여있지 않습니다. 그렇다고 우리 모두가 자유인인 것은 아닙니다. 우리보다 강한 것에 무작정 기대고 끌려가면서 우리의 고유한 정신과 영혼을 잃어버린다면 우리는 아직 자유인이 아닐 것입니다(「기독교사상」 2007년 9월호, "짧은 두레박").

천국 잔치 비유

오늘 누가복음 14장 15절 이하의 말씀은 진정한 자유인, 진정한 주인이 되는 길을 가르쳐주는 소중한 말씀입니다. 이 구절을 두고 '천국 잔치' 비유라고 합니다. 보통 천국에 대한 두 가지 오해가 있습니다. 하나는 천국을 심청전의 용궁처럼 눈에 보이는 어떤 공간으로 이해한다는 것이고 또 다른 하나는 천국을 사후 미래에 대한 것으로 여기는 것입니다.

누가복음 17장 20절을 보면 바리새파 사람들은 예수님께 "하나님 나라가 언제 임합니까?"라고 그 미래를 묻습니다. 그러나 예수님은 21절에서 "하나님 나라는 너희 가운데 있다"라고 현재로 대답하십니다. 현재가 미래를 결정하기 때문입니다. 이렇게 본다면 천국은 오늘의 문제요 나 자신의 문제라는 것입니다. 오늘 예수님의 말씀을 듣고 있던 사람 중 하나가 말합니다.

"하나님 나라에서 음식을 먹는 사람은 복이 있습니다."

무슨 뜻일까요? 이해하기 쉽지 않은 말씀입니다. 그런데 여기 '음식'이라는 말은 잘못 번역된 말입니다. 헬라어로 '아르토스'라고 하는데 단순히 음식이 아니라 '떡', 혹은 '빵'을 말합니다. 그런데 이 '떡'이라는 말은 복음서 속에서 단지 먹는 떡을 가리키는 것이 아니라 주님의 '가르침'을 상징적으로 나타냅니다. 심지어 예수님은 자신을 '생명의 떡'이라고 말했습니다. 자신의 삶이 우리가 따라야 할 삶이기 때문입니다. 알고 보면 주님의 가르침을 먹는 사람, 그 가르침을 깨닫고 살려는 사람, 바로 그 사람 자신, 그의 삶 자체가 천국, 하나님 나라입니다.

이제 하나님 나라란 분명 미래입니다. 그런데 그 미래가 오늘 결정된다는 것이 16절 이하에 나타난 예수님의 비유입니다. 16절 이하에 나타난 예수님의 비유는 천국 잔치 비유입니다. 천국, 하나님 나라를 잔치에 비유한 것입니다. 그런데 잔치에 초대받은 상황은 일상의 현실입니다. 밭과 소를 사고 결혼을 하는 일상의 현실적인 상황에서 초대받습니다. 일상적인 우리의 삶 한복판에서 하나님 나라의 잔치에 초대받은 것입니다. 지극히 일상적인 오늘의 삶 한가운데서 그 미래는 결정됩니다.

그런데 오늘 본문 18절에 보면 초대받은 사람들이 모두 다 하나같이 핑계를 대기 시작했습니다. 그 이유 역시 우리가 살아가는 일상의 삶들에 있습니다. 한 사람은 밭을 사서 밭을 가지고 해야 할 일이 많기 때문이고 또 한 사람은 소를 샀기 때문에 시험해 보아야 한다는 것입니다. 또 다른 사람은 결혼을 했기 때문에 새살림에 바쁘다는 것입니다. 천국에 가면 더 넓은 밭이 있고, 소도 시험할 필요도 없는 튼튼한 소로 즐비하고 예쁜 여자 만나 잘 먹고 잘살게 된다고 설교를 하셨어야 하는데 "마음이 가난한 자는 복이 있다. 하늘나라가 그들의 것이다" 더 나아가 "의를 위하여 박해를 받은 사람은 복이 있다. 하늘나라가 그들의 것이다"라고 했으니, 누가 천국의 초청에 쾌히 응할 수가 있겠습니까?

물론 제 욕심을 버리고 가난한 마음으로 어려운 이웃과 함께하고 정의를 위해 핍박을 받더라도 애쓰는 것이 옳다는 것을 모르는 사람은 없습니다. 그렇기에 천국 잔치에 초대받는 사람들도 이 초청을 거질하며 "부디 나를 양해해 주기 바라오"라며 용서를 구하고 있습니다. 그런데 하나님의 말씀이 옳은 것임을 알면서도 무엇이 하나님 나라로 우리를 초대하는 것을 막고 있는 것입니까?

내 현실의 삶이 나를 얽매고 있습니다. 하나님이 필요로 하는 것보다 내가 필요로 하는 것이 나를 얽매고 있습니다. 우리는 하나님 나라의 잔치에 절실하지 않습니다. 내 잔치하기도 급합니다. 내 일만 갖고도 할 일 많고 하고 싶은 일도 많고 그 일만으로도 인생의 스케줄이 꽉 차 있습니다. 저는 주일에 여러분들과 예배를 드리다가 종종 여러분들이 대단하다고 생각합니다. 일주일 동안 뼈 빠지게 일하고 겨우 주말이라고 하루 이틀 쉬는 것인데 주말마다 이곳에 와서 하나님의 말씀을 듣고 예배를 드리는 모습에 저 스스로 놀라기도 합니다.

여러분들이 잘 알고 있을 것입니다. 사고팔고 일하고 먹고 마시고 누리는 일을 넘어 사람으로서 취해야 할 더 가치 있는 일들이 있다는 것을 말입니다. 우리는 하나님 나라를 꿈꿉니다. 무거운 하나님의 말씀일지라도 거기에 사람다운 삶이 있고 하나님의 자녀로서 취해야 할 소중한 삶을 생각합니다. 나아가 어떻게 해서든지 건강한 공동체를 이루고 싶어 하는 여러분들의 성숙한 마음이 있습니다. 이것이 바로 주인의식입니다. 세상에 대해, 속하고 있는 공동체에 대해 주인된 책임을 갖고 있습니다.

하나님 나라의 주인은

그런데 오늘 본문 21절에 의하면 이 초대의 거절에 주인이 노하였습니다. 주인의 노함은 심판입니다. 하나님의 심판은 다른 것이 아닙니다. 더 가치 있는 것으로 초대에 응할 줄 모르는, 더 소중한 가치보다는 제 눈앞의 이익에 노예가 되는 주인 되지 못한 삶에 대한 심판입니다. 일상의 삶에 함몰되어 살아가는 사람들에게 하나님 나라는 무의미합니다. 하나님 나라의 잔치보다는 감각적이고 말초신경적인 것에 흥을 돋우는 잔치가 더 유익하고 더 절실한 사람들은 더욱 그렇습니다. 이 초대 거절에 주인은 분노합니다. 초대의 거절에 분을 토로하며 주인은 종에게 본문 21절에서 명령합니다.

"어서 시내의 거리와 골목으로 나가서, 가난한 사람들과 지체에 장애가 있는 사람들과 눈먼 사람들과 다리 저는 사람들을 이리로 데려오너라."

그렇습니다. 하나님 나라는 뭔가 부족하고 모자라며 아쉬워하니 스스로 설 수 없다고 생각하는 가난한 사람, 장애인, 눈먼 사람, 다리 저는 자들의 것입니다. 참으로 가치 있는 것에 부족함을 느끼며 배고파 하며 목마른 자들입니다. 오늘 이 자리가 바로 그런 자리입니다. 오늘 이 자리에 가난한 자, 육적으로 혹은 영적으로 부족한 장애인, 볼 것을 보지 못하는 눈먼 자, 삶이 버거워 절뚝거리며 저는 자들 외에 다른 사람은 없습니다. 여기 배부른 자는 없습니다. 그것이 물질적이든 정신적이든 뭔가 채워져야 하는 가난한 사람으로 오늘 우리는 이 자리에 있습니다.

정신적이든 육체적이든 우리 모두 장애인입니다. 또한 우리 모두 맹인입니다. 단지 육신의 맹인만을 가리킨 말이 아닙니다. 한 치 앞도 내다볼 수 없는 우리네 삶임을 잘 압니다. 우리 모두 세상살이 그렇게 편하게 해온 사람들이 아닙니다. 마음이긴 육체건 우리는 넘어지고 깨어지고 부러지는 삶 속에서 저는 자들로 이 자리에 나와 있습니다. 우리는 이렇듯 초대받은 자로 이 자리에 왔습니다. 부족한 손님으로 온 것입니다.

그렇지만 단지 위로나 받으려고 나온 자리는 아닙니다. 손님으로 머물 수는 없습니다. 하나님께 구걸만 하고자 나온 자리가 아닙니다. 남의 부축을 받고만 사는 사람으로 살기 위해 이 자리에 온 것이 아닙니다. 남의 인도에만 의지하는 눈먼 자로 살고자 온 사람이 아닙니다. 삶이 버거워 넘어지고 깨어지고 부러진 채로 절뚝거리며 저는 자들로 남의 도움만을 받고자 온 자리가 아닙니다.

만일 아직도 우리가 가난한 자로, 장애자로, 눈먼 자로, 저는 자로 자신을 규정하고 있다면 그리고 그것이 내 운명이며 팔자라고 여긴다면 우리는 여기에 손님으로 온 것입니다. 성서는 여기서 더 한 번 도약하기를 바라고 있습니다. 본문 22절을 보면 스스로 부족한 사람들이 초대받아 왔지만, 아직 자리가 비어 있다고 말하고 있습니다. 이에 주인은 종에게 다시 명령합니다. 23절 말씀입니다.

"큰길과 산울타리로 나가서, 사람들을 억지로라도 데려다가, 내 집을 채워라."

지금 이 명령을 누구에게 내리고 있습니까? 분명 종에게 내리고 있습니다. 이제 이 명령을 듣는 자리는 초대를 받은 손님의 자리가 아니라 초대하는 선택받은 종의 자리입니다. 이것은 단지 억지로 명령을 받는 노예로서의 종의 자리가 아닙니다. 이것은 주인의 뜻을 헤아리며 주인의 명령을 제 사명으로 여기는 사람의 자리입니다. 사실상 주인의 자리입니다. 만일 이 명령이 정해진 제한된 종에게만 내린 명령이요 이 빈 자리가 나와 무관한 것이라면 우리는 이 잔치 자리의 영원한 손님일 것입니다.

노예가 아닌 주인으로 서는 사람이 되십시오. 초대받은 손님이 아닌 그 손님을 초대하는 사람으로 일어서십시오. 초대받아 온 손님인 가난한 자, 장애인, 눈먼 자, 저는 자가 하나님의 일을 위해 초대하는 사람인 선택받은 종으로 나선다면 바로 그것이 삶의 변화요 구원인 것입니다. 대접받으러 온 손님이 오히려 팔을 걷어붙이고 대접하는 일에 기쁨으로 나선다면 그는 더 이상 가난한 손님이 아닙니다. 왜냐하면 그는 이제 더 이상 남에게 얻어먹는 가난한 사람이 아니라 복음에 충만하여 배부름을 얻고, 그 넘친 기쁨을 다른 이들을 초대하며 대접해 주는 부유한 자가 된 것이기 때문입니다.

나오며

여러분, 이제는 구걸하는 기도만을 드리지 마십시오. 베푸는 기도를 드리십시오. 이제는 도움을 요청하는 기도만을 드리지 마십시오. 도움을 주는 기도를 드리십시오. 이제는 대접받는 기도만을 드리지 마십시오. 대접하는 기도를 드리십시오. 손님의 기도, 노예의 기도를 하지 마십시오. 주인의 기도를 드리십시오. 이제는 구원받게 해달라는 기도만 하지 마십시오. 구원하게 해달라고 기도하십시오. 구원받는 자가 구원하는 자가 될 때 비로소 삶의 주인이 될 수 있습니다. 초대받은 자가 초대하는 자가 될 때 비로소 그 자신이 하나님 나라입니다.

지나간 세월 동안 그저 손님으로 이 자리에 왔다면, 이제 팔을 걷어붙이고 손님을 대접하는 신앙으로 나아가야 할 것입니다. 더 이상 초대 받은 자가 아니라 초대하는 자로, 하나님이신 주인의 마음을 헤아리는 주인다운 주님의 종으로 서야 할 것입니다. 주인의식이 분명한 사람으로 서 있어야 할 것입니다. 오늘 성령강림 후 열두째 주일 이 아침, 주인으로 주님의 집을 기꺼이 채우는 결단으로 삶이 차고 넘치는 축복이 넘치기를 주님의 이름으로 축원합니다.

(2012. 8. 19.)

창조절

창조의 영을 일으키소서(시 104:1-35)

주께서 나를 신실하게 여기셔서(딤전 1:12-17)

의롭게 하시는 의(롬 3:20-26)

루스에서 베델로(창 28:10-22)

겨자씨 공동체(막 4:30-32)

창조의 영을 일으키소서
시편 104:1-35

주님께서 주님의 영을 불어넣으시면, 그들이 다시 창조됩니다. 주님께서는 땅의 모습을 다시 새롭게 하십니다(30절).

인간의 욕망, 어리석음

며칠 전 아마존 밀림 깊은 곳, 야노마미 원주민들의 평화로운 한 마을이 말 그대로 사라졌다는 뒤늦은 보도가 나왔습니다. 다큐멘터리 <아마존의 눈물>에서 문명에 파괴되지 않은 자신들의 삶에 긍지를 갖고 살아가는 모습을 보여줬던 야노마미 원주민들 수십 명이 까맣게 탄 주검으로 뒤늦게 발견된 것입니다. 이들은 불법 금 채취업자인 '가림페이루', 즉 '허가받지 않은 금 채취자'들에 의해 학살당한 것으로 보입니다.

자신들의 언어로 '사람'이라는 뜻의 야노마미는 아마존 열대우림 지역에서 가장 큰 부족 중 하나이며, 3만 2천여 명 정도가 베네수엘라와 브라질 접경 지역에서 250여 개의 마을에 흩어져 거주하고 있습니다. 20세기 초까지도 외부인들과 별다른 접촉 없이 살아오던 이들의 삶이 '현대인'의 탐욕으로 인해 파괴되는 모습은 2009년 MBC 다큐멘터리 <아마존의 눈물>을 통해 생생히 소개됐습니다.

이 금 채취업자들은 금광 허가권을 얻기 위해서는 그 지역에 원주민이 살지 않는다는 증명이 필요하다고 합니다. 참으로 어처구니없지만 그 원주민들을 말살시킴으로써 그 증거를 만들려는 것입니다. 무엇보다도 최근의 금값 급상승과 함께 이런 만행은 더욱 기승을 부리고 있습니다. 금값 상승과 함께 야노마미족과 아마존의 비극도 시작되었습니다.

이들 '가림페이루', 즉 불법 금 채취업자들은 여러 면에서 아마존 인접 국가들의 골칫거리가 되고 있습니다. 우선 금을 추출하기 위해 쓰는 수은이 아마존 생태계를 심각하게 파괴했습니다. 1년에 30t 이상의 수은이 아마존강에 퍼부어진다고 합니다. 또 그들이 머무는 캠프는 성매매, 밀수, 총기 사고 등 각종 문제의 온상이 되고 있습니다. 비싼 금 채취를 위해, 자연 파괴는 물론 사람의 생명마저 대량 학살의 죽음으로 몰고 가는 현실이 어처구니없기만 합니다. 원시 부족 야노마미의 추장은 이렇게 절규하고 있습니다.

> "당신들의 탐욕이 우리를 죽이고 있다. 하지만 우리의 죽음은 곧 이 세상의 멸망이며 그 대가는 결국 당신들이 짊어져야 한다."

오래전 원주에서 목회할 때 교회 옆에 어울리지 않게 포장마차가 하나 있었습니다. 해마다 겨울이 되면 어김없이 이 포장마차에는 겨울의 새로운 메뉴 하나가 크게 붙었습니다. 바로 '개구리 튀김'입니다. 처음에는 식용 개구리인 황소개구리가 아닌가 생각했었습니다만 알고 보니 겨울에 바위틈에서 겨울잠을 자는 개구리였습니다. 사람들 이야기에 의하면 겨울잠을 자고 있는 개구리가 정력에 대단히 좋다는 것이었습니다.

개구리 입장에서는 자다가 날벼락을 맞은 것입니다. 이런 일은 사람만이 할 수 있는 일입니다. 그 어떤 배고픈 동물도 바위 깊은 곳에 잠들어 있는 먹잇감을 찾아내어 배를 채우는 일을 하지 않습니다. 오직 사람만이 배가 고파서가 아니라 정력이라는 이유로 그런 일을 합니다. 인간의 욕망에는 한계가 없습니다. 이것이 원죄입니다. 하나님은 아담에게 모든 것을 허용하되 단 하나 동산 한 가운데 있는 나무 열매만은 먹지 말라고 하셨습니다. 하나님은 이 열매의 나무에 선을 그어 놓은 것입니다. 사람으로서는 넘지 말아야 할 선입니다. 그러나 사람의 마음속에 고개를 쳐든 욕망이라는 뱀은 마침내 그 선을 넘습니다. 하나님은 아담에게 징벌을 내립니다. 창세기 3장 17절입니다.

"이제, 땅이 너 때문에 저주를 받을 것이다."

인간의 욕망이 곧바로 자연의 황폐를 가져온다는 것을 이미 고대인들은 알고 있었습니다. 우리에겐 옛날 사람들이 문명하고는 거리가 먼 미개인으로 보일지 모르지만, 알고 보면 우리야말로 옛사람들의 깊은 지혜를 이해하지 못하는 정신적인 미개인들입니다.

창조의 선

정신의 세계는 날로 퇴보하고 있습니다. 잠든 개구리 사냥처럼 정신의 세계는 계속 날벼락을 맞고 있습니다. 정신문명의 퇴보는 결코 정신세계에만 한정된 것은 아닙니다. 이것은 곧바로 자연의 저주로 나타납니다. 오늘의 환경 문제는 환경 자체의 문제가 아니라 인간성 자체의 문제입니다. 삼라만상, 모든 현상과 일에는 선이 그어져 있습니다. 여기에는 우주와 자연이라는 공간의 선이 있고 때를 따라 변화되고 성장, 성숙하는 시간의 선이 있으며 마음의 선이 있습니다. 공간의 선에는 강과 산, 바다와 육지, 계곡과 골짜기의 선이 있습니다. 오늘 우리가 함께 봉독한 시편 104편의 시인은 바로 이 선을 그리고 이 선에 따라 나누어져 창조된 자연의 질서에 대해 찬양하고 있습니다. 하나님의 창조는 이것들의 선을 긋는 일입니다. 물들이 산을 넘을 수는 없습니다. 시인은 본문 6절 이하에서 말합니다.

옷으로 몸을 감싸듯, 깊은 물로 땅을 덮으시더니, 물이 높이 솟아서 산들을 덮었습니다. 그러나 주님께서 한 번 꾸짖으시니 물이 도망 치고, 주님의 천둥소리에 물이 서둘러서 물러갑니다. 물은 산을 넘고, 골짜기를 타고 내려가서, 주님께서 정하여 주신 그 자리로 흘러갑니다.

물이 산을 덮는 혼돈에서 하나님은 산은 올리고 골짜기는 내리고, 정해진 각각의 물과 산을 원래의 처소로 보냈다고 노래하고 있습니다. 모든 것에는 경계가 있고 넘지 말아야 할 고유의 영역이 있다는 것입니다. 물이 그 경계를 넘어 산의 영역을 침범할 때 하나님은

창조의 영을 일으키소서 | 199

꾸짖어 물을 도망치게 합니다. 하나님의 꾸짖음에 놀란 물이 제자리로 돌아갔다는 표현이 너무 재미있게 들려옵니다. 모든 자연은 정해진 위치가 있다는 것입니다.

나아가 시인은 그 꾸짖음을 천둥소리로 표현합니다. 사실 천둥소리가 아닙니다. 천둥소리를 히브리어로 '콜'이라고 하는데 그것의 복수형은 '하나님의 말씀'이라는 뜻으로 쓰이기도 합니다. 즉, 하나님의 말씀은 경계를 그어주는 지침이라는 말입니다. 생각해 보면 옛사람들은 자연의 소리를 통해 하나님의 음성, 하나님의 말씀을 들은 것입니다. 땅 하나님, 강 하나님, 바다 하나님 그리고 그곳에서 나는 밥 하나님이 십니다. 본문 9절에서 시인은 이 점을 말해 주고 있습니다.

주님은 경계를 정하여 놓고 물이 거기를 넘지 못하게 하시며, 물이 되돌아와서 땅을 덮지 못하게 하십니다.

요사이 우리 해안에 적조현상으로 각종 양식장이 큰 피해를 입고 있습니다. 또한 강에는 녹조현상으로 물고기가 떼죽음을 당하는 등 심각한 오염 피해가 있습니다. 이것은 지구 온난화 혹은 사막화 현상과 맞물려 있습니다. 지구의 기온이 올라가고 있다는 것입니다. 당연히 이것은 산업 발전 아래서 분출된 매연과 폐수, 자연 자원에 대한 무분별한 개발에서 그 원인을 찾을 수 있습니다. 궁극적으로는 자연을 인간의 당연한 소유로 생각하며 자연의 영역을 마음대로 할 수 있다는 인간의 자연에 대한 지배욕에서 비롯된 것입니다. 먹지 말아야 할 동산 한 가운데의 열매처럼 자연 역시 사람이 접근하지 말아야 할 선이 있다는 것을 알아야 할 것입니다.

4대강 개발을 그토록 막은 이유도 바로 그 선을 넘어서는 순간 닥칠 재난이 우리에게 향하기 때문입니다. 그러나 이 넘지 못할 선을 넘어 모래사장과 늪지대가 현격히 줄어들고 있습니다. 각종 공장과 레저 산업에 밀려 산이 깎여지고 나무가 베어지고 늪이 메워지고 모래사장이 콘크리트화가 되어가고 있습니다. 이 지역이 있어야만 서식하는 각종 동식물이 사라지고 생태계는 파괴되고 있는 것입니다. 자연은 넘지 말아야 할 보존과 경외의 대상이라는 것을 잊어서는 안 됩니다. 넘지 말아야 될 선을 넘지 않는 것, 바로 여기에 창조주의 뜻이 있으며 시인이 노래하는 창조의 아름다움이 있음을 깊이 있게 통찰해야 할 것입니다.

　　우리는 오래전부터 석양의 낙조가 주는 장엄한 아름다움이나 보름달과 별들의 별자리를 실제로 보는 대신 텔레비전을 통해 봅니다. 비를 머리에 맞는 것이 두려워 피하게 되었으며, 바람이 전해주는 소리나 돋아나는 새싹의 간지러운 감각도 잃어버린 지 오래입니다. 자연을 향한 순수한 노래를 잃어버리고 있습니다. 자연을 자연에 맡겨두지 아니하고 인위적인 메스를 가하여 인간의 욕망의 도구로 전락시켰기 때문입니다.

　　문제는 인간입니다. 인간성이 바뀌지 않는 한, 사람인 아담을 향한 하나님의 자연에 대한 저주는 계속될 것입니다. 인간성이 바뀌지 않는 한, 자연은 이제 더 이상 시의 소재가 될 수 없을 것입니다. 오늘 시인이 노래하는 땅의 풍요로운 축복은 더 이상 없을 것입니다. 언제부터인가 반딧불을 소재로 하는 시가 사라졌습니다. 이제는 깊은 산속이 아니고서는 반딧불을 보기가 어렵습니다. 본문 16절 이하에서 시인은 이렇게 노래합니다.

주님께서 심으신 나무들과 레바논의 백향목들이 물을 양껏 마시니, 새들이 거기에 깃들고, 황새도 그 꼭대기에 집을 짓습니다. 높은 산은 산양이 사는 곳이며, 바위틈은 오소리의 피난처입니다.

하나님이 인간을 흙으로 만든 이유를 분명히 알아야 합니다. 인간도 자연의 한 부분이기 때문입니다. 그러므로 인간의 황폐화는 곧 자연의 황폐화를 의미하는 것입니다. 자연의 관리자로서의 인간의 위치를 잃어버리고 넘지 말아야 할 선을 넘어 자연을 욕망의 입으로 삼켜 버릴 때 자연은 더 이상 자연으로 존재하지 않을 것입니다.

시간의 선

공간의 선만이 무너진 것이 아닙니다. 시간의 선도 예외는 아닙니다. 오늘 시인은 우리에게 자연을 통해 때를, 배우기를 바라고 있습니다. 본문 19절에서 시인은 시간의 선을 말해 줍니다.

때를 가늠하도록 달을 지으시고, 해에게는 그 지는 때를 알려 주셨습니다. 주님께서 어둠을 드리우시니, 밤이 됩니다. 숲 속의 모든 짐승은 이때부터 움직입니다.

달은 뜰 때 뜨고, 질 때 집니다. 달이 그 모양을 변화시킬 때마다 농부에게는 정해진 일이 있습니다. 모내기를 할 때와 추수를 할 때를 압니다. 뿌림이 있고 가꿈이 있고 기다림이 있습니다. 그리고 결실의 시기가 있습니다. 이것이 아름다운 것임을 알아야 합니다. 시인은 본문 27절에서 "이 모든 피조물이 주님만 바라보며, 때를 따라서 먹이 주시기를 기다립니다"라고 기도하고 있습니다. 21세기에 들어섰지만 달과 해의 모양은 확실히 달라지지 않았습니다. 아마 변하지 않은 마지막 자연이 될지도 모르겠습니다.

그러나 과학의 발전은 오늘날 이때의 질서를 무너뜨렸습니다. 여름에 먹을 과일을 이젠 겨울에도 쉽게 먹을 수 있습니다. 성장 촉진을 위한 호르몬제는 모든 생명의 성장을 지배하는 창조주가 되었습니다. 모든 생명은 이제 인스턴트식품이 되고 있습니다. 의학의 발달로 사람의 생명은 연장되고 있습니다. 이미 인간이 그 신을 넘어 창조주의 자리를 차지하고 있습니다. 효용성, 실용성, 신속성, 경제성만으로 삶의 질을 저울질하는 우리 인간에게 삶의 다양한 과정들이 주는 의미가 상실되어 가고 있다는 것입니다. 슬픔, 실패, 아픔, 절망을 겪어야만 성숙할 수 있는 인간됨의 의미를 잃어가고 있다는 것입니다. 전도서 3장은 이런 때의 의미를 깊이 통찰하고 있습니다.

> 모든 일에 다 때가 있다. 세상에서 일어나는 일마다 알맞은 때가 있다. 태어날 때가 있고, 죽을 때가 있다. 심을 때가 있고, 뽑을 때가 있다. 죽을 때가 있고, 살릴 때가 있다. 허물 때가 있고 세울 때가 있다. 울 때가 있고, 웃을 때가 있다. … 찾아 나설 때가 있고 포기할 때가 있다. … 전쟁을 치를 때가 있고 평화를 누릴 때가 있다.

이 범사의 기한을 말하며 이렇게 고백합니다. 전도서 3장 11절입니다.

하나님이 모든 것을 지으시되 때를 따라 아름답게 하셨고 또 사람들에게는 영원을 사모하는 마음을 주셨느니라(개역개정).

그렇습니다. 기쁨만이 아니라 슬픔도, 건강할 때만이 아니라 병들 때도, 성공뿐이 아니라 실패도 아름다운 것임을 볼 줄 아는 영혼의 눈을 떠야 합니다. 태어나는 것도 아름다운 일이지만 기한이 되어 죽는 것도 아름다운 것임을 알아야 합니다. 부지런히 일하는 때가 있지만 살아온 삶을 돌아보아야 할 때가 있습니다. 오늘 지금 이 거룩한 시간이야말로 자신을 돌아보는 시간입니다. 모든 삶에 때가 있습니다. 우리가 그때를 알지 못하여도 어쩔 수 없이 오는 죽음의 때가 있습니다. 시인은 이것을 두고 본문 28절 이하에서 노래하고 있습니다.

주님께서 그들에게 먹이를 주시면, 그들은 받아 먹고, 주님께서 손을 펴 먹을 것을 주시면 그들은 만족해 합니다. 그러나 주님께서 얼굴을 숨기시면 그들은 떨면서 두려워하고, 주님께서 호흡을 거두어들이시면 그들은 죽어서 본래의 흙으로 돌아갑니다.

죽음조차도

죽음조차 때가 있으며 모든 것을 손에서 놓고 그 부르심에 응답해야 합니다. 사실 죽음조차 아름답습니다. 우리 기독교인은 그럼에도 부활을 죽음이 없는 불로장생으로 생각하고 있습니다. 한 줌의 재가 거름이 되어 잎으로, 꽃으로, 열매로 또 다른 생명으로 태어나는 것이 부활이라는 것을 모른다면 아직 우리는 부활의 의미를 모르는 사람들입니다. 그렇기에 죽음은 또 다른 창조의 시작입니다. 그래 죽음에 이어서 시인은 본문 30절에서 노래합니다.

주님께서 주님의 영을 불어 넣으시면, 그들이 다시 창조됩니다. 주님께서는 땅의 모습을 다시 새롭게 하십니다.

이 세상 모든 것은 썩어야 합니다. 썩고 사라져야 새로운 생명으로 창조됩니다. 저는 새 모이로 죽어 새로 다시 태어나 창공을 날고 싶습니다. 어떤 분은 화장하여 잣나무의 거름이 되어 아름다운 잣나무로 부활하기를 바라고 있습니다. 썩는 것은 새 생명으로의 진화이자 창조입니다. 영원히 썩지 않는 것은 자연을 파괴시킬 뿐입니다. 단지 목숨의 영원을, 얻기를 바란다면 그것은 자연 자체를 파괴시키는 방부제일 것입니다. 그래 죽는 것도 아름다운 것입니다. 새로운 생명의 창조는 썩고 죽는 데에서 시작됩니다. 주님은 요한복음 12장 24절에서 너무나 아름다운 말씀을 전해주십니다.

내가 진정으로 진정으로 너희에게 말한다. 밀알 하나가 땅에 떨어져서 죽지 않으면 한 알 그대로 있고, 죽으면 열매를 많이 맺는다.

그래 시간의 때, 죽음의 때조차 얼마나 아름답고 풍성한 것인지를 알아야 합니다. 여러분, 우리는 때론 더러운 세상을 만났다고 원망하고 불평하며 살아가고 있습니다. 정직하게 산 것이 후회된다고 말하는 사람도 있습니다. 정말 정직하고 성실하게 살았습니까? 알고 보면 이제 나타난 결과만으로 세상적으로 잘된 사람이 부럽고 자신의 처지는 그렇지 않고, 그래서 원망과 불평으로 자신을 변명하려는 것이 아닙니까?

과거를 따지자는 것이 결코 아닙니다. 오늘의 실패와 좌절을 변명하지 말고, 그 실패를 통하여 나에게 주시는 창조주의 교훈에 귀를 기울이자는 것입니다. 분명 남은 생애가 달라질 것입니다. 창조란 애초부터 혼돈에서 시작된 것입니다. 구원이란 고난 속의 부르짖음에서 시작된 것임을 잊어서는 안 됩니다. 원망과 불평은 결코 창조의 질서를 이루어 내지 못합니다. 원망과 불평 그리고 자기변명은 창조의 질서를 오히려 흔들어 버릴 것입니다.

그렇습니다. 원망, 증오, 자포자기는 마음의 선이 넘어서는 안 되는, 창조를 파괴하는 영역입니다. 흙으로 돌아가는 죽음을 맞이하면서도 창조주 앞에 선 겸허를 배운다면 생은 더할 나위 없는 의미를 갖게 될 것입니다. 영원에 눈을 뜨는 것입니다. 시인은 이것을 깨달았기에 남은 생애를 본문 33절에서 이렇게 노래합니다.

> 내가 살아 있는 동안, 나는 주님을 노래할 것이다. 숨을 거두는 그때까지 나의 하나님께 노래할 것이다.

하나님의 창조는 결코 물리적인 시간의 시초에 관한 이야기가 아닙니다. 창조란 우리의 남은 생애에 일어날 사건입니다. 우리가 넘지 말아야 할 욕망의 공간의 선을 지키며, 생의 곳곳에서 때를 따라 주어지는 희비를 나를 향한 창조주의 사랑으로 고백한다면 우리의 공간과 시간은 분명 새롭게 다가올 것입니다. 이해인 수녀는 <시간

의 얼굴>이란 시작 메모에서 미래의 삶을 찬양하고 있습니다.

흰 옷 입은 사제처럼 시간은 새벽마다 신의 이름으로 우주를 축성하네. 오래 되어도 처음 본 듯 새로운 시간의 얼굴, 그는 가기도 하지만 오는 것임을 나는 다시 생각해 보네. 오늘도 그 안에 새로이 태어나네.

알고 보면 자연은 과거의 것이 아닙니다. 어느 인디언 추장의 말이던가요? "자연은 과거의 선조들로부터 물려받은 것이 아니라 미래의 후손들로부터 빌려온 것이다." 그렇습니다. 우리는 이 땅을 우리 자손들에게 물려주어야 합니다. 오염된 불모지를 넘겨주는 죄악을 저질러서는 안 됩니다. 창조의 영은 자연의 선을 넘어서지 않는 것입니다. 그러기 위해서는 사람으로서 넘어야 할 선, 경계를 잊어서는 안 됩니다. 때론 자녀들과 친구처럼 넘나드는 경계 없음으로 살아야 하지만 아버지, 어머니, 형과 아우의 경계를 잃어서는 안 됩니다.

나오며

늘 이름을 불러 주시며 이 못난 아들을 사랑해 주셨던 어머니가 아버지의 가르침을 말할 때는 정색하며 "아들아"라고 부르십니다. 그러다가 더 심각한 이야기를 할 때는 옷까지 갈아입으시고 "목사님!"이라고 부르십니다. 그것이 경계입니다. 저도 어머니께 어렵게 하고 싶은 이야기가 있을 때는 무릎을 꿇은 기도의 자세로 "권사님"이라고 부르기도 합니다. 경계의 자리입니다. 아무나 보고 언니니 이모니 삼촌이니 오라버니니 하는 오늘, 이 경계가 무너져 가는 관계의 아수라장이 되고 있는 것이 아닌가 생각되기도 합니다.

　자연도 마찬가지입니다. 이제 가을입니다. 가을 열매는 늘 고개를 숙입니다. 가을 열매는 교만하지 않습니다. 그것이 열매의 경계입니다. 그것이 바로 창조의 영입니다. 창조의 영은 지켜야 할 것을 지키고 넘지 말아야 할 것을 넘지 않는 영입니다. 건강한 창조는 바로 여기에 있습니다.

　창조절 첫째 주일 이 아침, 주님께 기도합니다. "주님, 창조의 영으로 이 가을로 향하는 우리를 새롭게 하소서."

(2012. 9. 2.)

주께서 나를 신실하게 여기셔서
디모데전서 1:12-17

나는 나에게 능력을 주신 우리 주 그리스도 예수께 감사를 드립니다. 주님께서 나를 신실하게 여기셔서, 나에게 이 직분을 맡겨 주셨습니다(12절).

성실과 진실

최근 우리 경제가 나빠지면서 실업률이 최악의 상태라고 합니다. 일자리가 없어서일까요? 이상합니다. 수도권 지역의 공단을 보면 그렇지 않습니다. 구인난에 허덕이고 있습니다. 목포도 예외는 아닙니다. 어쩔 수 없이 외국인 노동자를 고용합니다. 물론 그 원인을 살피면 교육 정책의 구조적 문제도 있고, 여전히 직업의 귀천을 따지는 우리의 건강치 못한 의식의 문제도 있으며, 정규직과 비정규직 차별로 인한 요인도 상당 부분 있습니다.

그러나 더 근본적인 문제는 우직하게 제자리를 지키며 땀 흘리며 일하는 성실함이 사라졌다는 데 있습니다. 과거 우리 경제가 발전했던 근본에는 힘든 일도 마다하지 않고 근검절약하는 성실함이 있었음을 기억해야 할 것입니다. 모두가 편하게 일하고 쉽게 돈 벌고 사치스럽게 쓰려고만 한다면 경제 불황은 당연한 것입니다. 땀이 없는 사회는 미래가 없는 사회입니다. 믿을만한 사회가 되지 못합니다. 땀을 소중히 하는 성실함과 진실함이 중심이 될 때에야 비로소 경제나 사회나 그 장래를 보장받을 수 있습니다. 결국 사회를 구성하고 있는 한 인간의 인간됨도 성실과 진실로 측량할 수 있습니다.

솔로몬은 젊어서 왕이 되었는데 그때 그가 하나님께 구한 것은 나라를 잘 다스릴 수 있는 지혜였습니다. 스물한 살에 왕위에 오른 솔로몬이 구한 것은 통치를 위한 지식과 지혜였습니다. 그러나 솔로몬이 늙어 자신의 삶을 돌아보며 하나님께 구한 것은 성실과 진실이었습니다. 잠언 30장 8절에서 솔로몬은 기도합니다.

> 허위와 거짓말을 저에게서 멀리하여 주시고, 저를 가난하게도 부유하게도 하지 마시고, 오직 저에게 필요한 양식만을 주십시오.

성실과 진실이 없는 사람에게 나타나는 것은 허위와 거짓말입니다. 부와 가난이라는 나타난 결과나 현상이 중요한 것이 아닙니다. 결과 자체로 책임을 물어서는 안 됩니다. 문제는 성실함과 진실함입니다. 공부 못하는 것이 죄는 아닙니다. 공부하지 않는 것이 죄입니다. 가난은 죄가 아닙니다. 나태하고 성실하지 않은 것이 죄입니다.

하나님은 사사 사무엘을 통하여 이새의 아들 중에서 왕을 뽑으라고 말씀하십니다. 사무엘은 이새의 장자인 엘리압의 멋진 용모를 보고 그를 왕으로 뽑으려고 하였습니다. 이때 하나님은 사무엘상 16장 7절에서 사무엘에게 말씀하십니다.

그러나 주님께서 사무엘에게 이르셨다. "너는 그의 준수한 겉모습과 큰 키만을 보아서는 안 된다. 그는 내가 세운 사람이 아니다. 나는 사람이 판단하는 것처럼 그렇게 판단하지는 않는다. 사람은 겉모습만을 따라 판단하지만, 나 주는 중심을 본다."

여기 하나님이 보시는 '중심'이라는 말이 무엇입니까? 성실과 진실입니다. 오직 중심인 성실과 진실함만을 보라는 것입니다. 이렇게 하여 뽑힌 왕이 바로 다윗왕입니다. 구약성서 안에는 다윗의 정직함과 진실함에 대해 너무나 많이 나오고 있습니다. 그의 지식을 본 것도 아니고 외모를 본 것도 아니고 그의 힘을 본 것도 아닙니다. 오직 그의 중심, 성실함과 진실함을 본 것입니다.

바울의 진실과 성실

오래전 서울 대치동에서 목회할 때입니다. 그때 젊을 때여서 중고등학교 아이들 공부도 좀 봐주었습니다. 아이들이 밤늦게까지 교회에 있었습니다. 어느 날 10시가 넘은 시간에 한 아이에게 복사 심부름을 시켰습니다. 10시 넘어 복사한다는 것이 쉽지 않습니다. 동네를 한 20분 돌다 오더니 복사할 문방구가 다 문이 닫혀 복사할 수가 없다고 합니다. 그때 다른 아이가 자기가 해오겠다고 나섭니다. 그리고는 자정이 넘어 복사를 해온 것이었습니다.

성실함과 진실함, 바로 이것이 하나님이 사람을 보는 중심이었고 기준입니다. 지식은 배우면 됩니다. 경험은 쌓으면 됩니다. 문제는 성실입니다. 성실하지 못하고 진실하지 못하면 지식이 많아도, 경험이 풍부해도 문제입니다. 아니 성실함이 없는 지식과 소유와 지위는 인간을 오히려 망칩니다. 그리고 사회를 병들게 합니다. 오늘 우리 사회를 병들게 하는 가장 중요한 이유도 바로 성실과 진실이 없는 재주꾼만이 있기 때문입니다.

오늘 우리가 함께 봉독한 디모데전서 1장 12절에서 하나님이 바울에게 사도의 직분을 준 근거를 바울은 고백하고 있습니다.

나는 나에게 능력을 주신 우리 주 그리스도 예수께 감사를 드립니다. 주님 께서 나를 신실하게 여기셔서, 나에게 이 직분을 맡겨 주셨습니다.

바울은 하나님이 자신을 사도로 세우신 이유를 '신실'이라고 말하고 있습니다. 여기 '신실'이라는 말은 헬라어 원문을 보니 성실과 진실이라는 뜻입니다. 즉, 바울을 사도로 임명한 그 기준이 바로 그의 성실과 진실이었다는 것입니다. 그의 학식을 본 것도 아니고 그의 가문을 본 것도 아닙니다. 성서가 말하듯 사도 바울은 율법과 헬라 철학에 능통한 당시 최고의 지식인이었습니다. 그리고 그는 왕족인 베냐민 지파 사람이었습니다. 그러나 하나님이 그를 사도로 내세운 것은 그의 높은 학식, 그가 속한 왕족이라는 가문 때문이 아니었습니다. 오직 그의 충성, 그의 성실과 진실 때문이었습니다.

더욱 놀라운 것은 그 성실과 진실이 그가 그리스도인이 된 다음이 아니라 그리스도인이 되기 전부터 있었다는 것입니다. 무슨 말이냐 하면 바울이 예수를 잘 믿었기에 사도로 선택된 것이 아니라는 것입니다. 오히려 예수 믿는 사람과 교회를 핍박하는 회심 이전의 바울에게서 하나님은 그 중심의 성실과 진실을 보셨다는 것입니다.

바울은 스데반이 돌로 쳐 죽임을 당할 때 동조했던 사람이며, 기독교를 박해하는 데 충성을 다하는 사람이었습니다. 물론 이렇게 하는 데 바울 나름대로 진실과 소신이 있었습니다. 그것은 율법에 대한 그의 성실과 진실이었습니다. 그는 기독교인들이 유대교를 분열 시킨다고 생각하였고, 율법의 전통과 조직을 파괴하는 사람들이라고 생각한 것입니다. 물론 이것은 본문 13절에서 그가 고백하였듯이 알지 못하고 행한 것이었습니다. 그는 율법을 지키기 위해 그리스도인 들을 핍박하였고, 이렇게 하는 것이 하나님에 대한 충성이라고 생각했 던 것입니다. 그의 열심이 잘못된 방향에 있는 것은 분명하였지만 하나님은 바로 거기서 그의 진실과 성실함을 본 것입니다.

여러분, 나름대로 합리적인 이유를 가지고 기독교를 반대하는 사람들의 말에 우리는 귀를 기울일 필요가 있습니다. 오히려 이러한 사람들이 가능성 있는 사람들입니다. 대부분 이런 분들을 보면 기독교 신앙 자체를 비판하는 것이 아니라 교회와 교인들의 잘못을 비판하고 있음을 볼 수 있습니다. 이런 비판 중에는 상당히 맞는 말도 있고, 진지하게 우리가 받아들여야 할 비판들도 적지 않습니다.

영화 <벤허>의 감독을 맡은 윌리엄 와일러도 기독교를 비판하기 위해 예수의 행적을 추적하던 중 기독교인이 되었고, 미국의 중국계 대석학 임어당 역시 철저한 기독교 반대론자였으나 후에 열렬한 신앙 인이 되었습니다. 이분들 모두가 교회와 교인들을 박해한 바울처럼 진지하고 성실한 사람들이었습니다.

철저한 변화

바울은 디모데전서 3장에서 감독과 집사의 자격을 말하고 있습니다. 그런데 놀라운 것을 발견하게 됩니다. 교회의 감독과 집사를 뽑는데 그 기준이 신앙이 아닙니다. 그 조건들은 한결같이 상식적인 인간됨, 성실과 진실에 있습니다. 그리스도인이 된다는 것은 사람다운 사람이 되는 것입니다. 성실과 진실, 신실함을 갖는 것, 이것이 신앙의 큰 뿌리입니다. 바로 이런 성실과 진실을 중심으로 가진 바울이기에 깨달음과 뉘우침에도 성실하였습니다. 다마스커스 도상에서 부활하신 예수님을 만나자, 그는 그 순간 철저하게 돌아섭니다. 그가 그토록 믿어왔고 실천해 왔던 율법으로부터 예수에게로 철저한 회심을 한 것입니다. 그가 율법에 성실하였듯이 주님께 성실하게 된 것입니다.

제가 전도사 시절 한 은퇴한 초등학교 교장 선생님을 알고 있었습니다. 얼마 전 95세에 하나님의 부름을 받았습니다. 그는 일흔이 다되어 예수를 믿게 되었습니다. 그가 교회에 등록하자마자 그의 전 생활이 달라지는 것을 보았습니다. 그분을 지켜보는 저 자신이 부끄러울 정도로 놀랍고 철저한 변화였습니다. 예배로는 새벽기도회까지, 물질로는 온전한 십일조의 생활에 이르기까지, 삶 전체가 세상 중심에서 그리스도 중심으로 철저하게 변화한 것이었습니다. 그의 후회는 단하나, 왜 더 일찍 이 귀한 진리를 깨닫지 못했을까 하는 것이었습니다. 그의 신실함, 그의 성실과 진실은 이미 믿기 전부터 있었던 것이 아닌가 싶습니다.

빌립보서 3장 4절 이하를 보면 바울이 얼마나 철저하고 성실하게 변화되었는지를 알 수 있습니다. 수십 년 동안 믿었던 그의 지식,

그의 개인적인 프라이드였던 가문을 배설물처럼 여겼다고 고백하고 있는 것입니다. 우리는 오늘 본문을 통하여 그의 성실하고 진실한 회심의 근거를 발견하게 됩니다. 성실함과 진실함은 무엇보다도 자기 자신을 아는 데에 있습니다. 즉, 내가 어떻게 살아온 존재인가에 대해 변명에 여지없는 참회가 있어야 합니다. 디모데전서 1장 13절 전반부, 이어서 15절 후반부입니다.

내가 전에는 훼방자요 박해자요 폭행자였습니다.

나는 죄인의 우두머리입니다.

그는 자기의 무지를 인정하였고 죄를 인정하였습니다. 과거의 자기 자신을 솔직하고 진실하게 보았던 것입니다. 그는 자신의 무지와 죄를 인정하는 데에 성실하고 진실하였습니다. 모르면 모른다고 인정하였고, 할 수 없으면 할 수 없음을 겸허히 받아들였습니다. 그는 과거를 숨기려고 하지 않았습니다. 과거의 잘못을 인정하는 성실함이 없는 한 미래의 성실도 없습니다. 그는 복음을 전하는 사도가 된 후에도 사도라는 이름 안에 자신을 숨기지 않았습니다. 그에겐 가식과 위선이 없었습니다. 로마서 7장 13절 이하를 보면 사도로서의 그의 진솔함이 드러납니다. 원하는 선을 행하지 않고 원하지 않는 악을 행하는 자신을 고백합니다. 로마서 7장 24절입니다.

아, 나는 비참한 사람입니다. 누가 이 죽음의 몸에서 나를 건져 주겠습니까?

고민과 갈등이 있는 자기 자신을 성실하게 드러냈습니다. 그는 고린도전서 9장 16절에서 그는 복음을 전할 때, 마냥 기뻐 전한 것만은 아니고 때로는 억지로 전하기도 했다고까지 말하고 있습니다.

은혜일 뿐

어떻습니까? 왜 나 자신은 목사요 장로요 집사, 권사인데 우리의 삶에 변화가 없을까요? 왜 우리는 10년, 20년, 30년 이상 교회 생활을 해왔는데 달라진 것이 없습니까? 간단합니다. 우리는 성실하지 않았습니다. 우리는 자신에 대해 진실한 적이 없기 때문입니다. 목사, 장로, 권사, 집사라는 그럴듯한 직분으로 우리를 위장해 왔습니다. 바울처럼 하나님 앞에서 자신의 삶을 성실하고 진실하게 드러내 본 적이 없기 때문입니다. 몇십 년을 믿었다는 것 그리고 그 직분이 오히려 우리로 우리 자신을 진실하고 성실하게 보지 못하게 만들었습니다.

여러분, 이제 우리를 살펴봅시다. 현대 지성의 비극은 몰라도 아는 척하며, 알아도 행동하지 않는 불성실에 있습니다. 아는 척하기에 겸허하게 배우지 않습니다. 알아도 행동하지 않는 불성실이 몸에 배어 있습니다. 근본적인 교만이 있습니다. 결국 자기가 자신을 알 수 없습니다. 아는 것인지 모르는 것이지, 참인지 거짓인지를 알 수 없습니다. 자아 상실입니다. 여러분, 우리는 할 수 없는 것에는 핑계를 대기에 바빴고, 할 수 있는 것에는 게으르지 않았습니까? 할 수 없는 것은 못 해서 못하고, 할 수 있는 것은 쉽다고 시시하다고 안 하는 사람들은 아닙니까?

여러분, 믿음이라는 것이 도대체 무엇입니까? 우리는 하나님을 믿는다고 말하고 있습니다. 아닙니다. 믿음 생활이란 내가 하나님 앞에서 믿을만한 사람인가를 돌아보는 것입니다. 내가 하나님 앞에서 신실한 존재로 서 있는가를 묻는 것입니다. 내가 하나님을 믿는 것이 아니라 하나님이 나를 믿을만한 성실하고 진실한 사람으로 보고 있느냐입니다. 바로 여기에서 우리는 하나님의 은혜를 만납니다.

사실 알고 보니, 하나님의 거울에 비춰보니 죄로 오염된 나 자신입니다. 사도 바울 말대로 죄의 우두머리였습니다. 훼방자요 박해자요 폭행자였습니다. 그러나 하나님이 그동안 오래 참으셨습니다. 본문 16절에서 바울은 자신이 하나님의 자비를 입은 까닭을 그분의 오래 참으심이라고 말하고 있습니다. 시간을 낭비하고 물질을 탕진하고 재주를 믿고 교만하게 살아온 나 자신을 생각하면 죽어 마땅합니다. 그러나 하나님이 참으셨습니다. 자신의 불성실함과 거짓을 깨달을 때까지 참으셨습니다. 이 은혜에 대한 감격스러운 바울의 고백이 본문 14절에 있습니다.

> 우리 주님께서 나에게 은혜를 넘치게 부어 주셔서, 그리스도 예수 안에서 얻는 믿음과 사랑을 누리게 하셨습니다.

이 고백이 바로 바울이 살아가고 있는 힘입니다. 이 은혜를 깨달을 때 비로소 신앙이 현실의 삶 가운데에서 힘을 발휘합니다. 성실함과 진실함으로 하나님 앞에 있을 때 죄 된 나를 볼 수 있고, 거기서 무릎을 꿇고 하나님께 기도할 때 거짓된 내 힘이 아니라 내 삶을 강권적으로 압도하는 하나님의 능력을 덧입을 수 있다는 것입니다. 본문 12절에 사도 바울의 '나에게 능력을 주신 우리 주 그리스도 예수' 고백이 있습니다. 성실함과 진실함 속에서 텅 비워진 자신을 발견합니다. 이제 비로소 하나님은 현실적인 당신의 능력을 채워 주십니다. 이 성실함과 진실함이 없다면 감사도 없고 용서도 없고 화해도 없습니다. 모든 것이 불평과 원망일 뿐입니다. 미움과 증오뿐입니다.

나오며

여러분, 우리의 신앙생활에 성실하고 진실한 자기 성찰이 있어야 합니다. 믿고 깨달은 것이 있다면 행동하는 성실함이 있어야 합니다. 알아도 행동할 수 없다면 아는 것과 사는 것이 다른 내 거짓된 삶을 직시하며 고뇌하는 진실이 있어야 합니다. 애써 변명할 필요가 없습니다. 남과 비교할 필요도 없습니다. 우리 주님은 마지막까지 하나님의 뜻에 성실하고 진실했습니다. 그는 죽기 위해 예루살렘으로 갔습니다. 주님은 죽음에 이르기까지 성실하였습니다.

오늘 창조절 넷째 주일 이 아침, 가을이 깊어 갑니다. 가을이 깊어 가듯 우리의 신실함도 깊어 가고, 우리 삶 곳곳에 하나님의 은혜가 삶의 풍성한 열매로 수확되는 은총이 넘치기를 주님의 이름으로 축원합니다.

(2012. 9. 23.)

의롭게 하시는 의
로마서 3:20-26

그러나 사람은, 그리스도 예수 안에서 얻는 구원으로 말미암아, 하나님의 은혜로 값없이 의롭다는 선고를 받습니다(24절).

그것을 그것 자체로

오늘은 개신교 탄생의 시발점이 된 종교개혁주일입니다. 종교개혁이란 단지 종교만의 개혁이 아니었습니다. 종교개혁이 촉발된 사상적 배경이 있었습니다. 종교개혁은 14세기부터 시작된 르네상스 시대라는 시대적 배경을 가지고 있습니다. 르네상스라는 말은 18세기 프랑스 계몽주의 시대 역사가인 미슐레가 붙인 이름으로 그 뜻은 '재생', '다시 태어나다', '다시 생기다'라는 뜻입니다. 왜냐하면 계몽주의 역사가들은 이 시대가 신(神) 중심주의 시대인 중세기와는 달리 더 이전 그리스의 인본주의로 돌아갔다고 보았기 때문입니다.

그러나 르네상스 시대는 그리스의 재생이 아닙니다. 그리스-중세 시대와는 전혀 새로운 사고의 시대입니다. 오늘날 르네상스라는 말은 아주 새로운 개혁이나 변화를 말할 때 씁니다. 서양사에 있어서 14세기부터 급격한 변화가 있었습니다. 그 이전 그리스 사상이나 중세기 사상을 한마디로 말한다면 이원론(Dualism)이라고 볼 수 있습니다. 이원론이란 어떤 사물이나 사건을 두 개의 대립된 개념을 통해서 설명하는 것을 말합니다. 예컨대 인간을 말할 때, 신이 아닌 존재, 동물이 아닌 존재라고 말한다는 것입니다. 말하자면 인간 그 자체를 설명한 것이 아니라 대립되는 개념을 부정함으로 설명하는 것입니다.

그러나 르네상스 사상은 대립되는 개념을 부정함으로써 사물이나 사건을 설명한 것이 아니라 그것을 그것 자체로 그것다운 것으로 설명한다는 점에서 새 사고의 지평을 연 것입니다. 이것은 획기적인 사고의 전환이었습니다. 이러한 새 사조는 처음에는 문학과 회화로부터 시작하여 철학과 역사, 종교 그리고 자연과학과 나아가 실생활에까지 점차 파급되었습니다.

사람은 사람답게

이러한 사고의 혁명이 서구에서는 14세기부터 일어났지만, 동양에서는 이미 아주 오래전 기원전 5세기의 공자에 의해 이루어졌습니다. 공자의 사상은 한마디로 말하면 '인'(仁)이라고 말할 수 있습니다. 글자 그대로를 보면 '사람이 둘'이라고 되어 있습니다. 그러나 사람이 둘이라는 말이 아닙니다. 사람은 사람다워야 한다는 말입니다. 공자는 인(仁)에 대해 '군군신신'(君君臣臣), '부부자자'(父父子子)라고 설명하였습니다. 즉, 임금은 임금다워야 하며, 신하는 신하다워야 하고, 아비는 아비다워야 하고, 아들은 아들다워야 한다는 말입니다.

다른 외적인 기준이나 그리스나 중세기처럼 대립된 개념을 가지고 설명하지 않고 그것 자체로, 그것답게 설명한 것입니다. 공자는 자기소개를 할 때 누구의 아들이니, 그 사돈의 팔촌이 어떤 벼슬을 했느니 하고 말하지 말고 '나는 나'라고 소개하라고 말하는 것입니다. 또한 자리가 아니면 앉지 말라고 '석부정 부좌'(席不正 不座)라고 하였으며 길이 아니면 가지 말라고 했습니다. 즉, 나는 나다워야 하며 자리는 자리다워야 하며 길은 길다워야 한다는 것입니다.

공자가 즐겨 쓰는 말 중에 '중용'(中庸)이라는 말이 있습니다. 서양 사람들은 이것을 상당히 오해하였고 그 덕분에 우리도 오해하였습니다. 중용을 영어로 'MIDDLE OF THE ROAD'(길의 중간)이라고 번역합니다. 이것은 말 그대로 길의 중간, 즉 한 쪽에 치우치지 않는 적당주의나 회색지대를 말하는 것으로 오해해 왔습니다. 중용이라는 말은 적당주의를 나타낸 말이 아니라 적중했다는 말입니다. 상형문자로 본다면 화살이 과녁에 정확하게 꽂히는 것을 말합니다.

공자는 적중하지 않으면 지나치거나 미치지 못한다고 말합니다. 옳은 것은 옳은 것이고 그른 것은 그른 것이라고 말해야 하며, 회색 빛깔의 타협 지대란 없다는 것을 강조하고 있습니다. 서구에는 이런 사조가 뒤늦게 14세기 말에 일어났습니다만 이 사조는 회화, 철학, 역사, 과학에 이르기까지 영향을 미치게 되었습니다. 그림만 해도 그렇습니다만, 과거 중세기의 그림에 어린아이 그림을 보면 머리 위에 성스러운 띠가 그려져 있고 아이가 무엇인가를 깨닫고 있는 애어른, 애늙은이처럼 그려져 있습니다. 그러니 르네상스 시대의 어린아이는 어린아이답게 그려져 있습니다. 간단하게 말하자면 외적인 기준이 아닌 그것 자체의 기준을 가지고 있다는 것이 르네상스 시대의 혁명적 전환이라고 하겠습니다.

하나님을 하나님답게

　이런 사상적 흐름에서 종교개혁이 일어났습니다. 종교개혁의 불길을 당긴 마틴 루터는 당시의 교황청과 교회에 대해 "하나님을 하나님답게 하라"고 외쳤습니다. 당시 하나님의 자리에 교황이 앉아 있었고, 하나님의 말씀의 자리에 교회법이 앉아 있었습니다. 교황은 오류가 없다는 교황 무오설과 인간이 만든 것임에도 절대화된 교회법에 대한 저항이었습니다. 그리하여 개신교를 '저항자'를 뜻하는 '프로테스탄트'(Protestant)라고 부릅니다.

　루터의 종교개혁은 바로 하나님의 자리, 인간의 자리를 회복하는 신앙 운동이었습니다. 하나님다운 하나님, 인간다운 인간의 삶을 회복하는 개혁이었던 것입니다. 마틴 루터는 젊어서 법률을 공부하는 중에 급작스럽게 죽은 친구의 영향으로 수도원에 들어가게 됩니다. 그는 수도사 생활을 하면서 죄의 문제를 가지고 고뇌하였습니다. 아무리 회개해도 죄가 없어지지 않았습니다. 성당의 계단을 무릎으로 올라가며 피가 나는 고행의 기도를 해도 죄가 사라지지 않았습니다. 오히려 회개하면 할수록 자신의 죄가 더 분명하게 다가오는 것이었습니다. 이때 마틴 루터가 한 유명한 말이 하나 있습니다.

　　하나님은 내 죄를 용서하셨을지 모르지만 나는 내 죄를 잊을 수 없다.

　그러나 고행의 기도를 하면 할수록 죄가 사라지기는커녕 더욱 무겁게 다가왔다는 루터의 고백은 진솔한 것이었습니다. 하나님께 가까이 가면 갈수록 루터는 자신의 죄가 무거워지고 있음을 알았습니다. 마치 빛에 가까이 가면 그림자가 오히려 더욱 커지는 것처럼 말입니다. 그것은 중세의 엄격한 신앙 교리로 볼 때 당연한 것이었습니다. 우리가 오늘 함께 봉독한 로마서 3장 20절 후반 구절이 이것을 말해 주고 있습니다.

율법으로는 죄를 인식할 뿐입니다.

여기서 율법이란 바로 중세 교회에서는 교회법과 같은 것입니다. 수행을 하면 할수록, 회개를 하면 할수록 율법을 더욱 열심히 보아야 하고 율법이나 교회법에 자신을 비추어 보아야 하는데 그럴수록 죄가 사해지고 없어지지는 않고 오히려 커져 가는 것이었습니다. 여기 중세기 신앙에 있어서 율법이나 교회법은 곧바로 하나님의 의를 말합니다. 결국 그 하나님의 의란 인간의 죄를 더욱 밝혀주는 꼴이 되는 셈입니다. 그러던 중 루터는 시편 71편 2절을 묵상하게 됩니다.

주님은 의로우시니, 나를 도우시고, 건져 주십시오. 나에게로 귀를 기울이시고, 나를 구원해 주십시오.

여기서 그는 주의 의, 즉 하나님의 의를 생각하게 됩니다. 즉, 하나님의 의는 분명코 나를 건지는 구원하는 의임을 깨닫습니다. 나를 더 큰 죄인으로 몰아가는, 나를 단죄하는 하나님의 의가 아니라 오히려 의롭게 만드시는 의라는 것을, 즉 의를 의답게 여기게 된 것입니다. 로마서 3장 24절에서 이것을 분명하게 말해 줍니다.

의롭게 하시는 의 | 223

그러나 사람은 그리스도 예수 안에서 얻는 구원으로 말미암아, 하나님의 은혜로 값없이 의롭다는 선고를 받습니다.

이어서 본문 25절 이하는 더욱 분명하게 선포하고 있습니다.

하나님께서는 이 예수를 속죄제물로 내주셨습니다. 그것은 그의 피를 믿을 때에 유효합니다. 하나님께서 이렇게 하신 것은, 사람들이 이제까지 지은 죄를 너그럽게 보아주심으로써 자기의 의를 나타내시려는 것이었습니다.

즉, 하나님의 의로우심은 우리를 의롭게 하시는 의라는 사실을 깨닫게 되었다는 것입니다. 하나님의 의는 단지 하나님의 속성을 가리키는 말이 아니라 그리고 우리를 단죄하고 심판하는 의가 아니라 우리를 의롭게 하시는 의임을 말해 주는 것입니다.

하나님의 의를 깨닫다

루터는 이로써 중세교회의 의와 종교개혁의 의가 다르다는 것을 깨닫게 됩니다. 중세의 하나님의 의는 인간의 죄와 대립된 의인데 반하여, 종교개혁의 의는 우리를 의롭다 하시는 의라는 것을 성서 속에서 발견하게 해줍니다. 죄인으로 만드는 의가 아니라 우리가 죄인임에도 의롭다고 여겨주시는 하나님의 의라는 것입니다. 마찬가지로 하나님의 거룩하심도 하나님 자신이 거룩하다는 의미로 사용되는 것이 아니라 우리를 거룩하게 하시는 하나님의 거룩하심이라는 것입니다.

물론 중세 가톨릭교회에서도 사람이 회개할 때 하나님께서 용서를 선포한다고 말했습니다. 그러나 죄는 용서되었으나 현세의 징벌은 피할 수 없다고 가르치고 그 징벌을 면하기 위한 인간의 선행과 봉사, 금식이나 고행을 요구하였던 것입니다. 심지어 교회당 건축을 위해 헌금을 하면 벌을 면할 것이라는 면벌증을 써주기까지 했던 것이죠. 즉, 인간의 선한 행위에 의해 죄도 사함을 받고 구원을 받을 수 있다고 가르쳤던 것입니다.

문제는 바로 여기서부터였습니다. 1517년 루터가 사는 비텐베르크 근방에 도미니크 수도사인 테첼이라는 사람이 와서 성 베드로 성당을 위해 헌금을 바치면 면벌증을 써주었던 것입니다. 게다가 동전이 헌금함에 떨어지는 순간 그 사람의 죄는 물론 연옥에 있는 가족까지도 다 구원받을 수 있다고 설교하였던 것입니다. 지금으로부터 495년 전 오늘 1517년 10월 31일 루터는 이 문제를 토론하자고 95개의 질문을 비텐베르크 성당 문 앞에 걸어 놨습니다. 죄를 용서하고 의롭다 인정하는 것은 하나님의 의에 달린 것이지 교황의 면죄부에 달린 것이 아니라고 주장했던 것입니다. 그리고 교황청을 향해 말합니다. 하나님의 일에 참견하지 말고 하나님을 하나님답게 하라고 말입니다.

종교개혁의 본질

이것이 종교개혁의 시작입니다. 로마 교황청도 사도 바울이 주장한 인간의 선행이나 공로가 아닌 오직 하나님의 의로 말미암아 구원받을 수 있다는 것을 모를 리 없습니다. 다만 교황권의 권한 강화와 화려한 성당을 짓는 것에 눈이 먼 나머지 어리석음을 저질렀던 것입니다.

오늘날 다시금 교권이 저지르는 부끄러움이 재현되고 있습니다. 여러분도 알다시피 가톨릭 사제들에게 결혼이 금지된 것은 교회를 자식에게 세습했기 때문이었습니다. 그런데 오늘의 개신교가 이것을 그대로 답습하고 있습니다.

루터는 만인사제설을 주창했습니다. 하나님 앞에서는 누구나가 동등하게 거룩한 사제라는 말입니다. 목회자는 성서의 전문가일 뿐입니다. 여러분보다도 단 1밀리미터도 하나님과 더 가깝지 않습니다. 종교개혁, 알고 보면 그 핵심은 제자리로 돌아가는 것입니다. 하나님은 하나님의 자리로, 성직자는 성직자의 자리로, 사람은 사람의 자리로, 나는 나다운 자리로 돌아가는 것입니다.

그리고 의는 누구를 단죄하는 것이 아니라 의롭게 하는 자리로 돌아가는 것입니다. 이것이 바로 하나님의 은혜입니다. 나를 의롭게 하시는 하나님의 의, 그 의에 대한 깨우침, 이 깨우침은 누구의 공적도 아니고 오직 내 안에 계신 하나님의 의입니다. 나를 나답게 하시는 하나님의 의입니다. 루터의 종교개혁에는 세 가지 구호가 있습니다. "오직 은혜로!", "오직 믿음으로!" 그리고 그 믿음의 근거인 하나님의 말씀, "오직 말씀으로!"

종교개혁 495년이 지났지만, 시간이 갈수록 개신교는 오히려 개혁의 대상이 되고 있습니다. 교회는 아직 겸허하지 않습니다. 성직자는 더욱 그렇습니다. 저마다의 신앙이 제멋대로 주장됩니다. 하나님의 의보다는 인간의 의가 나부낍니다. 나다운 나보다는 세상의 물욕, 세상의 권력욕, 세상의 가치가 우리의 신앙마저 장악해 가며 우리를 비참한 노예로 전락시킵니다. 더욱이 프로테스탄트라는 이름이 무색하게 불의에 저항하지도 않습니다. 세상 시류에 편승하며 세속적

풍조에 휩쓸려 가고 그것을 축복이라고 가르칩니다.

　종교개혁의 본질은 '나다운 나', '사람다운 사람', '하나님의 자녀로서 자유로운 나'의 회복입니다. 어떤 것도 나를 규정할 수 없고, 나의 자유를 막을 수 없습니다. 하나님의 이름 가운데 가장 중요한 '야훼'는 "나는 나다"라는 뜻입니다. 그 어떤 외부적인 것이 아닌 오직 나를 나로만이 설명할 수 있는 존재입니다. 나의 나 됨이 하나님의 의입니다. 하나님의 의는 나를 나답게 하는, 나를 의롭게 하시는 의입니다. 나의 당당함입니다. 이것에 대한 절실함, 이것이 신앙입니다. 행복입니다. 이것이 절실하지 않다면 우리 신앙은 모두 거짓입니다. 그리고 불의입니다.

　오늘 종교개혁주일 이 아침, 오직 우리를 의롭다 하시는 하나님의 의가 나다운 나, 사람됨을 갖춘 나를 찾는 크신 하나님의 은혜임에 감격하는 신앙의 개혁이 이루어지기를 주님의 이름으로 축원합니다.

(2012. 10. 28. 종교개혁주일)

루스에서 베델로
창세기 28:10-22

주님께서 그 층계 위에 서서 말씀하셨다. "나는 주, 너희 할아버지 아브라함을 보살펴 준 하나님이요, 너희 아버지 이삭을 보살펴 준 하나님이다. 네가 지금 누워 있는 이 땅을, 내가 너와 너의 자손에게 주겠다"(13절).

혈통, 예렉

이스라엘 역사는 야곱으로부터 시작했다고 해도 과언은 아닙니다. 출애굽기 1장 5절에 보면 이집트로 내려간 이스라엘 자손들을 기록하면서, 아브라함의 자손 또는 이삭의 계보라고 하지 않고 '야곱의 혈속'이라고 표현합니다. 공동번역을 보면 비슷한 말로 '야곱의 혈통'이라고 합니다만 둘 다 히브리어 원문의 의미를 제대로 잡아내지 못했습니다. 혈속이니 혈통이라는 말은 단지 족보, 계보를 가리키는 말입니다. 그러나 히브리어 원문을 보면 이것은 단순히 계보나 족보를 말하는 것이 아닙니다.

이 말의 히브리어는 '예렉'입니다. 예렉은 원래 남자의 생산의 자리인 사타구니를 가리킵니다. 놀랍게도 이 말은 출애굽기 1장 5절

이외에 창세기 32장 24절 이하에서 딱 한 번, 즉 야곱이 하나님과 씨름하는 사건에 등장합니다. 야곱이 외삼촌 집에서 무려 20년을 고생하고 성공하여 금의환향하는 길에서 일어난 사건이었습니다. 이 사건에서 야곱은 축복을 달라고 하나님을 놓지 않고 밤새 씨름을 벌입니다. 그때 엉덩이뼈가 탈골되도록 버티는데, 바로 이 엉덩이뼈가 '예렉'입니다. 사실은 다리와 다리 사이의 뼈인 사타구니를 가리킨 말인데 좀 점잖게 번역하느라 엉덩이뼈라고 한 것입니다. 이 씨름에서 야곱은 하나님의 항복을 받아냅니다. 창세기 32장 28절입니다.

"네가 하나님과도 겨루어 이겼고"

따라서 출애굽기 1장 5절에 나타난 '야곱의 혈통'이라는 말은 바로 이 얍복 강가의 싸움을 이해하지 않고서는 그 충분한 의미를 알 수 없습니다. 다시 말해 그냥 생긴 이스라엘의 자손이 아니라는 말입니다. 하나님과 겨루어 사타구니의 엉덩이뼈가 탈골되는 중상을 입는 고난 속에서 얻은 자손이라는 말입니다.

야곱이라는 사람

그렇다면 야곱은 어떤 사람입니까? 하나님과 겨루어 이길 정도면 도덕적으로나 윤리적으로 대단히 훌륭한 사람이라는 생각을 가질 수 있겠습니다만 실상은 그 반대입니다. 야곱은 애초부터 이스라엘 족장이 될 자격이 없는 사람입니다. 그는 장자가 아니라 둘째 아들이기 때문입니다. 그는 쌍둥이 형 에서와 함께 어머니 리브가에게서 태어났습니다. 그는 차남 콤플렉스를 가지고 있었기에 어떻게 해서든지 장자의 상속권을 가지려고 했습니다.

이것을 잘 말해 주는 사건이 창세기 25장 29절 이하에 나오는 팥죽 사건입니다. 사냥꾼인 형 에서가 허기져 집으로 돌아왔는데 그때 동생 야곱은 팥죽을 끓이고 있었습니다. 에서는 배가 고파 죽겠다며 야곱에게 팥죽을 달라고 합니다. 이때를 놓치지 않고 야곱은 형의 장자권, 맏아들의 권한을 팔라고 말합니다. 형 에서는 목구멍이 포도청인데 장자권 따위가 무슨 소용이 있냐며 팥죽 한 그릇에 장자권을 팔아 버립니다.

사실 이 사건은 좀 우스운 사건입니다. 장자권은 태어날 때부터 받은 기득권, 즉 생득권입니다. 판다고 해서 팔리고, 산다고 해서 살 수 있는 그런 것이 아닙니다. 아마 에서는 장자권에 그다지 연연해하지 않는 호탕한 마음으로 팔았을 것입니다. 요즘 말로 하자면 사람 좋은 호인이라고 볼 수 있겠습니다. 그런데 성서는 이 사건에 대해 짤막하면서도 의미 있는 해석을 창세기 25장 34절에서 내립니다.

에서는 이와 같이 맏아들의 권리를 가볍게 여겼다.

분명 맏아들의 자리, 장자의 자리는 에서의 운명이요 태어날 때부터 받은 상속의 자리입니다. 그러나 그것이 팔았다고 빼앗기는 것은 아니었지만, 에서는 분명 장자의 명분을 소홀하게 여겼습니다. 이것이 그의 인생의 결정적 오류였습니다. 장자의 자격을 받고 태어났지만, 장자의 권한을 소중히 여기지 않은 것 때문에 그는 끝내 야곱에게 이스라엘 족장의 자리를 빼앗기고 이방인의 자리로 물러나게 됩니다.

받은 것이 은혜요 소중한 것임을 모르고 경솔하게 대할 때 당연한 것조차 빼앗긴다는 것을 성서는 말해 주고 있습니다.

여러분, 좋은 머리를 부모로부터 물려받았습니까? 아이큐가 높습니까? 그런데 머리 좋은 것만 믿고 게으르지는 않았습니까? 머리가 아무리 좋아도 안 쓰면 나빠집니다. 하나님께서 빼앗아 갑니다. 우리는 이것을 예수님의 말씀에서도 찾을 수 있습니다. 마태복음 25장의 달란트 비유입니다. 한 달란트 받은 게으른 종이 그 한 달란트마저 빼앗긴 후 듣는 말입니다. 마태복음 25장 29절입니다.

> 가진 사람에게는 더 주어서 넘치게 하고, 갖지 못한 사람에게서는 있는 것 마저 빼앗을 것이다.

에서의 오류도 바로 이것입니다. 받은 달란트, 장자의 달란트를 경솔하게 여겼습니다. 장자답게 살지 못했습니다. 실제로 에서는 이스라엘 민족의 장자로서 역할을 해내지 못하고 있어 리브가의 골칫덩어리였습니다. 안일하게 현실에 안주하며 되는대로 즐기며 살아간 사람입니다. 결정적으로 그에겐 이스라엘을 이끌 비전이 없었습니다. 높고 가치 있는 것을 향한 꿈이 그에겐 없었다는 말입니다. 하는 일마다 작심삼일이었고 되는대로 인생을 살았던 것입니다.

그렇다고 해서 야곱이 장자의 자격이 있는 사람이었던 것도 아닙니다. 팥죽 사건을 보더라도 그는 기회주의적인 약삭빠른 사람입니다. 특히 아버지 이삭이 늙어 마지막 장자의 축복을 주고자 에서를 불렀을 때 야곱은 아버지를 속여 장자의 축복을 받아냅니다. 냉정하게 말하자면 에서나 야곱이나 다 자격이 없습니다. 그러나 하나님은 야곱을,

이스라엘을 이끌 약속의 족장으로 선택합니다. 이유는 어디에 있습니까? 단 하나 야곱에게는 비전이 있었고 꿈이 있었기 때문입니다.

그는 목표가 있는 사람이었습니다. 현재에 머무르지 않고 미래를 향해 꿈을 이루어 가는, 더 높은 삶에 대한 열정과 끈기가 그에게는 있었습니다. 야곱, 그는 결코 주어진 운명대로 살 수 없는 도전과 쟁취 욕으로 점철된 인간이었습니다. 그리고 이 꿈을 이루기 위해 피나는 노력을 한 사람이었습니다. 그는 타고난 차자의 운명마저 장자로 바꾸려는 사람이었습니다. 결코 에서처럼 안일하게 되는 대로 사는 사람은 아니었습니다.

물론 성서는 야곱의 범죄, 아버지와 형을 속인 그 범죄를 결코 간과하지 않습니다. 그렇기에 그는 그의 삶 마지막까지 숱한 고생을 하며 살아갑니다. 인과응보입니다. 그 자신도 외삼촌에게 열 번이나 속고 20년간 종살이를 하며, 말년에 가서는 자식들에게 속아 가장 아끼는 자식 요셉까지 잃어버리는 비극까지 겪게 됩니다. 속고 속이는 인생, 바로 이것이 야곱의 인과응보적 삶이라고 할 수 있겠습니다. 그러나 이런 인과응보 속에서도 그의 삶에 좌절과 포기가 없었던 것은 단 하나 하나님에게까지 싸움을 걸어 축복을 달라고 씨름하며, 끝내는 하나님으로부터 항복을 받아내는 미래를 향한 그의 끈질긴 꿈의 실현에 있었습니다.

야곱의 꿈

오늘 창세기 28장 10절 이하의 말씀도 그의 꿈으로부터 시작됩니다. 야곱은 아버지를 속이고 장자의 축복을 가로챈 후 당연히 형의 분노를 사게 되고 형으로부터 목숨을 위협받기에 이릅니다. 이에 야곱은 어머니의 권유로 외삼촌 라반의 집으로 도망가게 됩니다. 오늘 우리가 함께 봉독한 장면은 바로 외삼촌 댁으로 가는 길에서 일어난 사건을 담고 있는 것입니다.

그는 홀로 외삼촌 집으로 도망가고 있었습니다. 해는 저물어 가고 어둠은 깊어 갔습니다. 쫓기는 자의 불안과 함께 그는 지쳐 어느 들녘에 쓰러져 돌을 베게 삼아 잠들어 버렸습니다. 그곳은 루스라는 곳이었습니다. 그런데 꿈을 꾸게 된 것입니다. 형과 아버지를 배신한 죄로 인한 불안과 형의 복수의 칼날에 대한 근심 속에서도 그의 꿈은 매우 아름답고 찬란한 것이었습니다. 층계가 하늘로 솟아 있고 그 꼭대기에서 하나님의 사자가 층계를 오르락내리락하는 것이었습니다. 그리고 하나님의 약속을 거기서 받게 됩니다. 본문 12절 이하의 약속은 놀라운 것이었습니다.

꿈을 꾸었다. 그가 보니, 땅에 층계가 있고, 그 꼭대기가 하늘에 닿아 있고, 하나님의 천사들이 그 층계를 오르락내리락 하고 있었다. 주께서 그 층계 위에 서서 말씀하셨다. "나는 주, 너의 할아버지 아브라함을 보살펴 준 하나님이요, 너의 아버지 이삭을 보살펴 준 하나님이다. 네가 지금 누워 있는 이 땅을, 내가 너와 너의 자손에게 주겠다. 너의 자손이 땅의 티끌처럼 많아질 것이며, 동서남북 사방으로 퍼질 것이다. 이 땅 위의 모든 백성이 너와 너의 자손 덕에 복을 빕게 될 것이다. 내가 니와 힘께 있어서, 네가 어디로 가든지 너를 지켜 주며, 내가 너를 다시 이 땅으로 데려 오겠다. 내가 너에게 약속한 것을 다 이루기까지, 내가 너를 떠나지 않겠다."

이 약속은 야곱 이전의 조상 아브라함과 이삭에게 하신 약속과 같은 내용입니다. 땅과 자손의 약속입니다. 그러나 구체적인 말씀이 하나 있습니다. 13절이 말하는바 "네가 지금 누워있는 이 땅을, 내가 너와 너의 자손에게 주겠다"에서 '너 누운 땅'이라는 말입니다. 이것은 아브라함이나 이삭에게 준 약속의 말씀에는 없는 구절입니다. 지금 야곱이 누운 곳이 어떤 곳입니까?

형의 칼날을 피해 도망치다 지쳐 쓰러진 곳입니다. 절망의 자리요 불안의 자리요 근심의 자리요 홀로 있는 고독한 자리입니다. 바로 이 자리를 주겠다는 하나님의 약속입니다. 나그네 되어 도망간 그 자리, 언제 쫓길 줄 모르며 도망 다니며 지쳐 쓰러진 그 자리, 네가 고난받은 그 혹독한 여정의 자리, 바로 그 자리를 그 땅을 네 것으로 만들어 주겠다는 하나님의 약속입니다.

야곱의 위대함이 바로 여기에 있습니다. 그는 절망하고 지쳐 버린 그 자리에서도 꿈을 꾼 사람입니다. 거기 하늘을 향한 사닥다리가 있었습니다. 지쳐 누워 버린 절망 속에서도 그의 마음만은 하늘을 향해 있었습니다. 하늘에 닿을 정도의 절실함이 있었다는 말입니다. 지쳐 쓰러져 잠을 자면서도 꿈만은 버리지 않는 야곱, 더 이상 갈 수 없어 지쳐 누워 버린 그곳에서도 하늘을 감동시키는 절실한 소망이 있을 때, 하나님께서는 지금은 한 평의 땅과 한 명의 자손도 없는 야곱에게 동서남북으로 편만한 자손과 땅의 축복을 주시겠다고 약속하십니다. 그리고 이 약속을 이루기까지 결코 너를 떠나지 않겠다고 말씀하십니다.

하나님이 계신 곳

여러분, 우리가 떠나면 떠났지, 하나님은 우리를 떠나지 않습니다. 우리가 포기하면 포기했지, 하나님은 포기하지 않습니다. 하나님은 우리의 인생 여정 어느 곳에나 있습니다. 야곱은 꿈에서 깨어나 본문 16절에서 신앙고백하고 있습니다.

'주님께서 분명히 여기 계신데도, 내가 미처 그것을 몰랐구나.'

이제껏 야곱도 하나님은 아버지와 어머니가 있는 고향 땅에만 있는 줄 알았습니다. 편안하고 안주할 수 있는 곳, 부모 품 안에서 고생 안 하고 잘 먹고 잘사는 그곳에만 하나님이 계신 줄 알았습니다. 바로 그것이 축복이라고 여겼고 지금의 자기 처지는 저주라고 생각했습니다. 그러나 이제 보니 그게 아니었습니다. 오히려 깜깜한 이 밤, 홀로 쫓기며 지쳐 쓰러져 누워 버린 이 자리, 바로 이 절망과 패배의 자리에 오히려 하나님이 계시고 바로 그 쓰러져 누운 자리를 약속으로 주시는 분이라는 것을 알았던 것입니다.

여러분, 하나님이 어디에 있습니까? 좌절이 있고, 절망이 있고, 실패가 있지만 꿈이 있는 자리라면 분명 하나님은 약속을 가지고 우리 옆에 계십니다. 오히려 편안하고 안일한 그 자리, 에서의 자리에는 계시지 않습니다. 도전적인 자리, 꿈을 먹고 사는 자리에 하나님은 계십니다. 야곱은 아침에 일어나 베개로 삼았던 그 돌을 세우고 그 위에 기름을 붓고 예배를 드립니다. 그리고 나서 그곳의 이름이 바뀝니다. 이방의 이름 '루스'에서 '하나님의 집'이라는 뜻의 '베델'로 바꿉니다.

원래의 지명인 루스는 '왜곡되다'라는 뜻이 있습니다. 그렇지요. 절망을 만나면, 고난을 당하면 삶을 왜곡하는 경우를 우리는 우리 자신에게서나 남에게서 너무나 많이 보아 왔습니다. 절망은 사람을 왜곡시킵니다. 사람의 마음을 꼬이게 합니다. 모든 것을 어둡게 보게 됩니다. 삶이 버거우면 믿는다는 사람들이 하는 얘기가 있습니다. "기도도 나오지 않습니다." "삶이 힘들어 예배드리고 싶은 마음도 없습니다." 사실 정말 기도해야 할 때 기도가 나오지 않습니다. 그만큼 삶이 왜곡되고 하나님마저 왜곡되기 때문입니다. 기도보다는 오히려 원망과 불평이 앞섭니다.

그래서 야곱이 위대한 것입니다. 한 족장의 자격이 있는 것입니다. 그는 삶이 왜곡될 수 있는 절망과 고난의 현장에서 꿈을 꿨던 사람입니다. 그는 바로 그 자리에서 베고 있던 그 돌을 세워 제단을 쌓고 예배를 드립니다.

야곱의 기도

여러분, 우리의 오늘 이 예배가 무엇입니까? 세상살이 죽을 맛이 되어 지쳐 누웠던 그 절망의 베개를 다시 하늘을 향해 세우는 자리입니다. 다시 꿈을 키우며 약속을 확인하는 이 자리입니다. 삶을 왜곡하여 보지 마십시오 하나님을 왜곡하지 마십시오 이곳은 베델의 자리입니다. 우리가 절망한 자리, 쓰러진 그 자리, 그러나 꿈이 있고 우리의 기도가 하늘을 향한 사닥다리처럼 하늘에 닿아 있다면 바로 그곳이 하나님의 집 베델입니다. 약속이 있다면 더 이상 이방의 낯선 땅

루스일 수 없습니다. 꿈이 있고, 도전이 있고, 미래에 대한 약속이 있다면 더 이상 황량한 절망의 광야, 왜곡된 삶의 루스일 수는 없습니다. 목적과 꿈을 갖고 약속을 믿는, 베델의 사람 야곱은 이제 정작 두려워할 것을 알았습니다. 본문 17절에서 야곱은 말합니다.

"이 얼마나 두려운 곳인가? 이 곳은 다름 아닌 하나님의 집이다. 여기가 바로 하늘로 들어가는 문이다."

이제 정작 두려워할 것은 자신을 죽이려는 에서가 아니라 하나님이심을 알았습니다. 절망 가운데에서도 꿈을 꾸게 하시며 약속을 기어이 주시는 그 하나님을 두려워합니다. 이 두려움은 물론 공포가 아니라 경외입니다. 하나님을 두려워하는 경외의 마음입니다. 절망과 죽음 가운데에서도 일으키시고 세우시는 하나님에 대한 두려움입니다. 이 약속에 야곱은 서원합니다. 20절 이하입니다.

야곱은 이렇게 서원하였다. "하나님께서 저와 함께 계시고, 제가 가는 이 길에서 저를 지켜 주시고, 먹을 것과 입을 것을 주시고, 제가 안전하게 저의 아버지 집으로 돌아가게 해주시면, 주님이 저의 하나님이 되실 것이며, 제가 기둥으로 세운 이 돌이 하나님의 집이 될 것이며, 하나님께서 저에게 주신 모든 것에서, 열의 하나를 하나님께 드리겠습니다."

여러분, 이 서원기도가 무엇을 의미합니까? 약속에 대한 결단이요 응답입니다. 꿈이 있는 자의 결단입니다. 하나님께서 허락하신 시간과 물질과 재능을 성별하여 살겠다는 결단입니다. 결코 우연히 태어난 인간으로 되는대로 안일하게 살아가는 것이 아니라 하나님의 뜻이 있어 부름 받은 존재로, 꿈이 있고 목표가 있는 하나님의 자녀로 살겠다는 결단입니다. 여러분, 이제 세상으로 나아갑시다. 우리를 쓰러뜨리고 넘어지게 하는 세상으로 나아갑시다. 우리가 지쳐 쓰러져 누웠던 바로 그 자리가 패배의 자리가 아니라 오히려 바로 그 자리가 승리의 자리임을 약속하십니다.

"네가 지금 누워 있는 이 땅을, 내가 너와 너의 자손에게 주겠다."

오늘 창조절 열두째 주일 이 아침, 루스에서 베델로 우리의 삶의 현주소가 바뀌는 은혜의 약속이 이제 삶으로 돌아가는 모든 교우에게 주어지기를 주님의 이름으로 축원합니다.

(2012. 11. 18.)

겨자씨 공동체

마가복음 4:30-32

"겨자씨와 같으니, 그것은 땅에 심을 때에는 세상에 있는 어떤 씨보다도 너 작다. 그러나 심고 나면 자라서, 어떤 풀보다 너 큰 가지들을 뻗어, 공중의 새들이 그 그늘에 깃들일 수 있게 된다"(31-32절).

마음의 눈으로

우리가 꽃을 보고 아름답다고 말할 때 그것은 과학적인 관찰에서 나온 말이 아닙니다. 꽃의 아름다움은 꽃의 구조나 성분으로 말할 수 있는 것이 아닙니다. 꽃을 과학적으로 보면 구조적으로는 암술과 수술, 꽃잎, 꽃가루 등등으로 나눠질 것이며, 좀 더 잘게 분석하면 화학적 성분으로 분석될 것입니다. 그렇지만 아무리 정밀하고 자세하게 분석한다 하더라도 꽃의 아름다움이 나오지는 않습니다. 꽃의 아름다움은 마음으로 볼 수 있습니다. 마음으로 볼 때 꽃의 생명을 느낄 수 있고 그 생명으로부터 꽃의 아름다움이 나온다는 것을 알 수 있습니다. 생텍쥐페리의 『어린 왕자』라는 소설은 생명을 보는 마음의 눈에 대해 이야기합니다.

아주 작은 소혹성에 살던 어린 왕자는 투정만 부리는 장미꽃 한 송이를 별에 남겨둔 채 긴 여행길에 오릅니다. 명령할 줄밖에 모르는 왕이 사는 별, 다른 이들이 박수를 쳐주기만을 바라는 허영꾼이 사는 별, 술 마시는 부끄러움을 잊기 위해 다시 술을 마셔대는 술꾼이 사는 별, 우주의 모든 별이 자기 것이라며 되풀이해서 별을 세는 상인이 살고 있는 별, 1분마다 가로등을 켰다가 끄는 점등인이 살고 있는 별, 자기 별도 탐사하지 못한 지리학자가 살고 있는 별, 어린 왕자는 모두 여섯 개의 별을 거쳐 지구에 도착하게 됩니다.

지구에 도착한 어린 왕자는 장미가 가득 피어있는 정원을 보고 엎드려서 울고 맙니다. 세상에 장미는 자기 별에 두고 온 한 송이 뿐인 줄 알았는데 그토록 많은 장미가 있다니, 자기 자신이 너무도 초라해진 까닭이었습니다.

그 순간 어린 왕자는 여우를 만나게 되고 여우에게 친구가 되자고 제안을 하는데, 그때 여우는 어린왕자에게 길들임에 대한 이야기를 들려줍니다. 네가 나를 길들인다면 우리는 서로를 필요로 하게 될 거고, 세상에서 오직 하나밖에 없는 존재가 될 거라는 이야기였습니다. 금빛 머리칼을 가진 어린 왕자에게 여우는 이렇게 말합니다.

"난 빵을 먹지 않으니까 밀밭은 내게 아무 의미도 없어. 그렇지만 네가 날 길들인다면 밀은 금빛이니까 너를 생각나게 할 거야. 그러면 난 밀밭을 지나가는 바람 소리도 사랑하게 되겠지. 만약 네가 오후 네 시에 온다면, 난 세 시부터 행복해지기 시작할 거야. 그리고 시간이 지날수록 더욱 행복해질 거야."

헤어지는 순간 여우는 어린 왕자에게 비밀 한 가지를 선물로 전합니다.

"내 비밀이란 이런 거야. 제대로 보려면 마음으로 봐야 해. 가장 중요한 것은 눈에는 보이지 않거든."

가장 중요한 것은 눈에는 보이지 않기 때문에 제대로 보려면 마음으로 보아야 한다는 여우의 말이 새롭게 와닿습니다. 여우의 이야기를 통해 어린 왕자는 눈앞에 피어있는 수많은 장미보다도 자기가 별에 두고 온 한 송이 장미가 왜 소중한 것인지를 비로소 깨닫게 됩니다. 마음의 눈으로 보았기에 가능한 일이었습니다.

나와 함께 있는 내가 길들인 장미 한 송이보다는 더 많은 장미를 가지려고 애쓰는 것이 삶의 전부가 되어버린 듯한 우리는, 밀밭 사이를 지나가는 바람을 사랑할 마음의 여유를 잃어버리고 말았습니다(「기독교사상」 2007년 7월, 짧은 두레박 "비밀 한 가지").

새벽녘 새벽 기도회를 마치고 돌아갈 때 저 동쪽에 유난히도 반짝이는 샛별, 금성이라고 하지요? 로마 신화에 아름다운 여신 비너스의 이름을 땄습니다. 그 여신처럼 아름답습니다. 내가 그 샛별을 보고 있는 것이 아니라 그 샛별이 나를 보고 있는 것을 깨달을 때 우리는 자연을 신비로 대할 수 있습니다. 마음으로 보면 그 샛별이 내 생애를 인도해 주는 어머니와 아버지임을 알 수 있습니다. 마음으로 보면 한 생명, 한 생명의 아름다움이 보입니다. 생명의 특징은 다양한 면에서 성장, 성숙한다는 것입니다. 생명은 자라나고 익어 갑니다. 미래의 결실을 향해 갑니다.

하나님 나라

오늘 우리가 함께 봉독한 마가복음 4장 30절에서 주님은 우리에게 하나님 나라에 대한 질문을 던져줍니다.

"우리가 하나님 나라를 어떻게 비길까? 또 무슨 비유로 그것을 나타낼까?"

이 질문을 듣자마자 우리는 하나님 나라를 상상합니다. 죽은 다음에 가는 화려한 곳일까? 서울 남쪽 경기도 분당이 개발될 때, 그곳 아파트에 당첨만 돼도 부자가 되었습니다. 집값이 엄청 뛰었기 때문입니다. 그때 사람들이 천당 밑에 분당이 있다고 말했습니다. 혹 그런 의미의 천당을, 심청이가 갔던 용궁 같은 천당을 생각하고 있을지 모르겠습니다. 그런데 예수님은 이런 우리의 기대를 저버립니다.

31절에서 예수님은 하나님 나라를 겨자씨 한 알로 비유하고 있습니다. 마가복음 4장의 하나님 나라 비유는 한결같이 씨와 관련되어 있습니다. 하나님 나라가 여러 개도 아닌 한낱 씨 하나에 불과하다는 것이 하나님 나라에 대한 우리의 기대를 무너뜨렸을지도 모르겠습니다. 생각해 왔던 크고 웅장하고 화려하고 안락한 하나님 나라를 마음으로부터 지우시길 바랍니다. 성서는 바로 하나님 나라에 대한 우리의 가치관을 바꿀 것을 요구합니다. 신앙은 가치의 전환입니다. 신앙은 모든 것에 앞서 생명으로의 가치 전환을 요구합니다. 살고 살리는 생명을 삶의 중심으로 가져올 것을 요청하고 있습니다. 그러기 위해서는 마음으로 보아야 합니다.

왜 하나님 나라를 씨에 비유했습니까? 이유는 단 하나 생명 때문입니다. 생명이 있는 곳에 하나님 나라가 있습니다. 설령 지극히 작은 겨자씨 한 알이라 할지라도 생명이 있다면 그곳이 바로 하나님 나라입니다. 삶의 아름다움, 삶의 행복 역시 생명이 있는 곳에 있다는 말입니다. 여러분, 고대광실이라 할지라도 그것 자체가 행복일 수는 없습니다. 집은 아무리 크고 호화로워도 생명이 아닙니다. 그 안에 사는 가족이 생명입니다. 그 안에 살고 있는 사람이 생명입니다.

아무리 작은 단칸 셋방에 살더라도 아내와 남편이, 부모와 자식이 아름다운 집과 가족을 위한 아름다운 미래의 약속을 바라보며 산다면 바로 그곳이 하나님 나라입니다. 생명에는 미래가 있고 성장이 있고 성숙이 있습니다. 생명의 눈, 마음의 눈으로 볼 때 모든 것은 아름답습니다. 소망이 있고 변화가 있습니다.

소박한 하나님 나라

어느 가정의 시어머니와 며느리의 비밀 이야기입니다. 어느 해에 시어머니가 정성스레 장을 담갔습니다. 그런데 맛이 이상했습니다. 매일 아침 장맛을 보는 시어머니 낯빛이 어두웠습니다. 시아버지와 아들, 시누이들은 그것도 모르고 언제 된장찌개가 상에 오르냐고 물었습니다. 시어머니 마음으로는 당신이 손수 담근 장맛을 가족들에게 자랑스럽게 보이고 싶었는데 난처하게 되었습니다.

어느 날 이 며느리가 꽤 맛있다는 어느 유명 상표의 된장을 백화점에서 사 왔습니다. 그리고 그날 저녁 식탁에 이 된장으로 끓인 된장찌개를 올렸습니다. 마치 시어머니가 담은 된장인 것처럼 말입니다. "역시 우리 엄마가 최고야", "역시 당신 솜씨가 제일이야" 하며 식구들은 맛있게 식사를 했죠 시어머니는 순간 당황했지만 기분 좋은 표정으로 밥 한 공기를 비웠습니다.

이렇게 해서 시어머니와 며느리 사이에는 비밀이 생겼습니다. 그 일이 있은 후 고부 사이가 더욱 가까워졌습니다. 시장에 갔다 올 때 떡꼬치를 하나씩 들고 집에 오고, 목욕탕에도 같이 갑니다. 시어머니와 며느리는 잘못 담은 된장을 아무도 몰래 화단에 묻어 버리며 한바탕 웃었습니다. 그리고 며느리가 웃으며 말합니다. "어머니 아무래도 콩이 문제였던 것 같아요."

이것이 바로 생명을 가진 사람들의 소박한 삶입니다. 생명들의 따사로움이 있습니다. 이런 것을 사는 재미라고 합니다. 그래서 살림살이입니다. 살림살이는 서로를 살리는 일입니다. 서로의 생명에게 기를 주는 것입니다. 고개 숙인 남편 기도 살리고, 없는 살림에 주눅 든 아내 기도 살려주고, 입시에 찌든 아이들의 기도 살려주는 살림입니다.

"학교 다녀오겠습니다" 하며 달려 나가는 아이의 모습이 하나님 나라임을 보지 못한다면, 잎이 다 떨어지고 앙상한 가지에 까치밥 감 하나만 덜렁 남아 있는 감나무에서 하나님 나라를 읽어내지 못한다면, 하루 종일 일하다 퇴근하는 남편과 아내의 땀방울이 하나님 나라임을 깨닫지 못한다면 하나님 나라는 영원히 만나지 못할 것입니다. 여러분, 뭔가를 다 갖추고 있어야 행복한 것이 아닙니다. 서로를 격려하며 살아가는 그 과정이 행복입니다.

작고 적은 것

예수님은 오늘 마가복음 4장 31절 이하에서 하나님 나라를 겨자씨에 비유하며 이 씨는 땅의 모든 씨보다 작은 것이로되 심긴 후에는 큰 나무를 이룬다고 말씀하십니다. 우리에겐 겨자씨가 익숙한 식물이 아닙니다만 이스라엘에서는 주로 요단강 북쪽 강가에 많이 있는 것으로 씨는 정말 자세히 보아야 보일 정도로 작습니다. 그런데 일단 자라면 보통 키가 3~4미터 정도 되고 큰 것은 7미터까지 된다고 합니다. 그 작은 씨앗이 새들의 둥지를 틀 정도로 큰 나무를 이룬다는 것입니다.

세상에서 가장 작은 겨자씨, 그것도 한 알이라고 성서는 말합니다. 작은 겨자씨에서 큰 나무를 보고, 하나밖에 안 되는 그 안에서 모든 것을 바라보라는 것입니다. 그것이 바로 하나님 나라입니다. 생명 하나의 놀라운 역사를 바라보라는 것입니다. 생명이 있다면 하찮은 것이 아닙니다. 생명이 있다면 그 수도 관계없습니다. 생명에는 꿈이 있고 비전이 있습니다. 성장이 있고 미래가 있습니다. 그리고 그 하나, 하나를 통해 삶과 역사는 열매를 맺습니다.

하버드대학에 가면 한국전쟁에 참전하여 유명을 달리한 열두 명의 젊은 학생들의 이름이 새겨진 기념비가 있습니다. 먼 이방 땅의 평화를 위해 싸운 이들을 결코 소홀히 다루지 않습니다. 그러나 우리나라 어느 대학을 가 보아도 빛도 없이 스러져 간 셀 수 없는 학도의용군의 비문 하나가 없습니다. 물론 그 이름도 없습니다. 우리는 정권 탈취와 유지에 급급한 잔인한 용의 눈물은 기억해도 겨자씨와 같은 민초의 눈물에는 관심이 없습니다.

이것이 우리의 불행입니다. 언제나 거창하고 높고 많고 호화로운 것을 좇아갑니다. 생명이 없는 우상을 좇아갑니다. 권력 그 자체가 역사를 만들었다고 생각합니다. 권력 그 자체에는 생명이 없습니다.

소유 그 자체에는 생명이 없습니다. 문제는 권력과 소유를 다루는 인간의 마음입니다. 생명이 없다면 아무리 높고 많고 웅장해도 그것은 일시적일 뿐입니다. 그 어떤 공간이든, 집이든 교회이든 그 건물 자체가 아니라 그 안에 얼마나 깊은 마음으로 생명을 품을 수 있느냐가 문제입니다.

이것은 양의 문제도 아닙니다. 그래서 겨자씨 한 알입니다. 수많은 장미가 아니라 장미 한 송이입니다. 저마다 국민을 위하는 대통령이 되겠다고 합니다. 거창한 국민 얘기할 것 없습니다. 생활고로 고통당하는 비정규직 가장 하나를 품는 것으로 시작하는 것입니다. 장군이 군대를 사랑합니까? 군 복무에 버거워하는 사병 하나를 품는 것으로 시작해야 합니다. 목회도 마찬가지입니다. 교인이라는 집단이 아닙니다. 하나, 하나입니다.

그리고 자기가 좋아하는 사람, 같은 혈연, 학연, 지연을 품는 것이 아닙니다. 피부가 다르고 이념이 다르고 관습이 다르고 문화가 다르고 종교가 다른 이들을 품는 이야기입니다. 나아가 원수까지도 말입니다. 놀랍게도 오늘 우리가 함께 읽은 본문 31절 이하는 바로 이것을 말해 주고 있습니다.

"겨자씨와 같으니, 그것은 땅에 심을 때에는 세상에 있는 어떤 씨보다도 더 작다. 그러나 심고 나면 자라서, 어떤 풀보다 더 큰 가지들을 뻗어, 공중의 새들이 그 그늘에 깃들일 수 있게 된다."

원수까지도

세상의 어떤 것보다도 작은 씨이지만 생명이 있기에 자라서 그 어떤 풀보다도 더 큰 가지들을 이루어 공중의 새들을 깃들이게 한다고 말씀하십니다. 왜 새까지 깃들인다고 하필 새를 말씀하신 걸까요? 마가복음 4장 3절 이하를 보면 그 해답을 알 수 있습니다. 그 씨가 뿌려진 밭에 대한 비유 이야기가 나오는데 4절에 이런 말씀이 있습니다.

"그가 씨를 뿌리는데, 더러는 길가에 떨어지니, 새들이 와서 그것을 쪼아 먹었다."

씨는 새의 모이입니다. 새는 씨를 잡아먹는 씨의 원수입니다. 그런데 그 작은 씨가 자기를 잡아먹는 원수인 그 새마저 품어내는 거대한 나무를 이룬다는 것입니다. 사실 이것은 로마 시대 당시의 기독교 역사를 말해 주는 대목입니다. 어떻게 로마에 기독교 복음이 뿌려졌을까요? 그 기독교를 극렬히 핍박했던 로마가 어떻게 기독교를 국교로 공인하게 되었을까요? 기독교가 로마보다 군사력이 있어서 로마를 제압했을까요? 그럴 리는 없습니다. 그러면 어떻게? 간단합니다. 교회와 교인을 쪼아 먹으려는 그 로마를 그리스도인이 거대한 나무가 되어 품었기 때문입니다. 겨자씨 같은 작은 민족이 자기를 쪼아 먹는 거대한 로마마저 품어버리는 역사였습니다

아프리카 바벰바족 사회에는 범죄 행위가 매우 드물다고 합니다. 자연 속에서 순박하게 살아가기 때문이기도 하지만, 죄를 짓는 사람을 다스리는

방법이 독특하기 때문이라고 합니다.

누군가 잘못을 하면 마을 한복판에 있는 광장에 그를 세웁니다. 마을 사람들은 죄를 지은 사람을 중심으로 빙 둘러섭니다. 그리고는 한 사람씩 돌아가며 큰 소리로 말하는데, 말하는 내용은 죄지은 사람이 과거에 했던 좋은 일이나 칭찬입니다. 한 사람씩 돌아가며 말을 하다 보면 죄지은 사람이 갖고 있는 많은 장점과 그가 했던 좋은 일들, 그것에 대한 감사 등이 모두 열거가 됩니다.

그렇다고 지나친 과장이나 가벼운 농담을 해서는 안 됩니다. 진지하게 칭찬을 해야 합니다. 칭찬이 한 바퀴를 다 돌면 죄책감으로 고개를 숙였던 사람이 서서히 참회의 눈물을 흘리기 시작합니다. 이때 분위기는 절정에 이르는데, 마을 사람들은 한 명씩 나가 눈물을 흘리는 그를 껴안아 주며 위로와 격려를 하며 죄를 용서해 줍니다. 그런 시간을 갖고 나면 죄를 지었던 사람은 다시 죄를 짓지 않는다는 것입니다(「기독교사상」 2007년 5월, 짧은 두레박 "살리는 말, 죽이는 말"에서 발췌).

바로 자기를 쪼아 먹는 새마저 품어내는 겨자씨들의 만남, 바로 우리 산돌교회가 꿈꾸는 공동체이어야 합니다. 좋아하는 사람끼리, 내 혈연적 가족, 내 지역, 내 학연과 지연의 사람끼리만 좋아한다면 그리고 다른 이들을 품어내지 못한다면 우리는 아직 하나님 나라를 맛보지 못한 것입니다. 이제 우리는 우리를 쪼아 먹으려는 세상으로 나갈 것입니다. 두려워하지 마십시오. 우리에게 그리스도라는 생명, 죽어도 다시 일어서는 부활의 생명이 있음을 잊지 마십시오 그 생명이 그 어떤 것보다 작은 한 알이지만 생명이기에 자라서 마침내 우리를 쪼아먹는 세상마저 품어버립니다.

오늘 창조절 마지막 주일 이 아침, 세상을 품어내는 힘찬 생명의 발걸음이 주 안에서 시작되기를 주님의 이름으로 축원합니다.

(2012. 11. 25.)

대림절 성탄절

안나의 기다림(시 27:4-6, 눅 2:36-38)
오직 야훼가 다스리실 것입니다(삿 8:22-23)
성탄의 표징-포대기에 싸여 구유에 누인 아기(눅 2:8-14)
삼가야 하는 지난날의 본보기(고전 10:1-13)

안나의 기다림
시편 27:4-6, 누가복음 2:36-38

과부가 되어서, 여든네 살이 되도록 성전을 떠나지 않고, 밤낮으로 금식과 기도로 하나님을 섬겨왔다. 바로 이 때에 그가 다가서서 하나님께 감사를 드리고, 예루살렘의 구원을 기다리는 모든 사람에게 이 아기에 대하여 말하였다(눅:37-38절).

어째서

어느 교역자가 교회에 부임하여 첫 설교를 하였습니다. 사랑하라는 설교였습니다. 모든 교인이 크게 감명을 받았습니다. 그런데 이어 그다음 주일에도 그 교역자는 똑같은 설교를 하였고, 그 이후에도 계속 같은 설교를 하였습니다. 참다 못 한 교인들이 항의를 하였습니다. 왜 같은 설교만 하느냐는 것이지요. 그러자 이 교역자는 "제가 같은 설교를 한 것은 여러분이 아직 사랑하지 않기 때문입니다"라고 대답하는 것이었습니다. 이 교역자는 다름 아닌 요한복음, 요한 1, 2, 3서 그리고 요한계시록을 쓴 예수님의 제자 요한입니다.

여러분, 어떻습니까? 수십 년을 교회에 다녀도 변화가 없는 우리 자신을 발견합니다. 입으로는 찬양을 하고 귀로는 말씀을 듣지만 삶은 철저히도 세속적입니다. 속된 수요는 속된 공급을 낳습니다. 교인과 목회자가 서로 원하는 거래를 하는 것입니다. 찾고자 하는 것 속에 받고자 하는 신앙이 있습니다. 신앙마저 세속화되어 버립니다.

여러분, 교회 생활을 시작해서 무엇이 달라졌습니까? 사실 이것은 여러분에게 묻고 있는 질문이 아닙니다. 목회자인 저 자신에게 묻고 있는 질문입니다. 우리는 어찌하여 이렇게 오랜 교회 생활에도 변화된 삶을 살지 못하는 걸까요? 나아가 말씀과 삶의 괴리에 익숙하여 살아가는 것일까요? 이유는 그리 복잡하지 않습니다. 찾고자 하는 것이 달라지지 않았기 때문입니다. 바라는 것, 원하는 것이 달라지지 않았기 때문입니다. 우리는 여기서 세례 요한의 지나칠 정도의 욕설을 귀담아 들을 필요가 있습니다.

"독사의 자식들아, 누가 너희에게 닥쳐올 진노를 피하라고 일러주더냐?"

사람들이 세례 요한을 찾아온 것은 진노, 화, 재앙을 피하고 싶어서입니다. 화를 면하고 복을 얻고 싶은 것, 인지상정이죠. 어느 누가 화를 당하고 싶어 합니까? 어느 누가 복을 싫어합니까? 그러나 세례 요한은 점쟁이나 무당처럼 화를 면하고 복을 얻는 부적이나 주술, 굿을 말하지 않습니다. 그는 삶을 말합니다. 변화된 삶, 회개의 삶을 말합니다.

"회개에 알맞는 열매를 맺어라."

삶의 변화와는 무관한, 화를 면하고 복을 구하는 신앙 안에 있다면 불행히도 우리는 예수님처럼 귀신을 쫓아내는 신앙이 아니라 무당처럼 귀신을 달래는 신앙을 갖게 됩니다.

귀신을 대하는 법

옛날에 다섯 명의 도인이 함께 길을 가다가 폭설을 만나자 근처에 있는 사당으로 몸을 피했습니다. 그 사당에는 나무로 만들어진 귀신 형상이 모셔져 있었는데, 그것은 그 나라 백성들이 지성으로 섬기던 존재였습니다. 추위 때문에 벌벌 떨다가 그중 네 사람이 입을 모아 말했습니다.
"너무 추워 못 견디겠으니 이 목상을 쪼개어 불을 피우자."
그러나 나머지 한 사람이 반대했습니다.
"이것은 사람들이 받들어 모시는 것이니 함부로 부수면 안 된다."
의견에 일치를 보지 못한 일행은 목상을 그대로 둔 채 드러누워 잠을 청했습니다. 그런데 원래 그 사당에 있는 귀신들은 사람을 잡아먹는 식인귀였습니다. 그들은 도인들이 모두 잠들었다고 생각하고 저희끼리 수군거렸습니다.
"배도 고픈데, 목상을 부수지 말자고 한 이를 잡아먹자. 나머지 네 사람은 기가 세서 도저히 범접할 수가 없다."
그때 귀신들의 이야기를 엿들은 네 도인은 자리에서 벌떡 일어나 동료를 깨우면서 말했습니다.
"추워서 도저히 안 되겠으니 목상으로 불을 지펴 몸을 녹이자!"
그리고 서로 그렇게 하자고 말했습니다. 그리고 나서 그들은 사정없이 목상을 쪼갠 다음 불을 붙였고, 그 바람에 사당 안에 있는 귀신들은 모두 달아나 버렸습니다(진현종 엮음, "귀신 막는 법", 『지금 이 순간』).

여러분, 귀신은 받들어 주거나 달래서는 안 됩니다. 무당 굿이란 귀신 달래는 것 아닙니까? 귀신은 꾸짖는 것입니다. 그래야 쫓아낼 수 있습니다. 화도 그렇습니다. 용기를 갖고 정면으로 맞서야 화가 물러납니다. 이것이 바로 삶의 변화입니다. 화를 피하고 복을 얻게 해주는 귀신에 대해 단호해야 합니다. 그래야 운명을 개척할 수 있습니다. 문제는 자기 삶의 변화에 대한 의지입니다. 그렇기에 누가복음 3장 10절에서 세례 요한을 찾아온 무리는 아주 중요한 질문을 세례 요한에게 하고 있습니다.

"그러면 우리가 무엇을 해야 합니까?"

대단히 중요한 질문입니다. 이 질문이 우리에게 있어야 합니다. 모든 종교와 철학은 삶의 물음에 대한 답변입니다. 어떻게 살 것인가에 대한 절실한 질문이 없다면 어떤 종교도 유사종교, 사이비 종교입니다. 그저 화나 면하고 복이나 받는 것이라면 성서는 답변하지 않습니다. 찾고자 하는 삶에 대한 답변, 오늘 우리는 그것 때문에 이 말씀 앞에 있는 것입니다.

한 장로님 이야기

제가 청년 시절에 다녔던 교회에 장로님 한 분이 계셨는데 미장이로 생계를 꾸려가는 분이었습니다. 신림동 판자촌에서 살아야 할 정도로 너무나도 가난했습니다. 지금까지 그분을 잊을 수 없는 이유는 언제나 당당했기 때문입니다. 당시 교회가 수유리에 있었는데 예배 마치고 집으로 돌아갈 때마다 당시 담임목사님이신 이해동 목사님께 차비 좀 달라고 손을 내밉니다. 부끄러운 일 같지만, 그분에게서는 그런 모습을 찾아볼 수가 없습니다. 언제나 당당합니다. 그리고 하루에 한 번 꼭 교회에 옵니다. 와서는 고칠 데가 없나 제집처럼 돌아봅니다. 그의 삶은 오직 하나님을 향하는 것이었고 그의 기도는 하나님의 뜻을 묻는 것이었고 그의 중심은 하나님의 교회였습니다.

그 장로님에게 아들이 넷이 있었는데 한 분은 학생 시절 4.19 시위 현장에서 총에 맞아 죽어 4.19 묘지에 있습니다. 나머지 세 분은 모두 뜻있는 삶을 살고 있습니다. 이 아들 셋이 저를 만날 때마다 그런 아버지가 있었기에 오늘의 자신들이 있었다고 말합니다. 바라는 것, 찾는 것이 다른 사람이었습니다. 가난해도 비굴하지 않은 그의 당당한 모습이 이 황금만능주의 세상에서 더욱 그립습니다. 그분이 돌아가신 지 30년이 되기에 저는 오늘 누가가 전하는 안나라는 늙은 여선지자가 생각났습니다. 구하고 찾는 것이 다른 사람들이라는 데에 공통점이 있었기 때문입니다.

구하고 찾는 것이 다른 사람

안나는 남편과의 꿈 많은 결혼 생활을 7년밖에 하지 못했습니다. 본문 37절에 의하면 안나는 여든네 살까지 과부로 살았다고 합니다. 안나는 다른 이스라엘 사람들처럼 메시아를 기다린 사람이었습니다. 그러나 기다림의 자세가 달랐습니다. 본문은 안나에 대해 장황한 이야기를 쓰지 않습니다만 그녀가 어떤 삶을 살았는가에 대해 간결하고도 핵심적인 삶을 전해주고 있습니다. 37절 이하의 말씀입니다.

> 과부가 되어서, 여든네 살이 되도록 성전을 떠나지 않고, 밤낮으로 금식과 기도로 하나님을 섬겨왔다. 바로 이 때에 그가 다가서서 하나님께 감사를 드리고, 예루살렘의 구원을 기다리는 모든 사람에게 이 아기에 대하여 말하였다.

본문 37절에 의하면 무엇보다도 그녀는 성전을 떠나지 않은 삶을 살았습니다. 교회 중심의 생활을 하였다는 것입니다. 그녀에게는 삶의 지성소가 있었습니다. 가고 싶은 곳이 다른 사람이었습니다. 그는 성별된 공간을 추구하는 사람이었습니다. 오늘 우리가 함께 봉독한 시편 27편 4절에서 다윗은 하나님께 단 한 가지만을 구하고 있었습니다.

> 주님, 나에게 단 하나의 소원이 있습니다. 나는 오직 그 하나만 구하겠습니다. 그것은 한평생 주님의 집에 살면서 성전에서 주님의 자비로우신 모습을 보는 것과, 성전에서 주님과 의논하면서 살아가는 것입니다.

다윗은 소원이 다른 사람이었습니다. 본문 6절 후반부에서 다윗은 노래합니다.

> 주님의 장막에서 환성을 올리며 제물을 바치고, 노래하며 주님을 찬양하겠다.

다윗은 통일 이스라엘을 이루기까지 숱한 죽음의 위기를 맞았습니다. 그러나 그가 사모하고 앙망하는 것이 거룩한 하나님이요 그분이 거하는 거룩한 장막이었습니다. 그 거룩한 지성소를 사모하는 다윗의 마음이 거룩했습니다. 그 거룩함이 그를 세상의 풍파에서 지켜 주었습니다. 바로 그 신앙에서 하나님이 그를 위기 속에서 구출해 주었다고 고백하고 있습니다. 여러분, 강한 힘이 우리를 지켜 주는 것이 아닙니다. 거룩함이 우리를 지켜 주고 거룩함이 우리를 세상에서 이기에 합니다. 본문 5절은 바로 이것을 말해 주고 있습니다.

재난의 날이 오면, 주님의 초막 속에 나를 숨겨 주시고, 주님의 장막 은밀한 곳에 나를 감추시며, 반석 위에 나를 올려서 높여 주실 것이니,

성전 중심의 생활을 하는 자의 축복을 그려주고 있습니다. 성별된 공간은 성별된 삶을 낳습니다. 성별된 공간은 세상과 구별된 공간이요 세상으로부터 우리를 지켜 주는 지성소입니다. 이런 의미에서 교회는 단지 건물이 아닙니다. 하나님의 거룩함을 추구하는 거룩한 지성소입니다. 우리를 세상의 풍랑으로부터 지켜 주시는 곳이요 우리로 세상 한복판에서도 승리하게 하시는 곳입니다. 다윗은 이것을 너무나 잘 알고 있었습니다.

안나의 사명

여러분, 오늘 우리의 불안이 어디에 있습니까? 그 불안의 이유 전부는 삶의 지성소가 없기 때문입니다. 교회라는 공간은 있지만

그 공간에 우리의 신앙고백이 채워져 있지 않습니다. 그렇기에 몸은 교회에 있어도 마음은 콩밭에 가 있는 것입니다. 불안한 세상이라는 밭에 불안한 마음이 가 있습니다.

안나는 일찍이 남편과 사별한 사람이었지만 성전을 떠나지 않았기에 두려움도 무서움도 없었습니다. 안나는 사별한 남편으로 비워진 그 마음에 영원히 살아계신 하나님을 신랑 삼고, 성전을 중심으로 하나님의 말씀을 사모하고 살았습니다. 조석으로 변하는 인간의 말보다도 변하지 않는 하나님의 약속을 믿고 살았습니다. 바로 그 성전에서 안나는 주야로 금식하고 기도하고 하나님을 섬겼습니다.

여기 금식했다는 것은 자신의 뜻을 부정하고 그 비워진 마음에 하나님의 뜻을 세우겠다는 것을 의미합니다. 기도는 바로 그 하나님의 뜻을 받아들이는 창구인 것입니다. 금식은 밥 안 먹고 자기 원하는 것을 달라고 떼쓰는 것이 아닙니다. 금식은 자기를 비워 하나님의 거룩한 영으로 채우겠다는 것입니다. 게다가 감사합니다. 감사의 제목은 기도와 섬김에서 나옵니다. 세상이 달리 보이고 추구하는 것이 다르기 때문입니다.

안나라는 이름은 구약 히브리 발음으로는 한나입니다. 기도로 아들 사무엘을 낳은 사사 시대 여인의 이름과 같습니다. 한나는 그 이름 뜻이 '은혜'입니다. 안나는 은혜로 산 사람입니다. 그에게 남편은 없었지만 그 비워진 자리를 은혜로 채워 살아간 사람입니다. 마지막으로 안나는 이 은혜에 대한 감동을 사람들에게 전했습니다(38절). 아니 전하지 않고는 못 배기는 삶의 뜨거움이 그녀에게는 있었습니다. 전하는 것이 다른 사람이었습니다. 삶의 감동이 다른 사람이었기 때문입니다.

안나는 태어날 이 아기, 예수님을 기다리며 그분을 전했습니다. 전하는 그 마음에 아기 예수를 맞이할 아름다운 마음이 채워지고 있었습니다. 그렇기에 그녀의 기다림은 너무나 신비로웠고 아름다웠습니다. 늙을 대로 늙은 안나였지만 그는 아기 예수의 맑은 영을 간직하며 기다리고 있었습니다. 그 안에 아기 예수가 잉태되고 있었습니다. 기도와 섬김의 기다림이었습니다.

나오며

주님의 탄생을 기다리는 대림절 둘째 주일 이 아침, 안나의 기다림이 여러분의 기다림이 되기를 바랍니다. 교회가 있음을 감사하고, 그 성별된 공간에서 기도와 섬김이 있음을 감사하며 여러분의 말구유 마음에 메시아 탄생의 영성이 풍성해지기를 주님의 이름으로 축원합니다.

(2012. 12. 9.)

오직 야훼가 다스리실 것입니다

사사기 8:22-23

그러나 기드온은 그들에게 말하였다. "나는 여러분을 다스리지 않을 것입니다 나의 아들도 여러분을 다스리지 않을 것입니다. 오직 주께서 여러분을 다스리실 것입니다"(23절).

대통령 선거

제18대 대통령 선거가 3일 앞으로 다가왔습니다. 두말할 나위 없이 중요한 선거입니다. 하나님을 믿는 그리스도인에게도 더할 나위 없이 중요합니다. 정치, 경제, 교육, 문화의 현실 사회의 모든 부분은 신앙인들이 한 나라의 국민으로 발을 딛어야 할 땅의 현실들입니다. 우리는 주기도문을 통해 "아버지의 나라가 오게 하시며"라고 기도합니다. 하나님 나라로 가는 것이 아니라 그 나라가 이 땅에 오는 것입니다. 말하자면 이 땅의 정치가 하나님 나라의 통치를 받아들이도록 기도해야 합니다.

그런데 이 기도는 아버지의 나라가 오게 해달라는 바람을 말하는 것이 아닙니다. 마태복음 6장 10절의 '그 나라를 오게 하시며'는 독특한 헬라어만의 문법을 가지고 있습니다. 보통 명령형 문장은 2인칭, 즉 '너'나 '너희'에게만 해당합니다. 그러나 이 구절은 3인칭 명령형입니다. 3인칭 명령형은 다짐을 뜻하는 말입니다. 말하자면 하나님 나라가 오게 하겠다는 다짐입니다. 나의 의지, 나의 다짐입니다.

신앙은 결코 저세상을 지향하는 것이 아닙니다. 교회는 이 세상에서 격리된 별개의 세계를 구축하는 것이 아니라 바로 이 세상을 변화시켜 하나님 나라를 도래케 하는 실체인 것입니다. 뿐만 아니라 하나님은 그 하나님 나라를 이 땅에 세우기 위해 전적으로 우리를 사용하신다는 것입니다. 그래 기도가 우리의 다짐이 되는 것입니다. 20세기 최고의 신학자라 할 수 있는 칼 바르트는 이렇게 말합니다.

"기도할 때 손을 모으는 것은 이 세상의 무질서에 대한 항거의 시작을 뜻한다."

그렇습니다. 기도는 하나님의 뜻에 어긋난 세상에 대한 저항입니다. 그리고 손을 모으듯 하나님의 뜻을 모아 하나님 나라를 이루겠다는 다짐입니다. 따라서 기도는 하나님 나라의 통치가 이 땅의 무질서를 바로잡고 원 창조의 모습을 가질 수 있도록 간구하고 행동하는 것입니다.

"대전 시민의 행복을 책임지겠습니다."

어느 대통령 후보가 대전에서 유세 연설을 하면서 한 말입니다. 참 대담합니다. 나 하나의 행복을 책임지기도 힘든데 대전 시민의 행복을 책임진다니 참 대단한 사람이라는 생각이 들었습니다. 이 사람은 무슨 마음으로 책임을 지겠다고 했을까요? 그리고 그 책임은 어떻게 지는 것일까요? 무엇보다도 그 책임지겠다는 말에 왜 수많은 군중은 환호했을까요? 이유는 간단합니다. 우리는 우리를 다스릴 사람을 찾고 선택하려고 하기 때문입니다.

우리를 다스릴 사람을 찾으려 하는 한, 민주주의란 요원합니다. 문제는 정치가들이 아닙니다. 주인이 아닌 하인으로 전락한 우리 자신입니다. 우리는 지난 선거들을 기억하고 있습니다. 입에 게거품을 물고 '누가 아니면 안 된다', '누구는 결코 돼서는 안 된다'는 생각으로 온 구민이 절대적인 지배자를 선택하는 선택 병에 들렸습니다. 이른바 정치적 메시아니즘에 사로잡혀 있었던 시기였습니다. 우리를 다스려 줄 절대적인 사람을 구했던 것입니다.

지배자의 등장

오늘 말씀인 사사기 8장 22절이 이를 말해 주고 있습니다. 사사 시대는 중앙집권적인 왕정 체제가 아니라 이스라엘이 12개의 지파로 나누어져 살다가 다른 민족이 침입하는 등 나라에 위기가 오면, 하나님께서 어떤 사람에게 하나님의 영을 부어 그로 하여금 위기를 극복하게 해주고 그 위기가 끝나면 다시 일상의 삶으로 돌아가는 그런 시대였습니다. 오늘 본문은 이방 미디안이 침공했을 때의 이야기입니다. 이때 하나님은 사사 기드온을 세우셔서 미디안을 물리칩니다. 이때 이스라엘을 침략한 미디안을 물리친 전쟁영웅 사사 기드온에게 이스라엘 사람들은 요청합니다.

"장군께서 우리를 미디안의 손에서 구하여 주셨으니, 장군께서 우리를 다스리시고, 대를 이어 아들과 손자가 우리를 다스리게 하여 주십시오."

유한한 인간 기드온에게 무한한 절대 권력을 구하고 있습니다. 우리를 다스려달라고 간구합니다. 하라는 대로 할 테니 우리를 책임지라, 그저 잘 먹고 잘살기만 한다면 배만 부르다면 노예라도 좋으니 우리를 다스려달라는 말입니다. 어쩌면 대통령 후보자의 이름을 부르며 우리를 다스려달라는 우리의 모습과 별 차이가 없습니다. 상대적인 것에서 절대적인 것을 구하고 선택하는 데에서 권력의 부패와 억압은 시작됩니다. 우리를 다스리려는 사람을 찾을 때 지배와 피지배만이 있을 뿐입니다.

사무엘상 8장을 보면 마지막 사사 사무엘에게 이스라엘 백성들이 찾아와 왕을 세워달라고 간구합니다. 말하자면 백성을 다스릴 수 있는 절대 권력을 구합니다. 이때 사무엘이 이스라엘 백성들에게 절대 권력의 부패와 탄압의 상을 사무엘상 11절 이하에서 이렇게 말합니다.

"당신들을 다스릴 왕의 권한은 이러합니다. 그는 당신들의 아들들을 데려다가 그의 병거와 말을 다루는 일을 시키고, 병거 앞에서 달리게 할 것입니다. 그는 당신들의 아들들을 천부장과 오십부장으로 임명하기도 하고, 왕의 밭을 갈게도 하고, 곡식을 거두어들이게도 하고, 무기와 병거의 장비도 만들게 할 것입니다. 그는 당신들의 딸들을 데려다가, 향유도 만들게 하고 요리도 시키고 빵도 굽게 할 것입니다. 그는 당신들의 밭과 포도원과 올리브 밭에서 가장 좋은 것을 가져다가 왕의 신하들에게 줄 것이며, 당신들이

둔 곡식과 포도에서도 열에 하나를 거두어 왕의 관리들과 신하들에게 줄 것입니다. 그는 당신들의 남종들과 여종들과 가장 뛰어난 젊은이들과 나귀들을 끌어다가 왕의 일을 시킬 것입니다. 그는 또 당신들의 양 떼 가운데서 열에 하나를 거두어 갈 것이며, 마침내 당신들까지 왕의 종이 될 것입니다. 그때에야 당신들이 스스로 택한 왕 때문에 울부짖을 터이지만, 그 때에 주님께서는 당신들의 기도에 응답하지 않으실 것입니다."

사무엘은 결코 왕 자체를 부정한 것이 아닙니다. 왕조차도 상대적인 권력의 수반이라는 점을 말하는 것입니다. 그러나 이스라엘 백성들은 절대 권력의 왕을 원한 것입니다. 우리는 지난 역사에서 우리를 다스려 줄 절대적인 사람을 원했기에 톡톡히 시련을 당했습니다. 그것은 우리의 불행일 뿐 아니라 스스로 절대적이라고 생각했던 통치자의 비극이었습니다. 시인 김남주는 이를 그의 시에서 이렇게 말하고 있습니다.

성조기 아래서
대한민국 태어나고 마흔 몇 해
그동안 대통령도 서너 개 태어났다 죽었다

하나는 제 나라에 살지 못하고 남의 나라 섬으로 끌려갔다
하나는 제 심복의 총에 맞아 술잔에 코 박고 쓰러졌다
하나는 제 집에 살지 못하고 절간으로 쫓겨났다

성조기 아래서

대통령이 친애하는 국민 여러분의 한 사람으로 태어난 나
왜 내 머리는 이아무개 박아무개 전아무개하면
나를 친애까지 했던 대통령을 대통령으로 기억하지 못하고
폭력배 사기꾼 모리배 매국노 반역자…
그따위 못된 이름으로밖에 떠올리지 못하는 것일까
내 입이 워낙 더러워서 그러는 것일까
내 심뽀가 워낙 고약해서 그러는 것일까

나 태어나 이 나라에서
아름다운 이름의 대통령 하나 갖고 싶다
나 죽어 이 땅에서
아름다운 추억의 대통령 하나 갖고 싶다
자본가들 헌금이나 미국산 총구로 만들어진 대통령이 아니라
산과 들에서 공장에서 조국의 하늘 아래서
땀 흘려 일하는 사람들의 손으로 만들어진 대통령 하나

이 비극 모두가 우리를 다스리는 자를 찾으려고 했기 때문입니다. 그렇기에 우리에게 필요한 것은 우리를 다스리는 자가 아닙니다. 섬기는 자입니다. 인간이 인간을 다스릴 수는 없습니다. 성서는 철저하게도 이점에 있어서 인간의 통치 아닌 하나님의 통치 인간의 나라가 아닌 하나님 나라를 추구합니다. 사사 시대는 하나님의 통치 시대였습니다. 나라가 어려울 때마다 야훼 하나님의 영을 받은 사사가 일어나 그 어려움을 극복하였습니다. 평화가 오면 사사는 다시 자기가 속해 있는 지파로 되돌아갈 뿐이었습니다.

권력의 균형

오늘 본문 사사기 8장 23절에서 기드온은 우리를 다스려 달라는 이스라엘의 백성들의 간청에 이렇게 대답합니다.

"나는 여러분을 다스리지 않을 것입니다. 나의 아들도 여러분을 다스리지 않을 것입니다. 오직 주께서 여러분을 다스리실 것입니다."

여기 '주'란 원래 '야훼 하나님'을 말합니다. 그렇다면 사사 기드온의 통치는 무엇이었으며 그의 권력 기반은 무엇입니까? 인간은 섬기고 하나님만이 통치할 뿐이라는 것입니다. 인간에 의해 추대된 왕과 같은 권력의 자리라 할지라도 그것은 섬김의 자리요 다스리는 자는 유일한 한 분 야훼 하나님뿐이라는 것입니다.

사실 사사 시대가 끝나고 왕정이 시작되고 나서 이스라엘은 약 400년 동안 그 체제를 유지합니다. 절대 권력의 왕권 시대였습니다. 그토록 예언자들이 절대 권력의 왕에게 "야훼께로 돌아가라"고 외쳤지만 그들은 듣지 않았습니다. 여호수아서부터 열왕기하까지의 이스라엘 역사는 이른바 신명기계 역사가들에 의해 서술된 것입니다. 신명기계 사가들은 이 절대 권력의 왕조사를 야훼께 대한 배신의 역사로 서술했으며 이스라엘의 멸망이 결국은 이 배반에 대한 하나님의 심판이었음을 서술하고 있는 것입니다.

다스릴 분은 야훼 한 분뿐이십니다. 그렇다면 야훼만이 다스릴 뿐이라는 이 성서적 절대 명제는 현실 정치에서 어떻게 실현될 수 있겠습니까? 막연히 하나님의 통치를 기다리는 것입니까? 아닙니다.

우리는 여기서 이스라엘의 왕권 통치를 견제했던 그리고 왕권보다는 하나님의 법이 절대 우위에 놓이게 했던 예언자 운동을 깊이 생각해야 합니다. 왕조차 상대적인 사람, 하나님 앞에서 섬겨야 할 사람이라는 것으로 왕권을 견제한 것이 예언자 운동입니다.

이 예언자 운동의 근본에는 인간은 그가 왕이라도 언제나 상대적인 인간일 수밖에 없다는 생각이 자리 잡고 있습니다. 그저 하나의 인간인 존재에게 절대 권력을 줄 수 없다는 것입니다. 견제만을 생각한다면 우리는 오늘날 균형과 견제의 민주주의 제도인 삼권 분립에서 생각할 수 있습니다. 입법·사법·행정이 바로 그것입니다. 그중 행정과 입법의 대표는 국민의 손에 의해 직접 선출됩니다. 그런데 문제가 있습니다. 삼권이 서로 권력의 밀실 분배나 한다면 어떻게 되겠습니까? 그것을 건강하게 견제해야 할 야당도 정치자금 수수다, 방탄 국회다, 예산안 볼모다 하여 민생과 개혁은 뒷전에 두고 싸움질이나 하면 어떻게 되겠습니까? 더 나아가 여야를 막론하고 권력 유지를 위한 밀실 공천, 금권 공천을 하는 현실을 어떻게 보아야 합니까?

그래서 중요한 것이 제4의 권력이라 불리는 언론입니다. 언론의 정직하고 정의로운 고발이 있어야 합니다. 그런데 우리의 대다수 언론 역시 재벌이나 권력과 결탁하여 부패하기가 이를 데 없습니다. 권언유착입니다. 한 여론조사에 의하면 부패 영역의 1위가 언론이라고 합니다. 그렇다면 어떻게 해야 할까요? 그리하여 전 세계적으로 생긴 것이 민이 직접 나서는 NGO(비정부기구)입니다. 흔히 말하는 시민단체입니다. 정부나 언론, 여야의 권력을 건강하게 견제하기 위해 생긴 제5의 권력입니다. 당연히 교회도 그 일원입니다.

사람은 다스릴 수 없다는 원칙

지난 2000년에 전국의 시민단체 421개가 16대 총선을 앞두고 총선시민연대를 결성하였습니다. 그리고 그해 2월 기독교총선시민연대가 결성되었습니다. 물론 이것도 유한한 인간이 하는 것입니다. 문제는 인간이 다스리는 나라가 아니라 하나님이 다스리는, 즉 하나님의 뜻에 합당한 나라를 이룰 수 있는 예언자적 운동의 모습을 갖고 있느냐일 것입니다. 이 시민연대는 당시 반인권 인사, 탈세자, 부정과 부패, 파렴치 범법자, 병역기피자를 공개하고 이들에 대한 낙선운동을 벌였습니다. 적어도 이런 점에 있어서 그들은 인간이 다스리는 나라가 아닌 하나님 나라의 운동에 근접해 있었습니다.

기드온은 사람의 다스림을 거부합니다. 사람은 다스릴 수 없다는 것입니다. 아무리 난관을 극복한 불세출의 영웅이라도 사람은 사람을 지배할 수 없다는 것입니다. 더욱이 세습은 안 된다는 것입니다. 북한의 세습과 남한의 대형 교회의 세습은 상당히 유사합니다. 북한에 물어보면 당연히 혈연적인 세습이 아니라고 합니다. 그들은 말합니다. 이것은 혈연의 세습이 아니라 혁명의 세습이라고 말이죠. 세습하는 대형 교회 목회자들도 마찬가지입니다. 이들도 결코 혈연의 세습이 아니라고 합니다. 혈연의 세습이 아니라 신앙의 세습이라고 말합니다. 가관입니다. 뻔히 아들에게 물려줌에도 혁명의 세습, 신앙의 세습이라고 위장합니다. 이미 세습은 혁명도 아니고 신앙도 아닙니다. 그것은 봉건적이고 전근대적인 병폐일 뿐입니다.

기드온은 분명히 말합니다. "오직 주님께서, 오직 야훼께서 여러분을 다스릴 것입니다." 다스릴 분은 오직 주님, 오직 야훼 하나님입니다.

그렇다면 주님, 즉 야훼 하나님의 다스림은 무엇일까요? 이 대답을 위해 제가 주님 대신에 야훼라는 원래의 명칭을 다시 집어넣은 것입니다. 야훼란 원래 '나'라는 말입니다. 출애굽기 3장 14절, 호렙산으로 부름 받은 모세가 하나님의 이름을 묻자 하나님께서 하신 대답입니다.

"나는 곧 나다."

여기 '나는~'이라는 말이 히브리어로 '에흐예' 인데 이 말에서 '야훼' 라는 말이 나왔습니다. 그런데 이 '야훼'라는 말에는 '나로 나답게 한다'는 뜻이 있습니다. 하나님의 다스림은 사람이 사람을 짓밟는 다스림이 아니라 나를 나답게 해주는 다스림입니다. 일방적이고 획일적인 폭압적 다스림이 아닙니다. 하나님이 창조하신 대로 거룩한, 나다운 나로 세우는 것이 그분의 통치입니다.

나오며

이 선거의 결과가 어디로 갈지 알 수 없습니다. 다만 민의 의식이 드러날 것입니다. 과거로 회귀하여 다스림을 받고자 하는 민의 노예 의식인지 미래를 향하여 나를 회복하는 주인 의식인지가 드러날 것입니다. 중요한 것은 야훼만이 우리를 다스린다는 것입니다. 이것이 신앙인의 자세입니다. 다스릴 분은 오직 야훼 한 분이십니다.

대림절 셋째 주일 이 아침, 다가오는 선거에서 나다움, 주인다움을 회복하는 투표를 행합시다. 인간의 다스림이 아니라 섬김을 이끌어 내며 오직 우리를 다스릴 자는 야훼 한 분임을 알고 믿는 자의 은총이 넘치기를 주님의 이름으로 축원합니다.

(2012. 12. 16.)

성탄의 표징 — 포대기에 싸여 구유에 누인 아기
누가복음 2:8-14

"너희는 한 갓난아기가 포대기에 싸여, 구유에 뉘어 있는 것을 볼 터인데, 이것이 너희에게 주는 표징이다"(12절).

존 울드릭

존 울드릭이라는 아이가 있었습니다. 그의 어머니는 사회복지기관에서 일하는 사회복지사였는데 해마다 성탄절이 되면 가난한 가정의 어린이들에게 장난감 선물을 보냈습니다. 어느 해 성탄절에 어머니가 아들 존 울드릭에게 "네 장난감 중에서 제일 큰 것을 가난한 아이에게 선물하자"고 제안하였고 존은 동의하였습니다. 그러나 선뜻 대답하고 나서 생각하니 자기 장난감 가운데 제일 큰 것은 날개가 일 미터 이십 센티미터나 되는 대형 비행기였으며 그가 보물처럼 아끼는 아주 비싼 것이었습니다. 이것을 내놓자니 아깝기 그지없었지만, 엄마와 약속이라 어찌할 수가 없었습니다.

성탄절 날 엄마는 존을 데리고 가난한 사람들이 모여 사는 동네의 한 가정을 방문했습니다. 남자아이 둘에 여자아이 넷인 대가족인데 아버지가 가출하여 몹시 가난하게 살아가는 집이었습니다. 비행기를 받은 그 집 아이들의 기쁨은 정말 대단했습니다. 특히 남자아이들은 너무 좋아서 어쩔 줄을 몰라 했습니다. 존도 그 모습을 보고 우울했던 기분이 사라지고 다시 성탄절의 기쁨을 되찾을 수 있었습니다.

그 후 18년이 지났습니다. 존 울드릭은 목사가 되어 이 가난한 마을의 감리 교회에 부임하였습니다. 그런데 아주 놀라운 사실을 목격하게 되었습니다. 어려서 자기가 아끼는 큰 비행기를 주었던 그 집의 어머니와 딸 하나가 그 교회의 아주 충실한 교인이었던 것입니다. 그리고 더욱 놀란 것은 그 비행기를 받고 그렇게 좋아서 펄쩍펄쩍 뛰던 남자아이 중 형은 보잉 747 대형 제트 여객기의 조종사가 되었고, 동생은 공군 소령으로 최신 전투기 조종사가 되었던 것입니다. 존 울드릭 목사는 자기의 가장 좋은 것을 내준 성탄 선물이 얼마나 큰 열매를 맺었는가를 보고 감격하였습니다.

크리스마스 선물

오늘 또다시 성탄절입니다. 하나님은 우리에게 당신이 가장 아끼는 큰 선물을 주셨습니다. 그 선물은 바로 예수님이십니다. 로마서 8장 32절에서 사도 바울은 말합니다.

자기 아들을 아끼지 아니하시고, 우리 모두를 위해 내주신 분이, 어찌 그 아들과 함께 모든 것을 우리에게 선물로 거저 주지 않으시겠습니까?

하나님께서 예수님을 우리에게 선물로 주신 것은 우리로 예수님을 본받아 하나님을 아버지로 삼는 같은 형제가 되게 하기 위함이었습니다. 이에 대해 로마서 8장 29절에서 사도 바울은 말합니다.

하나님께서는 미리 아신 사람들을 택하셔서, 자기 아들의 형상과 같은 모습이 되도록 미리 정하셨으니, 이것은 그 아들이 많은 형제 가운데서 맏아들이 되게 하시려는 것입니다.

여기 '미리 아신 사람들'이란 믿는 자들을 가리킵니다. 즉, 예수님을 맏아들로 우리가 하나님의 가족이 되었다는 것입니다. 우리가 하나님의 거룩한 가족이라는 근거는 하나님이 선물로 내어준 예수 그리스도입니다. 예수 그리스도라는 생명이 하나님의 선물이라는 감격으로 다가오는 한에서 우리는 하나님의 자녀인 것입니다.

오늘은 예수님의 생일입니다. 그런데 이상한 것은 생일이면 생일인 사람이 선물을 받는 것인데 생일이 아닌 우리 아이들이 선물을 받고 또 우리 역시 선물을 서로 주고받습니다. 예수님을 선물로 주신 하나님의 뜻을 우리는 알아야 할 것입니다. 우리가 하나님의 가장 소중한 것을 선물로 받았다면 우리 역시 그 선물을 형제에게, 이웃에게 나누어 주어야 하는 것이 하나님이 바라는 뜻일 것입니다.

사실 산타클로스가 바로 그 역할을 합니다. 지중해 연안 케일 교회의 감독이었던 니콜라스 사제는 로마 디오클레시안 황제의 기독교 박해 때 투옥되었다가 사형 직전에 콘스탄틴 황제의 칙령으로 극적으로 풀려났습니다. 고아, 빈민, 어부, 죄수들의 친구였던 그는 해마다 12월이 되면 큰 주머니에 선물을 가지고 다니며 병든 아이, 가난한 아이들의 집 문밖에 선물을 놓고 갔습니다. 사람들은 그를 성 니콜라스라고 불렀는데 이것이 영어로 발음되어 오랜 세월 뒤에 산타클로스가 된 것입니다.

포대기와 구유에

오늘 우리가 함께 읽은 누가복음 2장 8절 이하의 말씀은 바로 우리에게 주어진 하나님의 가장 소중한 선물, 예수 그리스도의 탄생에 대한 이야기입니다. 그런데 우리는 그 위대한 탄생이 너무나 초라하게 그려져 있다는 것에 놀랍니다. 본문 12절이 말하듯 그 아기는 포대기에 싸여 구유에 뉘어 있습니다. 의외입니다. 여느 갓난아기처럼 포대기에 싸여 있습니다. 더욱이 그 어머니 마리아는 해산할 방 하나 없어 헤매다가 말이 사는 마구간에서 아기를 겨우 낳았습니다. 그리고 더러운 말 먹이통인 구유에 아이를 누입니다. 그런데 누가는 이를 두고 본문 12절에서 말합니다.

"너희는 한 갓난아기가 포대기에 싸여, 구유에 뉘어 있는 것을 볼 터인데, 이것이 너희에게 주는 표징이다."

아니 포대기에 싸여 더러운 말 먹이통에 뉘어 있는 아기의 모습이 우리를 구원할 메시아의 표징이라니요? 이해할 수가 없습니다. 메시아라면 태어나도 좀 남달라야 하는 것이 아닙니까? 그러나 분명 우리의 메시아는 가장 무기력한 아기로 오셨습니다. 가장 힘없는 아기로 오신 메시아가 세상과 우리를 구원한다는 것은 당치도 않은 이야기입니다. 거기다가 여느 갓난아기들처럼 포대기에 싸여 있고, 방도 아닌 마구간에서 그것도 말 먹이통을 요람으로 삼아 누운 아기가 우리를 구원할 메시아라니 정말 이해할 수가 없습니다.

누가 이런 포대기에 싸여 소나 말의 냄새가 배어 있는 구유에 누운 아기에게 소망이 있다고 말하겠습니까? 긴 여행으로 지쳐 있는 산모 마리아에게 몸을 풀 방 하나 주려 하지 않는 세상의 각박한 인심, 그래 쫓기다 못해 마구간에서 태어난 아기가 메시아임을 나타내는 표징이라는 데에 어느 누가 공감할 수 있겠습니까?

그런데 이 아기 예수의 탄생을 처음 목격한 사람들이 다름 아닌 목자들이었습니다. 당시 목자들은 사회적으로 대접받는 사람들이 아니라 세리나 죄인과 마찬가지로 천대받고 있었습니다. 더러운 말 먹이통에 뉘어 있는 아기에게서 이들은 무슨 희망을 가졌을까요? 더러운 마구간 그리고 지저분하기 이를 데 없는 구유야말로 가난하고 천대받는 목자의 삶의 현실이었을 것입니다. 그들은 천사의 음성을 듣습니다. 본문 10절입니다.

"두려워하지 말아라. 나는 온 백성에게 큰 기쁨이 될 소식을 너희에게 전하여 준다."

여러분, 천사의 음성을 들은 적이 있습니까? 우리는 천사 하면 날개 달린 흰옷 입은 사람을 생각합니다. 그런 천사라면 저는 본 적이 없습니다. 또한 그런 천사의 음성을 들어본 적도 없습니다. 여기 천사의 음성은 내면의 음성입니다. 연약한 양을 지키는 목자의 마음속에 들려오는 음성입니다. 연약한 양을, 목숨을 걸고 지키는 마음에서만 울리는 내면의 음성입니다. 선한 목자의 내면에서만 들려오는 음성입니다.

여러분, 천사의 음성을 밖에서 찾지 마십시오. 여러분 내면에 있습니다. 연약하지만 생명을 소중히 여기는 데에서 들리는 음성입니다. 생명은 말 그대로 '살리는 것은 하늘의 명령'이라는 말입니다. 생명을 경시하며 죽이는 내면의 음성은 사탄의 음성입니다. 조심하십시오. 사탄 역시 우리 자신, 나 자신입니다. 우리 속에 천사와 사탄, 이 둘이 언제나 공존합니다. 우리가 생명을 소중히 여긴다면 언제 어떤 상황에서나 천사의 음성이 우리 속에서 마음을 울립니다. 그것은 희망입니다. 그렇기에 천사는 '두려워하지 말아라. 나는 온 백성에게 큰 기쁨이 될 소식', 즉 희망을 전해줍니다.

표징

여기에 바로 우리가 신앙의 눈으로 보아야 할 하나님의 표징이 있습니다. 더러운 마구간, 지저분한 구유, 그러나 놀랍게도 바로 거기서 세상을 구원할 생명이 시작되었다는 것을 볼 수 있습니다. 목자들이 주님 탄생의 첫 목격자들이 된 것은 바로 이 때문인 것입니다. 목자들은 그 천하고 낮은 더러운 마구간, 지저분한 구유에서도 전혀 좌절하지 않고 슬퍼하지 않으며 기진하지 않는 아기 예수의 생명력이 충만한 눈동자와 미소 그리고 생기를 목격한 것입니다.

세상은 생명 그 자체보다는 태어난 장소를 볼 것입니다. 세상은 평범한 포대기와 지저분한 구유를 볼 것입니다. 그리고 뼈대 있고 가진 것이 많고 지위가 높은 집안에서 태어난 것이 축복이라고 여길 것입니다. 세상은 아기 예수의 탄생 현장에서 가난과 멸시의 저주를 보지만, 들판의 목자들은 그 저주의 사슬을 풀어내는 생명의 역사가 새롭게 시작되는 것을 보고 있는 것입니다. 그들은 포대기와 구유를 본 것이 아니라 아기 예수라는 생명을 본 것입니다. 그렇기에 그들은 자신들의 내면에서 울리고 있는 천사들의 합창을 듣습니다. 본문 14절의 말씀입니다.

"더없이 높은 곳에서는 하나님께 영광이요, 땅에서는 주님께서 좋아하시는 사람들에게 평화로다."

태어난 장소, 태어난 가문, 그 가문의 지위, 소유를 보았던 것이 아니라 그 안의 생명을 본 사람의 찬양입니다. 그 생명은 단지 아기 예수에게만 있는 것이 아닙니다. 우리 모두 생명입니다. 그러나 우리는 생명은 보지 못하고 주변만 봅니다. '나'라는 생명을 보지 못합니다. 나를 둘러싸고 있는 포대기와 구유라는 형편과 환경만을 볼 뿐입니다. 목자들은 포대기와 지저분한 구유를 보지 않고, 오직 예수 그리스도라는 생명을 본 것입니다. 거기에 기쁨이 있었고 거기에 하나님의 영광이 있었고 거기에 평화가 있습니다.

목자가 본 아기 예수, 그 이름 예수는 "하나님은 구원이시다"라는 뜻을 가지고 있습니다. 그렇다면 이번 성탄은 예수님의 성탄이 아니라 우리 각자의 성탄이 되어야 할 것입니다. 아버지와 어머니가 만나 우연히 태어난 내가 아닙니다. 부름 받은 나요 보냄 받은 나 자신입니다. 포대기에 싸인 연약한 우리이지만 그리고 버거운 삶의 구유에 놓여있는 우리이지만 지극히 높은 곳, 하늘에 계신 하나님께 영광을 드리는 삶으로, 이 땅에 평화를 주는 삶으로 성장하고 성숙해야 할 우리입니다.

기적의 자리

우리 시대 최대의 그림쟁이 이중섭을 여러분은 잘 알고 있을 것입니다. 그가 그린 그림 중에 은지화에 그린 것이 있습니다. 은백색 종이 위에 철필로 그려진 소년과 물고기 그리고 게와 바다를 보면 그건 완전히 다른 세계라는 것을 느끼게 됩니다. 마흔을 겨우 넘긴 나이에 우리를 떠난 이중섭의 예술적 유산은 우리의 영원한 자산이 되고 있습니다. 그가 그린 은지화는 깨끗한 은백색의 종이에 그린 것이 아니라 아무렇게나 땅바닥 또는 쓰레기 사이에 버려진, 구겨진 담뱃갑 은박지 위에 그가 철필을 눌러 그린 것이라는 것을 기억할 필요가 있습니다. 그가 폐지처럼 버려진 은지 위에 그의 영혼을 불어넣은 철필을 눌러 한 획 한 획 그었을 때, 그것은 더 이상 폐지가 아니라 어느새 새로운 생명을 얻어가는 인생 그 자체였던 것입니다.

그는 캔버스를 살 수 없을 정도로 가난했습니다. 그의 삶은 절망의 포대기에 싸여 있었고 지저분한 말구유에 내동댕이쳐져 있었습니다. 그러나 그는 미군 부대 쓰레기장에서 양담배 은박지를 찾아내 거기다 자신의 생명을 담았습니다. 1956년 마흔을 끝으로 세상을 떠났지만 그의 생명력은 지금도 더욱 세차게 불타오르고 있습니다. 더러운 마구간에서 포대기에 싸여 말 먹이통에 누운 폐지 같은 우리 삶이라 할지라도 거기에 혼을 다하여 우리의 값진 인생을 위한 수고의 철필로 하루하루를 소중하게 그린다면 영혼이 숨 쉬는 우리 인생을 그려갈 수 있을 것입니다.

평범한 일상의 삶이 감격으로 다가오지 않는 한, 우리는 내 안의 아기 예수를 볼 수 없습니다. 내 안의 치열한 생명력을 볼 수 없다는 것입니다. 우리의 흔하디흔한 일상의 삶, 바로 이것이 하나님이 우리에게 주는 하나님 나라의 표징입니다. 주님은 공중 나는 새들, 그 새들에게서 하나님 나라를 보았습니다. 우리가 흔히 보는 들의 백합화에서 하나님의 영광을 보았습니다. 그래 공중 나는 새를 보라고 하셨고 들에 핀 백합화를 보라고 하셨던 것입니다. 농부가 뿌린 작은 씨에서 주님은 하나님 나라를 보았습니다. 지극히 일상적이고 평범한 것 속에서 주님은 하나님의 능력을 보았습니다.

깨어나지 못할 것같이 자다가 오늘 아침 눈을 뜬 것이 경이롭습니다. 학교에 가는 아이의 뒷모습이 가슴 뭉클한 희망입니다. 이른 아침 식사를 준비하는 아내의 바쁜 손길이 살 떨리는 아름다움으로 다가옵니다. 길가 담벼락 콘크리트 틈을 비집고 올라오는 잡초에서 놀라운 생명력을 체험합니다. 이 평범한 것들이 바로 하나님이 주시는 표징들입니다.

나오며

여러분, 눈을 생명으로 돌리십시오. 우리 어린이부와 중고등부 자녀들, 이들이 바로 아기 예수들입니다. 이들에게서 산돌의 미래를 보는 것, 이것이 하나님의 표징입니다. 그들에게서 하늘의 영광, 땅의 평화를 읽어내야 합니다. 지금 이들에게서 하나님의 표징을 읽어내야 합니다. 오래전 먼 곳, 팔레스타인의 이야기가 아닙니다. 아기 예수는 이천 년 전 이역만리(異域萬里) 떨어진 곳의 이야기가 아닙니다. 오늘 지금, 이 자리, 우리 아이들에게서 일어나고 있는 성탄입니다.

여러분, 그 아기 예수는 우리 자신입니다. 우리 자신이 생명입니다.

우리 자신이 세상을 살리고 이웃을 살리고 나 자신을 살리는 생명입니다. 그렇기에 우리는, 나는 작은 예수입니다. 살리는 생명, 그것이 구원이기 때문입니다. 아니 작은 예수가 아니라 큰 예수입니다. 요한복음 14장 12절에서 주님은 분명히 말씀하십니다.

"내가 진정으로 진정으로 너희에게 말한다. 나를 믿는 사람은 내가 하는 일을 그도 할 것이요, 그보다 더 큰 일도 할 것이다."

맞습니다. 주님보다 더 큰 일을 할 수 있는 생명력이 내 안에 있기 때문입니다. 우리의 환경은 지저분한 마구간, 평범한 포대기, 더러운 구유일지 모릅니다. 그러나 그 안에 있는 우리 자녀, 나 자신이라는 생명은 하늘에 닿는 영광, 평화로운 세상을 이룰 수 있는 하나님의 능력을 가지고 있습니다. 이것이 하나님이 우리에게 보여주시는 성탄의 표징입니다. 이제 그 포대기와 구유를 박차고 일어서십시오.

오늘 성탄절 이 아침, 지저분한 마구간, 평범한 포대기, 더러운 구유라는 삶의 현실, 바로 그 자리가 우리를 구원하실 아기 예수라는 생명, 그 생명의 용트림을 시작하는 자리임을 깨달아 하나님께 영광을 드리는 삶에 다시 뛰어들기를 주님의 이름으로 축원합니다.

(2011. 12. 25. 성탄절)

삼가야 하는 지난날의 본보기
고린도전서 10:1-13

그러므로 서 있다고 생각하는 사람은 넘어지지 않도록 조심하십시오 (12절).

두 사형수

실화입니다. 군 교도소에 두 사람의 사형수가 있었습니다. 한 사람은 전방에서 총기 난사로 죄 없는 민간인들을 죽였고, 다른 하나는 베트남 전쟁에서 동료 몇 사람을 총으로 쏴 죽였습니다. 사형수 중 하나는 사형 집행을 기다리면서 불안한 마음 가운데에서도 식욕만은 왕성하였습니다. 그는 어떻게 하면 살아 있는 동안에 고기를 실컷 먹을 수 있을까를 생각했습니다. 며칠간 궁리 끝에 그는 간수를 불러 "죽기 전에 내 몸을 팔겠다"고 하여 선금 십만 원을 받고 어느 의과대학 해부용으로 자신의 몸을 팔았습니다.

그는 소원대로 고기를 실컷 먹었습니다. 그 옆에서 군침만 삼키고 있던 한 친구가 "당신, 그 큰 닭고기를 혼자서 먹으니 배부르지 않아?" 하고 물었고, 그는 "배야 부르지"라고 대답했습니다. 그 친구가 다시

"그럼 맛이 있소?"라고 물으니, 그는 "임마, 제 시체를 제가 뜯어 먹는데 무슨 맛이 있겠냐?"라고 대답했다고 합니다. 그는 이렇게 자기 시체를 판 돈 가운데 약 3만 원 정도를 쓰고 형장의 이슬로 사라졌습니다.

또 다른 사형수에게는 약 만 오천 원의 돈이 있었다고 합니다. 그도 이 돈으로 죽기 전에 마음껏 먹고나 죽을까도 생각했으나 그래도 죽기 전에 조금이라도 자신의 죄를 씻는 무슨 좋은 일이라도 하나 하고 싶었습니다. 그런데 마침 어떤 교회 성가대가 전도사님과 함께 위문차 교도소에 왔습니다. 이 사형수의 눈에는 노래하는 그 모습들이 천사처럼 보였습니다. 그리고 '이 돈을 저 전도사님께 드려서 그로 하여금 좋은 일을 하도록 하면 되겠다'고 마음먹었습니다.

전도사님은 그 사형수의 돈으로 마침 헌당식을 하는 교도소 교회에 강대상을 헌물하였습니다. 그러나 돈이 많이 모자랐기에 자기 교회에서 보태서 강대상을 봉헌하였습니다. 드디어 교도소 교회 헌당식 날이 왔습니다. 전도사님은 이 교회의 강대상은 바로 사형수의 헌금으로 그를 기념하기 위해 마련한 것이라고 이야기했습니다. 참석했던 신문기자들이 이 사연을 기사로 실었습니다. 그 기사를 읽은 대통령이 무기징역으로 감형해 주어 지금도 교도소에서 모범수로 열심히 살고 있다고 합니다.

여러분, 한 사람은 예정된 죽음으로 들어갔고, 한 사람은 자신의 생명을 구하였습니다. 이는 죽음을 앞둔 두 사형수의 생각의 차이가 만들어 낸 결과입니다. 로마서 8장 6절에서 사도 바울은 이것을 간략하게 그러나 분명하게 말하고 있습니다.

육신에 속한 생각은 죽음입니다. 그러나 성령에 속한 생각은 생명과 평화입니다.

이제 올해도 서서히 막을 내리고 있습니다. 올해의 끝에 선 지금 무엇을 생각하고 있습니까? 지나온 한 해를 돌아보는 여러분의 기준은 무엇입니까? 괜찮은 올해였건 실패한 올해였건 그 평가의 기준은 어디에 있습니까? 육적인 기준입니까? 아니면 성령에 의한 영적인 기준입니까? 올해의 끝에 와서 이 질문을 던지는 것은 올해가 끝이 아니기 때문이요. 이 기준이 무엇이냐에 따라 새해 우리의 삶이 결정되기 때문입니다.

바울의 고백

영적인 생각이라는 것은 전적으로 하나님이 목적한 바에 따라 그분이 간섭하고 개입한 삶을 말합니다. 그러나 이 생각에 쉽게 동의할 수는 없을 것입니다. 이 동의할 수 없는 생각 때문에 우리의 신앙이 우리 삶의 현실에 힘을 실어주지 못합니다. 영적인 생각이 우리 삶을 일으켜주고, 육적인 생각이 우리 삶을 죽인다는 것을 깨닫지 못할 때 우리 삶이라는 배는 삶의 바다에 침몰합니다. 당연히 사는 것이 힘들어지면 신앙도 시들해집니다. 신앙이 삶을 결정해 주는 것이 아니라 오히려 삶이 신앙을 결정합니다. 저는 이런 이야기를 종종 듣습니다.

"목사님, 형편이 좀 펴지면 신앙생활 열심히 하겠습니다."

신앙이 형편을 바꾸는 것이 아니라 형편이 신앙을 결정해 버립니다. 고린도 교회를 향한 사도 바울의 답답함이 여기에 있습니다. 고린도전서 10장 1절 시작에 사도 바울이 "형제자매 여러분, 나는 여러분이 이 사실을 알기를 바랍니다"라고 말하고 있는 것입니다. 육적으로 아는 것이 아니라 영적으로 삶을 알기를 바란다는 바울의 절실한 마음을 담고 있는 말씀입니다. 돈이 없어서가 아니라 마음이 없어서라는 것을 알아야 한다는 것입니다. 환경이 안 좋아서가 아니라 의지가 없어서라는 것을 알아야 한다는 것입니다. 오늘 우리가 읽은 사도 바울의 편지인 고린도전서 10장 1-4절은 이스라엘 광야의 역사를 영적인 기준으로 신앙고백하고 있는 말씀입니다.

> 형제자매 여러분, 나는 여러분이 이 사실을 알기를 바랍니다. 우리 조상들은 모두 구름의 보호 아래에 있고, 바다 가운데를 지나갔습니다. 이렇게 그들은 모두 구름과 바다 속에서 세례를 받아 모세에게 속하게 되었습니다. 그들은 모두 똑같은 신령한 음식을 먹고, 모두 똑같은 신령한 물을 마셨습니다. 그들은 자기들과 동행하는 신령한 바위에서 물을 마신 것입니다. 그 바위는 그리스도였습니다.

이 말씀은 이스라엘 백성들이 이집트를 탈출하여 갈라진 홍해 바다를 건너고 불기둥, 구름기둥으로 인도받고 광야의 배고픔 가운데서 만나와 메추라기를 먹고 목마를 때에 바위를 쳐 생수를 먹은 사건들을 신앙으로 고백한 말씀입니다. 사실 사람들이 흔히 먹는 물이요 음식입니다. 그러나 사도 바울은 달랐습니다. 신령한 음식이었고 신령한 물이었다고 '신령한'이라는 말을 붙입니다.

여러분, 지나온 한 해를 바울의 이런 신앙으로 고백할 수 있습니까? 참으로 힘든 한 해였는데 하나님께서 홍해 바다를 갈라 이스라엘 백성들을 인도하여 냈듯이 하나님이 나의 삶에 개입하여 고비 때마다 길을 열어 주시고 2012년 한 해를 인도하여 주셨다고 고백할 수 있습니까? 우리의 신앙은 아직 씨가 자라는 평범한 자연 속에 있는 비범을 알지 못합니다. 커다란 기적이라도 봐야 감격하고 감사해합니다. 남들과는 다른 유별난 특혜를 받아야 기적이라고 여깁니다. 그렇기에 나보다 잘 살고, 나보다 더 높은 사람들이 있는 한 우리는 여전히 원망과 불평 속에서 살아갑니다.

하나님이 이스라엘 백성들에게 내린 기적이 결코 특별하고 유별난 것은 아닙니다. 만일 우리가 생각하는 기적이라면 하나님은 애초부터 이스라엘 백성들을 광야에 몰아넣지도 않았을 것입니다. 멋있게 구름을 타게 하거나 보잉 747을 타게 하여 삽시간에 가나안 땅에 도착하게 했을 것입니다. 그런데 일주일이면 갈 가나안행 길을 자그마치 40년씩이나 걸리게 하며 죽도록 고생시킵니다.

사실 올해도 우리는 그런 광야 길을 걸었고, 그런 바다를 항해하였습니다. 그런데 바울은 이 거친 광야 길과 풍랑이 이는 바닷길을 "이렇게 그들은 모두 구름과 바다 속에서 세례를 받았고… 그들은 모두 똑같은 신령한 음식을 먹고, 모두 똑같은 신령한 물을 마셨습니다"라고 감격의 증언을 하고 있습니다.

죄와 원망

본문 5절 이하 '그러나'로 시작하는 이 대목은 이스라엘 백성들의 죄악과 원망에 대한 하나님의 준엄한 심판을 담고 있습니다. 좀 배부르다 싶으면 우상을 숭배하였고 간음하였으며, 하나님의 거룩한 사람 모세에게 반기를 들었고, 원망과 불평을 일삼았던 이스라엘 백성들에 대한 하나님의 준엄한 심판을 말하고 있습니다. 본문 5절은 7-10절에 나타난 이스라엘 죄악상에 대한 하나님의 심판을 간결하게 말해 주고 있습니다.

그러나 그들의 대다수를 하나님께서는 좋아하지 않으셨습니다. 그들은 광야에서 멸망하고 말았습니다.

그리고 이어 바울은 11절에서 이 사건을 기록한 성서의 의도를 말해 주고 있습니다.

이런 일들이 그들에게 일어난 것은 본보기가 되게 하려는 것이며, 그것들이 기록된 것은 말세를 만난 우리에게 경고가 되게 하려는 것입니다.

'말세'란 사이비 종교들이 말하는 지구의 종말이 아닙니다. 지금 2012년이 얼마 남지 않은 지금이요 지금, 이 순간 다시 오지 않는 마지막 시간입니다. 그리고 나아가 순간순간 삼가야 하는 것을 삼가지 못하여 일어나는 삶의 아픔이 바로 말세입니다. 여러분, 지나온 한 해가 바로 이와 같지 않았습니까? 하나님이 주신 시간을 게으름으로 탕진했다면 하나님은 어김없이 그 대가를 치르게 하십니다. 하나님이 주신 가족에 대해 불평과 원망을 하였다면 그 관계는 그만큼 악화되었을 것입니다. 우리가 진실하지 못했다면 그만큼 우리는 불신을 받고 살았을 것입니다.

어느 목사님이 환자를 심방했습니다. 이 환자는 목사님을 보자 세상 원망, 가족 원망을 쏟아냈습니다. "목사님, 제가 왜 아픈 줄 아십니까? 그놈 때문입니다" 하며 장황한 분노와 원망을 쏟아 놓습니다. 듣다 못 한 이 목사님이 이때 고약한 생각이 들었습니다. '너, 좀 더 아파야겠다. 아직 덜 아픈가 보다. 정신 차리려면 좀 더 아파야겠다'라는 생각이 들더라는 것입니다. 혹 하나님의 생각이 이렇지 않을까요?(사실 남 얘기가 아니라 제 얘기입니다. 전에 목회할 때 교인이 "목사님, 흰머리가 많이 늘었네요." 그래 "내 흰머리에는 다 교인들 이름이 붙어 있지. 이것은 김 집사가 교회에 안 나올 때 생긴 거네." 지금 생각하니 너무 미안하다고 여겨집니다. 생길 때가 됐으니 생긴 것이지요.)

우리는 아직 실체를 바라보지 못하고 있습니다. 눈에 보이는 현실만이 실체로 보입니다. 하나님이 본보기로 우리에게 비추고 있는 하나님의 깊은 뜻을 찾지 못합니다. 아직 재수가 없고 운이 따르지 않고 세상이 애초부터 잘못된 것이라고 생각합니다. 하나님이 개입하셔서 깨우침을 주시려는 그 놀라운 역사를 보지 못하고 있습니다. 눈앞의 육적인 행·불행에 초점이 맞춰져 있습니다. 바울은 이 본보기를 말하면서 단지 죄로 인해 실패와 좌절을 겪고 있는 사람만을 말한 것은 아닙니다. 오히려 함정은 스스로 이만하면 성공이고 이만하면 괜찮은 사람이라고 말하는 사람에게 있습니다.

서 있다고 생각하는 사람

눈앞에 놀라운 역사를 경험했음에도 불구하고 이스라엘 백성들은 우상을 숭배하였습니다. 그들은 금송아지를 만들고 그 앞에서 춤추고 떠들다가 죽었습니다. 다행히도 이 우상숭배의 시험에 넘어가지 않은 사람들이 있습니다. 괜찮은 사람들이지요. 그러나 이들 역시 이방 여자의 유혹에 넘어가 간음의 죄를 짓게 됩니다. 여기서 자그마치 이만 삼천 명이 죽었습니다. 그래도 여기까지도 잘 견딘 사람들이 있었습니다. 그러나 9절 이하에서 말하듯 남아 있는 이들은 하나님을 시험하다가 뱀에게 물려 죽거나 원망을 일삼다가 죽음의 심판을 당했습니다.

바울이 바로 이런 심판을 단계적으로 설명하는 이유가 무엇이겠습니까? 12절이 그 대답이 될 것입니다.

그러므로 서 있다고 생각하는 사람은 넘어지지 않도록 조심하십시오.

그렇습니다. 우상숭배의 시험을 이긴 사람은 이만하면 괜찮은 신앙인이라고 생각했을 것입니다. 바로 이런 교만 때문에 다음 이방 여자의 유혹이라는 시험에 넘어져 버리는데 말입니다. 또 이 유혹을 물리친 사람, 스스로 상당한 신앙인이라고 생각할 것입니다. 그러나 이 교만이 그다음 하나님을 시험하고 원망하고 불평하는 광야 생활에는 여지없이 무너져 버립니다. 그러므로 올해 마지막까지, 인생 마지막까지 조심하십시오.

여러분, 여러분은 괜찮은 사람입니까? 이만하면 교회 봉사도 잘하는 것 같고 열심히 신앙생활 하는 것 같습니까? 흔히 집사나 장로, 목사라는 교회의 직분이 자격이 있어 하나님이 부르신 것으로 생각하기도 합니다. 아닙니다. 우리를 부끄럽게 하시려고, 우리를 낮추시려고 교회의 직분의 자리로 우리를 부르신 것입니다. 평신도 때에는 드러나지 않았기 때문에 직분을 맡겨서 본래의 모습을 확인시켜 주는 것입니다. 평신도 때에는 신앙생활에 별 무리가 없습니다. 직분을 맡고 나면 비로소 거기서부터 갈등이 생깁니다. 이것이 바로 우리의 본모습이기 때문입니다.

공로가 앞섭니다. 빚진 자처럼 일한다는 것이 얼마나 힘든 일인가를 깨닫게 됩니다. 그러나 비로소 여기서 신앙인으로 다듬어집니다. 비로소 여기서 내가 얼마나 내 중심적인 신앙을 악착스레 지켜 왔는가를 단련 받습니다. 여기서 순종과 복종의 깊은 뜻을 발견하게 됩니다. 사실 스스로 서 있다고 여기는 사람으로 목회자만 한 사람이 없습니다. 너무나 큰 착각 속에 살고 있는 저 자신입니다. 스스로 서 있어 여러분에게 하나님의 말씀을 가르치고 있다고 여깁니다. 놀라울 정도로 자신에 대해 착각하고 있습니다.

어느 날 심리학자인 지인에게서 이런 이야기를 듣고 한참 동안이나 부끄러워 눈길을 어디에 둬야 할지 몰랐습니다. 그의 말은 이러합니다.

"선생은 제자에게 할 얘기를 자기에게 하고, 의사는 환자에게 할 얘기를 자신에게 하고, 목사는 교인에게 할 얘기를 자신에게 하고, 부모는 자식에게 할 얘기를 자기 자신에게 하면 된다."

본보기의 목적

바울이 말한 삼가야 하는 본보기, 이 본보기는 성공과 실패 둘 다를 포함하고 있습니다. 성공에는 교만이라는 함정이 있고, 실패에는 좌절과 원망이라는 함정이 있는 것입니다. 함정이란 본문 12절에서 말하는 넘어지게 하는 것을 말합니다. 2012년을 평가하는 기준은 성공과 실패라는 결과여서는 안 됩니다. 그리고 본보기로 삼으라는 광야의 사건들은 성공과 실패 그 자체에 있는 것이 아닙니다. 2012년을 돌아보면서 우리가 기준 삼아야 할 것은 그것이 성공이었건 실패였건 하나님이 우리를 사랑하시어 우리 삶 구석구석에 전적으로 개입하고 있다는 것을 아는 것으로 우리 삶이 귀착되고 있느냐는 것입니다.

우리가 당하고 있는 고난의 본보기들을 우리 삶 가운데 보면서 우리는 나를 향한 하나님의 뜻, 내가 깨우쳐야 할 하나님의 뜻을 찾아야 합니다. 이런 점에 있어서 시련이라는 고난은 하나님의 심판이 아니라 우리를 성숙하게 하려는 하나님의 뜻이 있다는 것을 알아야 합니다. 본문 13절은 바로 그런 의미에서 한 너무나 귀한 말씀입니다.

> 여러분은 사람이 흔히 겪는 시련 밖에 다른 시련을 당한 적이 없습니다. 하나님은 신실하십니다. 여러분이 감당할 수 있는 능력 이상으로 시련을 겪는 것을 하나님은 허락하지 않으십니다. 하나님께서는 시련과 함께 그것을 벗어날 길도 마련해 주셔서, 여러분이 그 시련을 견디어 낼 수 있게 해 주십니다.

시련은 하나님이 주신 것입니다. 시련은 우리로 다시는 일어서지 못하게 하려는 하나님의 심판이 아니라는 것입니다. 시련은 우리로 성숙한 사람이 되게 하려는 하나님의 은총입니다. 그러므로 시련은 반드시 감당할 수 있는 것이라고 사도 바울은 같은 절에서 말을 바꾸어 두 번씩이나 말합니다. 시련이 없이 사람은 성장할 수 없습니다.

시련이 없이 사람은 성숙할 수 없습니다.

중국 원말 명초의 선승 묘협(妙叶)이 말한 '보왕삼매론'이라는 것이 있습니다. 삶의 시련 10가지를 들어 어떤 유익이 있는가를 설명한 것인데 시간상 다 말할 수는 없습니다. 너무나 소중한 말씀입니다. 3가지만 말하겠습니다.

첫째, 念身不求無病 身無病則貪欲易生(염신불구무병 신무병즉탐욕역생) 몸에 병 없기를 바라지 말라. 몸에 병이 없으면 탐욕(貪慾)이 생기기 쉽다. 그래 "병고로써 양약을 삼으라"라는 말입니다.

둘째, 處世不求無難 世無難則驕奢必起 (처세불구무난 세무난즉교사필기) 세상살이에 곤란함이 없기를 바라지 말라. 세상살이에 곤란함이 없으면 업신여기는 마음과 사치한 마음이 생긴다는 것입니다. 그래 "근심과 곤란으로써 세상을 살아가라"는 말입니다.

셋째, 究心不求無障 心無障則所學躐等(구심불구무장 심무장즉소학렵등) 공부하는 데 마음에 장애 없기를 바라지 말라. 마음에 장애가 없으면 배우는 것이 넘치게 되나니, 그래 "장애 속에서 해탈을 얻으라"는 말입니다.

얼마나 소중한 말씀입니까? 열 가지 다 말하면 여러분은 불교로 개종할 것입니다. 제가 젊은 날에 이 말 때문에 개종의 유혹을 받았습니다. 그러나 그것도 넘어지는 일입니다. 왜냐하면 오늘 사도 바울이 준 고린도전서 10장 13절이 바로 이 보왕삼매론을 덮고 있는 말씀이기 때문입니다. 기독교에서 넘어지는 자는 불교로 개종해서도 넘어집니다. 반대로 불교에서 넘어지는 자는 기독교로 개종해서도 넘어집니다.

나오며

2012년이 이제 이틀밖에 남아 있지 않습니다. 여러분은 이 2012년의 삶의 모습을 어떻게 보고 있습니까? 삼가야 하는 삶의 본보기를 보십시오. 다시 반복하지 맙시다. 개가 토한 것을 다시 먹듯 반복하는 어리석음을 저질러서는 안 됩니다. 그러나 삼가야 하는 어떤 본보기이건 너무나 소중했습니다. 형태는 달라도 새로운 본보기가 또 2013년에서 기다리고 있을 것입니다. 어떤 시련이든 삼가서 봐야 할 것입니다. 하나님이 주신 것이기 때문입니다. 거기에 우리의 성장과 성숙이 있습니다.

오늘 올해의 마지막 주일 이 아침, 삼가야 하는 지난날의 본보기를 마음으로, 영으로 보아 새롭게 맞는 새해의 시간 속으로는 더욱 성숙한 삶으로 들어가시기를 주님의 이름으로 축원합니다.

(2012. 12. 30.)

서평 · 감상

그의 인격이라는 베틀을 통해

김원배
(빛고을 평화포럼 목사)

당신이 태어날 땐, 당신만 울고 세상 사람들이 미소 지었다. 당신이 세상과 이별할 땐 당신만 미소 짓고 세상 사람들은 슬퍼하는 그런 삶을 살아라.

석천 김종수 목사는 체로키족 인디언 속담에 걸맞은 삶을 살았던 사람이다. 필자는 그의 장례 과정에 참여하면서 그가 인디언 속담에 맞는 삶을 살았음을 확인할 수 있었다. 무엇보다도 필자는 믿음의 눈으로 그가 그토록 흠모하고 따랐던 예수 그리스도가 열어놓으신 부활의 미래 가운데로 장엄하게 입성하는 것을 지켜보며 위로받을 수 있었다.

그가 우리 곁을 떠난 지 2주기가 다가오고 있는 시점에서 그의 호처럼 산 계곡 돌 틈 사이로 흘러내리는 물소리같이 다정하던 모습과 목소리가 들려온다. 그는 우리 곁을 떠났으나 그가 설교로 남긴 언어들로 남겨졌다. 그가 남긴 설교들을 읽으며 그와 영적으로 대화할 수 있는 축복을 누렸다. 필자가 이 설교집을 읽기 시작한 시점은 최근에 경험한 어떤 일로 인하여 마음이 심히 곤고하던 때였다. 필자는 석천의 설교들을 읽으며 곤고한 마음이 위로받고 치유 받는 경험을 하였다. 이 설교집을 접하는 독자들에게도 같은 은혜가 임할 것이라고 믿는다.

이 설교집에 담겨 있는 설교들은 김종수 목사가 2011년 12월 목포산돌교회에 부임하고 난 후 첫 번째 한 해 동안에 행한 설교들을 묶은 것이다. 서울을 떠나 항구도시 목포에서 새로운 목회를 향한 꿈과 열정으로 불타는 풋풋한 언어들로 가득한 설교들이었다.

필자는 그가 살아 있을 때 두 번에 걸쳐 그의 육성 설교를 직접 들을 수 있었다. 한 번은 전남 목포 지역의 교우들이 세월호가 목포항에 거치된 후 세월호 가족들과 함께 드리는 예배에서였다. 그가 택한 본문은 다니엘 12장 3절 "지혜 있는 자는 궁창의 빛과 같이 빛날 것이요 많은 사람을 옳은 데로 돌아오게 한 자는 별과 같이 영원토록 빛나리라"는 말씀이었다. 그의 연민으로 가득 찬 사자후는 나뿐만 아니라 거기에 참석한 교우들의 심금을 울렸다. 세월호에 희생되어 하늘의 별이 된 304명의 영혼이 어두운 시대를 살고 있는 우리들을 깨우치고 각성시켜, 옳고 정의로운 길로 가게 하는 궁창의 별들로 영원히 빛나리라고 증언했던 것으로 기억된다. 지금 생각해도 그가 외쳤던 설교의 감동과 여운이 마음속에 남아 있다.

다음으로 들었던 설교는 5.18 41주년 기념 예배에서 사도행전 2장 36-38절을 본문으로 행한 설교이다. 그는 서두에서 찬송가 147장을 복기함으로 예배에 참석한 청중들과 금방 공감대를 형성했다.

"거기 너 있었는가 그 때에 주님 그 십자가에 달릴 때/ 때로 그 일로 나는 떨려 떨려 떨려/ 거기 너 있었는가 그 때에"

설교 제목은 "그날 십자가에 못 박힌 예수들"(2021. 5. 18. 광주전남NCC 연합 5.18 민주화운동 기념 주일예배)이었고, 설교 중 이사야 53장의 고난받는 종의 말씀도 인용하였던 것으로 기억된다. 그는 5.18 민중항쟁 중에 죽어간 희생자들을 오늘 우리가 누리는 민주주의를 위해 십자가에 못 박혀 죽어간 새 시대를 연 예수들로 해석했다. 그리고 무엇 때문에 우리가 그들을 기억해야 하는가를 외쳤던 것으로 기억된다. 한 번도 빠지지 않고 기념 예배에 참석했다고 말한, 한 참석자는 지금까지 행해진 5.18 기념 예배 설교 중 가장 감동적인 증언이었다고 평가했다.

석천의 설교문을 읽으며 떠오르는 생각들을 몇 가지 키워드로 정리하고자 한다. 첫째, 석천의 설교는 신학적 바탕이 탄탄한 설교다. 그는 탄탄한 신학교육을 받은 목사답게 구약 본문을 택하면 이와 관련된 신약성경을 선택하여 균형 잡힌 설교문을 만들어 낸다. 그는 그가 선택한 본문을 성서 원문으로 읽고, 그 성서가 쓰여진 본래적 의미를 찾고, 현재적인 상황에 적용시키려는 치열한 주석 작업을 거친다. 그의 특별한 은사는 선택한 본문의 핵심이 되는 단어를 찾아 그 단어가 가진 본래적인 뜻과 그 단어가 오늘의 상황에서 갖는 의미가 무엇인가를 해명하는 탁월한 실력을 갖춘 목회자라는 것이다.

그가 얼마나 탄탄한 신학적 바탕을 가진 목회자인가는 갈라디아서 3장 23-24절, 4장 1-4절 말씀을 본문으로 "믿음이 오기까지"라는 제목으로 행한 설교를 예로 들 수 있다. 그는 그리스도인이 통전적인 믿음의 사람으로 살아가는 단계에 앞서 율법이 가진 역할이 얼마나 중요한가를 쉽고도 명확하게 설명하고 있다.

그는 목포에 오기 전 서울에서 목회할 당시 강일상 목사와 함께 원문 성경을 읽고 주석하는 성서 연구 모임에 참석하여 성서를 주석하는 치열한 공부 과정을 거쳤다. 이 같은 성서 원문과 씨름했던 경험이 그의 목회에 얼마나 도움이 되었는가를 살아 있을 때 자랑스럽게 말했던 것을 기억한다. 그는 목회자 성서학당의 운영위원장으로 있을 때 성서학 분야의 다양한 학자들을 초청하여 현대성서학의 흐름을 파악하려고 노력했고, 고전 연구 모임에도 열심히 참석하면서 동양사상과의 교류도 모색했다.

둘째로 그의 설교문을 읽으면서 그의 인문학적인 바탕이 얼마나 탄탄한지 확인할 수 있었다. 그가 관심하는 인문학 분야가 얼마나 다양한지 설교 가운데 그가 예화로 사용하는 예화들의 다양성을 통해서 확인할 수 있다. 그는 그가 증거하고자 하는 성서의 메시지를 드러내기 위한 방도로 인문학 분야의 지식들을 설교의 서문에 혹은 중간에 혹은 결론 부분에 사용하고 있다. 더불어 목회의 현장에서 또는 그가 거쳐온 삶의 과정에서 체득한 경험들을 설교문의 적재적소에 예화로 활용하고 있다.

셋째로 그의 설교는 성서 텍스트라는 씨줄과 오늘 우리가 살고 있는 상황이라는 날줄을 그의 인격이라는 베틀을 통해 짜내는 오색 옷감과 같다고 할 수 있다. 석천은 교회력을 그대로 목회 현장에 적용하지는 않지만, 교회력의 리듬을 배경에 깔고 설교 본문을 정하고 있음을 감지할 수 있다. 그러므로 그는 교회력이 제공하는 본문에서 자유롭게 세상력의 한가운데를 살아가면서 52주의 설교 본문을 선택하기 위해서 얼마나 고심에 고심을 거듭했는가를 설교문을 읽으면서 느낄 수 있었다.

늘 성서를 가까이했던 그였기에 그가 읽는 성서 텍스트가 상황을 불러왔을 수도 있고, 그가 살고 있는 삶과 역사적 상황이 설교 본문을 결정했을 수도 있었음을 알 수 있다. 그러나 분명한 것은 그의 설교는 매번 텍스트와 콘텍스트가 절묘하게 결합되어 나타난 결과였다는 것이다. 그러므로 그의 설교는 허공을 치는 메아리가 아니라 그리스도인들이 살아가고 있는 정치, 경제, 사회, 문화라는 상황과 밀접한 관련을 맺고 있다. 또한 그의 설교는 구약성경의 예언자들이 시대의 파수꾼으로 세상의 무질서와 뒤틀림에 대한 비판을 멈추지 않았던 것처럼 현실과 타협하지 않고, 시대의 파수꾼의 역할을 자각하고 있음을 보여준다고 하겠다.

넷째, 그의 설교는 말씀이 육신이 되어 성도들의 생각을 바꾸고 그들의 삶에 도전장을 던지는 현장이다. 스위스가 낳은 세계적인 신학자 칼 바르트 교수는 말씀을 기록된 말씀, 선포되는 말씀, 성육하신 말씀으로 구분하였다. 이러한 의미에서 목회자가 설교하는 현장은 성서에 기록된 말씀이 목회자의 선포되는 말씀을 통하여 말씀을 듣는 회중 속에 성육하는 현장이라고 할 수 있다.

김종수 목사의 설교문을 읽으면서 독일 고백교회 핑겐발데 목사학교 교장이었던 디트리히 본회퍼 목사가 떠올랐다. 그는 목회자 후보생들에게 "목사는 성서를, 말씀을 선포하는 강단, 기도하는 자리, 연구하는 책상에 항상 지니고 다녀야 한다"고 강조했다. 그리고 목회자는 말씀을 선포할 때 부활하신 그리스도가 회중 사이에 임재하고 있음을 느끼도록 설교하라고 했다. 김종수 목사의 설교를 읽으며 김종수 목사의 설교야말로 기록된 말씀이 성도들의 삶 속에 성육되는 자리였고, 부활하신 그리스도가 회중들 가운데 임재하는 현장이었다는 확신이 들었다.

본문과 상황이 교차하고 있는 현실을 목회자로 살아가면서, 성서의 기록된 말씀을 붙들고 치열한 영적 씨름을 통해 건져 올린 말씀을 선포함으로 성도들의 인격과 삶 속에 성육했던 말씀들을 다시 만나는 것은 큰 기쁨과 감동이었다. 바라기는 이 설교집을 읽는 독자들이 설교를 읽는 중에 지금도 살아계시며 말씀하시는 하나님과 말씀 속에 성육하신 부활하신 예수 그리스도를 만나는 은혜가 함께하기를 바란다.

곁에 머물다

문환희
(염광교회 목사)

한국교회가 위태롭다. 마치 중환자실 병상에 누워 산소호흡기로 연명하며 할 수 있는 일이라곤 죽음을 기다리는 것밖에 없어 보이는 사람처럼. 너무 절망적인 진단일까? 그럼에도 교회에 희망이 있는 걸까? 이 위기의 뿌리는 어디서부터 비롯된 것일까? 여러 가지로 진단할 수 있겠지만, 필자는 그 이유를 생각하지 않는 '무사유'와 타인의 아픔에 함께하지 못하는 '공감 능력의 상실'이라고 본다. 사유의 결여는 필연적으로 인간을 본능과 욕망으로 이끌어 분별력을 상실하게 만들고, 타인의 아픔에 공감하지 못하게 한다.

작금의 기독교는 왜 사유하지 않는 군상들의 집합체가 되었을까? 하나님은 사랑이고 기독교가 자타 공인 사랑의 종교일진대, 신앙인들의 사랑은 도대체 어느 곳을 향하고 있기에 타인의 아픔에 공감하지 못하는 것일까? 신앙인의 무사유와 공감 능력의 상실은 '근본주의'(fundamentalism) 신학이 배태한 필연의 결과이다. 근본주의 신학은 어떤 특징을 지니고 있는가? 한국기독교연구소장인 김준우 박사의 진단에 따르면, 근본주의 신학의 특징과 그로 인해 발생한 병폐는 다음과 같다.*

첫째, 하나님의 뜻과 진리를 가르치고 실천하는 일은 소홀히 한 채 개체교회 성장 제일주의라는 자폐증을 앓고 있다. 둘째, 교회 성장을 위한 반지성적 분위기와 비민주적인 구조를 갖추고 있으면서 자기반성과 비판이 없다. 셋째, 기복적이며 내세 지향적인 신앙으로 인해 개인의 영혼 구원에만 치중함으로써, 이 세상에 대한 책임과 공동체적 의무를 약화시킨다. 넷째, 오직 믿음으로만 구원받는다는 교리를 내세워 맹목적으로 믿을 것을 강요할 뿐, 성서와 기독교의 진리에 대해 정직하게 이해하고 실천하기 위해 질문을 제기하는 것 자체를 불신앙적 태도로 매도하고, 반성적 사색과 지적인 정직성을 억누르는 경향이 있다. 다섯째, 예수 그리스도는 영혼 구원을 위해 십자가에 달리심으로써 모든 죄를 용서하시는 분으로 경배될 뿐, 우리도 이 세상 속에서 그리스도를 따라 살아가야 하는 삶의 모델로는 이해되지 않는다. 여섯째, '교리 수호'라는 미명 아래 성서에 대한 문자주의와 아전인수(我田引水)격 해석이 횡행한다.

교회란 무엇인가? 교회는 이 세상에 하나님 나라를 실현하기 위한 하나의 도구일 뿐이다. 왜냐하면 교회는 예수의 하나님 나라 운동을 통해 탄생한 하나의 사건이고, 그 나라를 이 세상에 실현하도록 위임받은 공동체이기 때문이다. 그럼 하나님 나라는 무엇인가? 성서를 관통하여 흐르는 일관된 주제이자 예수의 복음 선포의 핵심인 하나님 나라는

---

* 이 내용은 김준우 박사의 "〈21세기 기독교 총서〉를 발간하면서"라는 글에서 인용한 것이다. 마커스 J. 보그, 한인철 역, 『새로 만난 하나님』(한국기독교연구소, 2001), 7-14 참조.

'생명'과 '정의', '사랑'과 '평화'의 가치가 뼈대를 이루는 나라이다. 추상적이고 이상적인 것처럼 보이지만 실제적이고 구체적인 나라이다. 죽어서 가는 이 세상과 무관한 저 피안의 세계가 아니라 하나님의 뜻에 맞갖게 변화된 현실이며, 현재를 규정하는 힘이 아니라 세상을 변혁하는 힘이다. 따라서 목회자는 이 땅에 생명과 정의, 사랑과 평화의 하나님 나라가 종말론적으로 실현되었음을 선포하고 자신의 목회와 삶에서 실천해야 하며, 설교를 통해 하나님 나라에 대한 근본 원리를 선포하여 성도들이 각자 삶의 자리에서 이를 구체적으로 실천할 수 있도록 인도해야만 한다

그러나 오늘날 한국교회의 모습은 어떠한가? 예수가 부르짖었던 하나님 나라 복음을 선포하고 있는 한국교회의 강단은 과연 얼마나 되는가? 이 땅의 억압받는 민중과 고난받는 민족을 예수처럼 사랑하고 예수처럼 살아가고 있는 목회자는 얼마나 되는가? 예수가 철저히 타인을 위해 자신을 부인하고 사랑의 삶을 살았듯이 자신의 기득권을 포기하고 생명과 정의와 평화의 가치를 물들이는 삶을 살아가는 신앙인들은 얼마나 되는가?

한국교회는 종교적 형식주의에 매몰되어 지배자들의 관심에 참여하면서 물질적 축복과 세속적 권력만을 갈망하고, 타계적이고 이기적이며 배타적이고 독선적이고 무례한 신앙을 조장할 뿐, 하나님 나라 신앙에는 큰 관심이 없어 보인다. 삐딱한 시선인지 모르겠으나, 예수가 꿈꾸었던 하나님 나라 복음에 대한 내용을 선포하는 한국교회의 강단을 발견하기 힘들다. 오히려 하나님 나라 복음을 부여잡고 기독교 복음의 본래 정신을 끌어안으며 참된 영성의 삶을 살아가는 목회자를 만나면, 참으로 고맙다는 생각이 들 정도이다. 지적 정직성과 신학적

양심을 가지고 시대의 징조를 읽어내며, 이를 자각하지 못하는 사람들에게 삶으로 보여주고 깨우치는 예언자적 역할을 감당하는 사람, 시대와 때에 책임을 지고 살아갈 줄 아는 참된 영성의 소유자가 그리운 때이다.

그러한 의미에서 석천은 탁월한 설교가였다. 그의 설교는 성서 시대의 배경에 대한 해박한 지식과 성서 원문에 대한 충실하고도 참신한 해석으로, 낯선 성서의 세계를 이해하는 폭을 넓혀준다. 뿐만 아니라 시대를 꿰뚫는 시선과 다양한 목회 경험에서 우러난 실제적인 예화는, 놀랍고 친근하면서도 신앙인으로서 그리고 인생을 살아가는 한 사람으로서 삶의 기초를 무엇으로 삼아야 하는지 넌지시 건넨다. 하여 겉은 번지르르하지만 속은 썩어 문드러진 회칠한 무덤과도 같은 한국교회를 향해, 하나님은 어떤 분이시고 우리가 따라야 할 예수는 또 어떤 분이신지, 교회가 무엇이며 예배가 무엇인지, 참 신앙인의 모습은 어떠해야 하는지 경종을 울린다. 때로는 이웃집 할아버지가 이야기를 들려주듯 조곤조곤 나지막하게, 때로는 확고하면서도 단호하게, 때로는 안타깝고 분노에 차 떨리는 듯한 음성으로. 때문에 그의 설교를 듣다 보면 수천 년 전 기록된 성서의 말씀이 어느덧 오늘 나의 삶의 자리로 이끌려 신앙인으로서 가야 할 길을 명징하게 밝혀준다. 그러기에 그의 설교는 한없이 부드럽지만 강한 힘이 있고, 한없이 여리지만 날 선 예리함이 있다. 들었을 때는 바로 알지 못하지만, 한숨 고르고 나면 뒤통수를 저릿하게 하는 깨달음이 있다. 묵직한 한방이 있는 깨달음이라기보다 은근하면서도 깊숙이 스며드는 깨달음이랄까?

무엇보다 석천의 설교는 '사람됨'을 향하고 있다. 그에게 있어서 신앙은 하나님과 인간의 관계에서 '사람됨'을 묻는 것이고, 사람과 사람의 관계에서 '이웃 됨'을 묻는 것이다. "맙소사! 인본주의자 아닌가?"라고 힐난할 사람이 있을까? 예수는 자신을 '사람의 아들'이라고 칭했다. 예수는 사람의 몸으로 살다가 사람들이 겪는 아픔과 고통을 함께 겪었고, 마침내 한 사람의 육신으로 십자가에 달려 죽임을 당했다. 그러나 대다수의 신앙인은 '사람의 아들'인 예수는 거들떠보지도 않고 '하나님의 아들'인 예수만 바라본다. 예수는 이 땅에 참사람이 되기 위해 왔건만, 그래서 세상의 가치와는 전혀 다른 길을 가면서 자신을 '따르라'고 했건만, 그를 따른다고 하는 이들은 사람됨의 길을 쫓기는커녕 자기 소원 수리해 주는 신적 존재만 필요하고 그런 신만 '믿을' 뿐이다.

그러나 예수가 사람의 몸으로 이 세상에 온 이유가 무엇인가? 사람을 돈이나 권력이나 이용 가치로 보는 세상에서 사람을 사람으로 보는 세상으로 만들기 위해서 아닌가? 예수가 자신을 비우고 기꺼이 십자가의 길을 선택한 이유가 무엇인가? 이 세상을 지배하는 거짓과 위선, 차별과 혐오, 배제와 억압, 불의와 폭력의 가면을 벗겨 내고, 오직 하나님으로부터 지음 받은 사람으로서 모든 존재와 더불어 살아가는 세상을 만들기 위해서 아닌가? 그렇다면 사람됨과 이웃 됨을 향하고 있는 석천의 설교는 그 본질을 꿰뚫고 있다고 보아야 할 것이다.

더 나아가 석천은 '이웃 됨'의 개념을 사람과 사람 사이의 관계를 넘어 자연과 그 너머의 모든 생명 있는 존재들에게까지 확장한다. 석천은 오늘의 환경 문제를 환경 자체의 문제가 아니라 '인간성 자체'의 문제로 진단하면서, 한계가 없는 욕망으로 가득 찬 인간성이 바뀌지 않는 한, 하나님의 자연에 대한 저주는 계속될 것이며 땅의 풍요로운 축복은 더 이상 없을 것이라고 경고한다. 인간의 황폐화는 곧 자연의 황폐화를 의미하기 때문이다. 기후 위기의 시대를 살아가는 지금, 적확한 인식이요 해석이 아닐 수 없다. 왜냐하면 지금의 기후 위기 시대가 도래하게 된 근본적인 이유가 나와 이 세상에 존재하는 모든 생명이 하나로 연결되어 있다는 믿음 없이 오로지 인간의 욕망만을 추구해 온 결과이기 때문이다.

석천이 마지막으로 시무했던 목포산돌교회가 생태적 회심을 통해 2023년 '녹색교회'로 선정된 것을 보면, 역시나 시대를 통찰하는 안목이 뛰어났던 석천의 혜안이 엿보인다. 의식을 일깨워주는 이런 수준 높은 설교들을 들었던 목포산돌교회 교인들은 얼마나 행복했을까? 얼마나 가슴이 일렁이고, 삶에 도전을 받았을까?

물론 설교가 전부는 아니다. 하지만 설교가 가진 힘이 있다. 어떤 말씀으로 이끌림 받느냐 하는 것은 개인의 신앙을 형성하는 데 무엇보다 큰 영향을 끼치기 때문이다. 어느 설교자에게나 주어지는 텍스트(성서)는 같지만, 그 텍스트는 분명 인간의 언어가 갖는 한계와 시대의 산물이라는 한계성이 있기에, 반드시 오늘의 상황에 비추어 재해석하는 과정을 거쳐야만 한다. 바로 그 지점에서 설교자가 어떤 품격의 소유자인가에 따라 설교의 내용은 확연히 갈린다. 왜냐하면 설교자의 신학적 수준과 인문학적 소양, 더 나아가 성품까지도 설교에 묻어날 수밖에 없기 때문이다. 그런 의미에서 석천의 설교는 그 누구도 모방할 수 없는 그만의 '아우라'(Aura)가 있다. 그리고 그 아우라에는 새로운 삶을 꿈꾸게 하고 새로운 삶으로 나아가게 하는 힘이 있다.

그러나 그의 설교가 단순히 '말씀의 향연'에 그쳤다면, 허공에 있는 듯 없는 듯 눈에 보이지 않게 떠도는 숱한 부유물들처럼 그저 그럴싸한, 허나 공허한, 외침에 지나지 않았을 것이다. 하지만 '석천을 그리는 사람들'은 모두 다 잘 알고 있듯, 그는 단순히 그럴싸한 말재주꾼이 아니었다. 그는 성서에 대해 해박한 지식과 탁월한 해석을 겸비한 설교가였을 뿐 아니라 시대를 예리하게 바라보는 냉철한 이성의 소유자였고, 따뜻한 심장의 소유자였다. 시대의 아픔이 있는 곳에, 불의와 부조리함이 들끓는 곳에 그가 항상 자리했다. 세상의 조롱거리가 되고 모진 풍파에 찢기고 넘어져 거들떠보지도 않는 '작은 이들' 곁에 늘 머물렀다. 그는 공감할 줄 아는 사람이었다.

'공감'은 사랑의 밑절미이다. 그러나 사람의 공감 능력은 저절로 얻어지지 않는다. 타인의 고통을 이해하고 시대의 아픔을 껴안는 능력은 타고나는 것이 아니다. 인간은 기껏해야 자신의 경험치만큼만 알 수 있을 뿐 자신이 직접 경험하지 못한 고통과 아픔에는 잘 공감하지 못한다. 때문에 타인의 고통과 시대의 아픔에 공감하는 능력을 얻기 위해서는 학습이 필요하다. 타인의 고통과 시대의 아픔을 실제로 느껴본 사람만이 갖출 수 있는 특별한 능력이 공감 능력이라는 것이다. 타인의 고통 가까이에 있어 본 사람만이, 그래서 많은 고통을 함께 느껴본 사람만이 타인의 고통에 민감할 수밖에 없다. 그 사람의 삶이 곧 그 사람의 깊이 아니겠는가?

석천은 어떻게 살아왔는가? 그는 어느 곳에 있었고, 누구와 얼마나 함께했는가? 그는 이 세상의 겨자풀과 같은 존재들과 함께하면서 그들에게 참 하나님 나라 복음을 선포했다. 그리고 그 복음의 말씀은 그들을 자유케 하고 해방시켰으며 위로를 건네고 용기를 주었다. 어루만짐이 필요한 사람들 곁에서 묵묵히 그 자리를 지키며, 그 외로움과 설움과 절망과 상처들을 매만져 주었다. 삶과 동떨어진 설교가 아니었다. 그러기에 그의 설교는 '참'이다.

하지만 아쉬움이 남는 부분도 있다. 맥락과 의도는 십분 이해하지만, 현 시대적 인식에서 가부장적 시선이라고 보여질 만한 곳이 있어 보인다. 가령, "여리고와 베델"(왕하 2:19-25)이라는 설교의 한 대목인데, 이 설교는 선지자 엘리사가 벧엘을 향해 가던 중 자신을 "대머리야, 꺼져라. 대머리야, 꺼져라" 하며 조롱하는 어린아이들을 저주하자 수풀에서 곰 두 마리가 나와 아이들 42명을 찢어 죽인 이야기를 거룩함과 권위 부재의 시대와 연결시킨다. 하지만 문제는 그 예화 가운데 한 대목에서 거룩함과 권위의 부재를 아버지의 권위 상실과 연결시킨다는 데 있다. 더 나아가 아버지의 권위가 상실된 이유가, 어머니가 자식의 잘못을 지적할 때 무심결에 내뱉는 말 한마디로 일어나는 것이기에 절반은 어머니 책임이라는 해석은, 억지 내지는 여성과 남성을 갈라치기 해 '젠더 갈등'을 부추기는 불편한 시선으로 보여질 수 있는 대목이다.

자녀와 부모, 아랫사람과 윗사람의 관계 등 권위와 질서에 대해 언급하는 몇몇 설교에서도 그런 시선이 은연중 엿보인다. 앞서 언급했지만 그 맥락과 의도는 충분히 이해가 된다. 하지만 듣는 이에 따라 논란의 여지가 있어 보이는 것도 사실이다. 같은 남성의 입장에서 생각해 보건대, 온 촉각을 곤두세우지 않으면 인지할 수 없는 무의식 속 깊은 곳에 스며든 남성의 인식이요, 어쩌면 그 시대를 살았던 한 사람으로서의 한계인지도 모르겠다. 그러나 오해는 마시라! 석천의 설교가 전체적으로 그렇다는 것이 아니라 유독 권위와 질서, 거룩함에 대해 강조하는 대목에 있어서 필자에게 낯선 인상을 주었을 뿐이다.

모쪼록 이 미숙한 글이 석천의 명성에 누가 되지 않기를 바라면서, 그의 설교 가운데 한 대목을 소개하는 것으로 글을 맺고자 한다.

여러분, 왜 오늘날 교회가 믿지 않는 사람들에게 비웃음을 사고 손가락질을 당하고 있는 것입니까? 간단합니다. 예수가 없기 때문입니다. 예수가 보이지 않습니다. 그분의 길을 가는 사람이 없습니다. 그저 자신의 소원 성취를 위해 그분을 바라보며 기도하며 칭얼대는 사람은 있을지 모르지만 그 길을 가는 사람은 없기 때문입니다. 그분처럼 길이 되는 사람이 없기 때문입니다. 어떻게든 신앙조차도 남이 만든 편한 길로 가고 싶어 하기 때문입니다. 그래서 주님이 우리를 위해 대신 죽으셨다, 그러므로 주님을 믿는다고 고백만 하면 우리는 구원 받을 수 있다고 생각하는 것입니다. 세상에 이런 싸구려, 천박한 신앙이 어디 있겠습니까? 자존심 상하지 않습니까? 대체 2천 년 전에 죽은 예수라는 젊은이가 왜 내 죄를 사할 수 있습니까? 그가 왜 내 죄를 대신 진다는 것입니까? 이런 무책임한 이야기가 어디 있습니까? 내가 곧 길이 되지 않고서는, 내가 곧 그분의 가르침인 진리로 살지 않고서는 그리고 그 진리가 살리는 생명이라는 것을 깨닫지 않고서는, 오늘 예수는 없다는 말입니다.

_ "이제는 그대가 길이어라"(요 14:1-6) 중에서

말씀과 삶을 하나로 엮은 설교

김영일
(인천 성린교회 목사)

　　김종수 목사님이 총회 교육국에서 발행하는 구역/가정예배서 집필 위원장으로 재임하실 때, 제가 2016년부터 집필 위원으로 참여하면서 만남이 시작되었습니다. 구역 교재 집필 차 동숙한 방에서 나누었던 진솔한 대화 내용을 한 편의 설교 속에 담아내고, 그 설교를 다시 삶으로 살아내셨음을 알고 고개가 절로 숙여졌습니다. 일상의 작은 풍경마저도 따뜻하게 품으셨던 목사님의 품 넓은 목회 여정은 한신대 신학대학원 교정에 우뚝 선 비석에 새겨진 '학문과 경건'의 삶이었음을 새삼 깨닫게 됩니다.

　　2023년 여름 장마가 시작된 6월 말에 들려온 김종수 목사님의 갑작스러운 별세 소식에 적잖은 충격과 깊은 슬픔에 빠졌습니다. 목회 여정에 든든한 선배이자 동역자로 늘 함께 계시리라 의심치 않았기에 목사님을 잃은 황망함과 쓸쓸함은 말로 다 표현할 수 없었습니다. 김종수 목사님의 하관 예식에 참석하기 위해 '천안 공원묘원'에 들어서서 시동을 껐을 때, 갑자기 새끼 고라니 한 마리가 뛰쳐나왔습니다.

자동차 앞 유리를 사이에 두고, 새끼 고라니는 맑고 검은 눈망울로 한동안 저를 응시하더니 이내 묘지 사이 어디론가 사라졌습니다. 꿈결처럼 순간에 벌어진 일이라 어안이 벙벙했지만 마치 김종수 목사님이 "나는 괜찮으니 너무 슬퍼 마시라"고 위로하시는 듯하여 흥분되는 감정을 주체할 수 없었던 장면이 아직도 생생합니다.

어느덧 2주기를 맞이하여 김종수 목사님 설교집을 발간한다는 기쁜 소식을 들었습니다. '설교 감상문'을 부탁받고, 혹여 누가 되지 않을까 잠시 주저했습니다. 그러나 김종수 목사님의 설교와 삶에 대해 제가 받은 감동을 짧게나마 적어 보는 것도 의미 있는 추모의 일환이라 여겨 수락했습니다.

우연의 일치인지 김종수 목사님의 설교 감상문을 부탁받기 일주일 전, 5월 3일에 존경하는 김경재 목사님께서 별세하셨습니다. 처조카 김종수 목사님의 뒤를 이은 김경재 목사님의 소식은 많은 목회자에게 큰 슬픔이었습니다. 장공 김재준 목사님의 묘지가 있는 '여주 남한강 공원묘원' 안장 예식에 함께한 저로서는 그 감회가 사뭇 남다릅니다. 3년 전 수유리 자택으로 찾아뵈었을 때, 김종수 목사님의 은덕을 말씀드리자 처조카인 김종수 목사님의 선하고도 힘 있는 목회 활동 소식에 흐뭇하게 웃으시던 모습이 눈에 선합니다.

이 설교집은 2012년에 산돌교회 강단에서 하셨던 설교입니다. 하루가 다르게 빠른 변화의 속도에 멀미를 느끼는 요즘, 13년이나 지난 설교임에도 불구하고 오늘 당장 삶의 현장에 선포되어도 전혀 어색하지 않을 시대정신과 예언자 정신을 담고 있어서 큰 울림이 되었습니다. "사람 사는 세상은 어디나 대동소이하다"라는 옛말처럼 동서고금(東西古今)에 사람 사는 세상의 겉모양은 다를 수 있으나 세계를 움직이는 원리나 이치, 보이지 않는 인간사의 희극과 비극은 맞물려 있음을 설교를 통해 재확인할 수 있었습니다.

김종수 목사님의 설교에는 설교의 가장 중요한 요소인 "말씀과 삶"이 하나로 엮여 있습니다. 말씀이라는 씨줄과 삶이라는 날줄이 한 데로 엮여 시대에 던지는 예언자적 메시지와 삶에 던지는 성찰의 언어들로 채워져 있습니다. 기장 교회 출신인 찬양 가수 '홍순관' 씨는 콘서트에서 종종 다음과 같은 안타까움을 토로했습니다.

"한국교회 찬양에는 일상의 생생한 삶이 배제되어 있습니다. 대개 교리 중심의 신앙 고백적인 내용이 천편일률적으로 되어 있어서 생동감이 떨어지는 것이 아쉽습니다. 그래서 저의 찬양에는 생생한 삶과 세계와 환경 등 우리의 일상에서 경험하고 성찰하며 찬양하는 소재들이 많습니다."

김종수 목사님의 설교 내용과도 맥이 닿아 있어 소개했습니다. 목사님의 설교는 딱딱한 교리보다는 성경 말씀 그 자체가 주는 힘이 있습니다. 교회 안의 신앙고백에만 머무는, 삶과 분리된 언어를 넘어서고 있습니다. 그리하여 일상의 삶에서 하나님과의 만남과 대화, 성찰로 채워진 설교라 하겠습니다. 그리하여 성(聖)과 속(俗)이 분리되지 않고, 삶과 신앙이 하나로 융화되는 생활신앙의 모범을 보여주는 살아 있는 설교라 하겠습니다. 교회와 세상이 분리되는 것이 아니라 하나 되어 신앙의 지평이 확장되는 은혜를 제공한다는 점에서 큰 울림으로 우리의 심장을 뛰게 합니다.

기존에 전통적인 '교회를 위한 신앙'을 넘어 궁극적으로는 '건강하고 행복한 삶을 위한 설교'로의 점진적인 이행을 안내하는 통찰력 있는 설교라 하겠습니다. "설교는 모든 시대를 관통하여 선한 영향력을 끼칠 수 있는 예언자적 시대정신과 제사장적 축복이 조화를 이루어야 한다"라는 점에서 13년 전의 설교지만 김종수 목사님의 설교는 지금 이 시대에도 여전히 유효할 뿐만 아니라 더욱 귀 기울여 들어야 할 하나님의 메시지입니다.

나치 독일의 암흑기를 살았던 신학자 칼 바르트는 "한 손에는 성경을, 다른 한 손에는 신문을!"이라고 외치며 나치에 부역했던 독일 교회와 교인들을 일깨웠습니다. 김종수 목사님의 설교야말로 위대한 신앙 유산인 성경과 함께 현재 삶의 자리와 세계와 역사의 현장 속에서 말씀하시는 하나님의 뜻을 살펴 사자후를 토하듯 예언자적 메시지로 선포하셨습니다. 오늘 우리가 사는 현실 세계와 인간을 하나님의 말씀인 성경으로 성찰하고 조명하여 깊고 풍성한 꼴을 양 떼들에게 먹이셨으니, 산돌교회 교인들은 참으로 복된 분들이라 하겠습니다.

늘 공부하는 목회자이자 행동하셨던 김종수 목사님이야말로 구약과 신약, 옛것과 새것, 성경과 신문, 신앙과 삶이 하나로 일치된 삶을 올곧게 추구하셨던 분이었습니다. 성경 속에서 하나님의 마음과 뜻을 찾고, 일상의 삶 속에서 예수 그리스도를 본받아 함께 사랑으로 살아내자고 산 돌처럼 묵직하지만 따뜻하고도 생명력 넘치는 설교자이셨습니다. 2주기 추모 설교집을 통해 목사님의 설교를 다시 들을 수 있음에 감사합니다. 모든 영광을 하나님께 드리며, 주님 품에서 웃고 계실 김종수 목사님의 2주기를 추모하며 졸고를 마칩니다.

이 모든 것을 깨달았느냐 하시니 대답하되 그러하오이다 예수께서 이르시

되 그러므로 천국의 제자된 서기관마다 마치 새것과 옛것을 그 곳간에서 내오는 집주인과 같으니라(마 13:51-52).

삶이 된 말씀, 길이 된 언어

이석주
(하늘샘교회 장로)

한 사람의 말은 그 사람의 초상화라는 말이 있습니다. 말이 삶을 증명하고, 삶이 말을 완성한다는 뜻입니다. 석천(錫川) 김종수 목사님이 바로 그러한 분입니다. 참 그의 말은 예리했습니다. X-ray처럼 내면을 꿰뚫었고, 때로는 외과의사의 수술 메스처럼 아팠습니다. 하지만 그의 말은 동시에 상처를 씻기는 샘물이었습니다. 상처받은 사람들을 말로 회복시키고, 더럽혀진 마음을 말씀으로 다시 씻어주셨습니다. 그분의 말은 곧 '도'(道)였고, 그의 삶 자체가 하나의 설교였습니다. 그래서 석천(錫川)은 단지 호가 아니라 귀한 말씀의 샘물이 땅을 뚫고 흘러나온 자리였습니다. 그 말씀은 평생을 흘렀고 지금도 흐르고 있습니다.

이 설교집은 2012년, 김 목사님이 전하신 스물여섯 편의 설교를 담고 있습니다. 어느 설교 하나, 삶과 떨어진 메시지가 없습니다. 그의 설교는 단지 입술의 언어가 아니었고, 늘 삶의 바닥에서 퍼올린 언어입니다. 율법을 귀찮은 잔소리로만 여기던 철없던 자가 그 말씀이 꿀송이보다 달다고 고백하는 철든 신앙인으로 자라게 하는 설교, 깊은 죄의 통증을 거쳐 은혜의 자리에 이르게 하는 설교, 슬픔의 상복을 벗고 기쁨의 나들이옷으로 갈아입게 만드는 설교입니다.

그 가운데에서도 "너희는 무엇을 보러 광야에 나갔더냐", "우리를 보시오!", "초대받은 사람에서 초대하는 사람으로", "이제는 그대가 길이어라"는 목사님의 신앙과 신학적 통찰이 가장 깊고도 선명하게 드러나는 중심 설교라 할 수 있습니다.

길이 끝나는 곳에서도 길이 있다.
스스로 사랑이 되어 한없이 봄 길을 걸어가는 사람이 있다.

목사님의 설교 한 편 한 편을 읽다 보면, 정호승 시인의 이 구절이 떠오릅니다. 그의 설교는 신앙이 상투적인 구호로 전락하고 복음이 기복으로 오해되는 현실 속에서 올바른 '길을 내야 한다'는 사명을 되새기게 합니다. 위의 네 편의 설교를 읽으며 저는 목회자의 강단이 단지 말씀을 가르치는 자리가 아니라 고통의 현장에서 동행하며 삶을 나누는 예언자의 자리라는 것을 새삼 깨닫게 됩니다.

광야에서 건져 올린 말씀들

예언자의 시선 — 광야에 길을 낸다는 것
"너희는 무엇을 보러 광야에 나갔더냐"에서 김 목사님은 이사야의 외침을 빌려 우리의 신앙 현실을 통렬히 돌아보게 하십니다. "모든 계곡은 메우고, 산과 언덕은 깎아 내리고…"라는 성경의 말씀이 교회의 역할, 나아가 우리 개개인의 과제가 되어 다가옵니다. "겪을 것은 겪을 수 있게 해달라고 기도하라"는 그의 음성은 치유를 넘어 존엄을 회복시키는 신앙의 자세였습니다.

존재의 회복 ― "우리를 보시오!"
"우리를 보시오!"는 가난한 이들의 팔자를 바꾸는 복음의 힘을 정면에서 다룹니다. "은과 금은 내게 없으나, 내게 있는 것을 그대에게 주니…"라는 베드로의 말은 신앙이 더 이상 구걸의 대상이 아닌, 나눔과 회복의 능력임을 선포합니다. 김 목사님은 '내가 곧 그리스도'라 말씀하시며 신앙인의 주체성, '참 나'를 말씀하십니다. 이 설교는 존재의 지위가 바뀌는 순간을 담고 있습니다.

주인의 자리로 ― 초대하는 자의 신앙
"초대받은 사람에서 초대하는 사람으로"는 신앙의 방향 전환을 요청하는 설교입니다. "이제는 구걸하는 기도가 아니라 베푸는 기도를 드리십시오"라는 말씀은 예배당 문턱에서 멈춰 있던 우리 신앙에 책임과 능동의 자리를 부여합니다. 초대받은 자로만 머무는 것이 아니라 초대하는 자로 설 수 있을 때 천국의 주인이 된다는 메시지는 큰 도전이 됩니다.

길을 잇는 사람 ― 내가 곧 길이 되는 신앙
"이제는 그대가 길이어라"는 김종수 목사님의 삶과 목회를 가장 응축한 설교이자, 나 자신을 향한 깊은 물음으로 다가왔습니다. "나를 거치지 않고서는 하나님께 이를 수 없다"는 말씀은 구원을 나 아닌 예수님의 공로에만 위탁하는 안일한 신앙에 대한 준엄한 도전이었습니다. 그는 진심으로 말했습니다. "이제는 그대가 길이어야 한다." 이 한마디가 우리 삶 전체를 되묻는 거룩한 불편함이 됩니다.

설교집을 덮으며 다시 묻습니다. 나는 길이 되고 있는가? 나는 "우리를 보시오"라고 세상 앞에 외칠 수 있는 존재인가? 나는 누군가의 계곡을 메우고, 산을 깎고, 평지를 내며 주님 오실 길을 닦고 있는가? 그 길 위에서, 우리는 오늘 다시 이 설교집을 펼쳐 듭니다.

"이제는 그대가, 그대가 길이어라."

이제는 그분의 말을 읽는 우리가 '길'이어야 합니다. 그분의 설교를 들은 우리가 '또 하나의 도(道)'가 되어야 합니다. 그분의 삶을 이어받은 우리가 '초대하는 자', '일으키는 자', '길이 되는 자'가 되어야 합니다. 맑은 사람의 얼굴을 비춥니다. 그리고 김종수 목사님의 설교는 지금도 우리 마음에 그분의 얼굴을 그려주고 있습니다. 그 얼굴은 오늘도 말씀이라는 길 위에서 우리를 기다립니다.

석천의 설교를 느끼며…

전상규
(옥매교회 목사)

아프다. 신앙의 양심이 너무 아프다. 신앙 양심의 폐부까지 찔려 숨을 쉬기조차 힘들게 아프다. 회개하지 않고는 견딜 수 없고, 행동하지 않고는 견딜 수 없다. 목사가 아닌 평신도로, 종교인이 아닌 자유인으로 회귀시켰다. 타성에 젖어 늘 설교를 작성하고, 그들에게 같은 이야기를 반복하는 뻐꾸기시계처럼 살아온 삶을, 되짚어 보게 한다.

"나는 삶으로 예수를 살아가고 있는가?" 예수를 골방에 숨겨둔 신앙인으로 살아가고 있음을 깨우쳐 준다. 골방의 예수를 꺼내 삶으로 살아가기를 원하는 그의 간절함이 묻어나 더욱 아프다. 살아내지 못하는 병에 걸린 환자이기에 더욱이 그렇다.

그런 우리들을 석천은 말씀으로 치료한다. 어혈이 뭉친 곳에 장침을 맞듯 뻐근하지만, 그 고통은 마음의 병을 치료하고, 우리를 하나님 나라 운동을 위해 움직이게 하는 힘이 느껴진다. 설교문을 읽는 독자의 병세에 따라 다르겠지만… 나의 뻐근함의 강도는 훨씬 무겁게 느껴진다.

아쉽다. 그의 설교를 목소리로 듣지 못하고, 글로 본다는 것이. 다만 그의 흔적은 사라지고 삶에서의 예수만 남는다. 석천이 바라보는 하나님 나라는 지금 우리가 살고 있는 삶의 자리에서 예수를 살아내는 것이다.

글을 읽는 독자들도 숨쉬기조차 힘들게 아플 것 같다. 십자가의 고통만 하겠는가? 그렇게 아파야 예수를 살아낼 것이다.

본질적인 그 '무엇'을 찾는 설교

최은기
(동안교회 집사)

얼마 전에 <하얼빈>이라는 영화를 봤습니다. 안중근이 전투 후에 포로로 잡힌 일본군 모리 소좌를 풀어줍니다. 처와 아들 둘이 있다는 말에 아들을 고아로 만들지 말라고 하면서요. 전쟁 포로에 관한 국제법에 따른 조치라 기록하고 있으나 사람을 대하는 안중근의 태도를 엿보게 합니다. 서로 죽이고 죽는 전투의 상황이지만 전투 후에 잡힌 포로에 대한 인간적 대우를 해야 한다는 전쟁포로 처우에 관한 제네바 협약을 안중근이 알고 행한 것이든 모르고 행한 것이든 그 행사를 말하고자 하는 것이 아닙니다. 그 행사를 있게 한 원천적인 힘이 무엇일까 알고 싶은 것입니다.

영화의 마지막에는 동지들을 배신한 동지(안중근의 측근)에 대한 안중근의 사랑—안중근은 그가 배신자임을 알았으나 배신자로 낙인 찍어 처벌하지 않습니다—이 결국 그로 하여금 모리 소좌를 죽이고 배신의 길에서 벗어나 다시 독립투쟁의 길로 돌아오게 한 장면으로 마무리됩니다.

<하얼빈>을 보면서 저는 김종수 목사님의 설교가 떠올랐습니다. 영화 속의 안중근을 통하여 관객들에게 전달하고 싶은 '그 무엇'을 담고자 하는 감독의 마음을 느꼈기 때문일 것입니다. 마치 김종수 목사님의 설교가 <하얼빈> 영화 같다고나 할까요. 김종수 목사님의 설교가 교인들을 향해 '그 무엇'을 끊임없이 전달하고 있었다는 것은 부동의 사실입니다. 다만 '그 무엇'을 받고 안 받고는 교인들의 몫이며 '그 무엇'을 녹여 내거나 '다른 무엇'으로 창조하는 것 또한 교인들의 몫이라 생각합니다.

　<하얼빈>은 이토 히로부미를 사살한 역사적 사건에 집중하는 것이 아니라 안중근이라는 인간의 실패와 좌절, 고뇌 그리고 결단에 집중합니다. 김종수 목사님의 설교도 그러했습니다. 어떤 '사건이나 상황'에 대한 분석과 해설보다는 '사건이나 상황' 속에 숨어 있는 본질적인 '그 무엇'을 찾고자 하였고, 당신이 깨달은 바를 우리에게 전하였습니다. 그리고 우리가 변화하길 고대하셨습니다. 배신의 길에서 독립투쟁의 길로 돌아오게 만든 안중근의 사랑처럼 말입니다.

　김종수 목사님 설교의 힘은 자기부정(自己否定)에서 나옵니다. 산돌교회에 취임하시면서 하신 말씀입니다.

"강대상에 있다 보니 늘 하나님 편에 서 있는 것처럼, 늘 주님과 함께 있는 것처럼 착각하고 살아왔습니다. 스스로 목회를 받아야 하는 만인 중의 하나임에도 만인을 목회하는 성별된 하나라고 착각한 것입니다."

　취임사부터 이러하였으니 설교에도 당연지사였습니다. 끊임없이 자신을 점검하고 잘못된 것은 강단에서 고백하고 변화를 주문하였습니다. 설교를 듣는 교인들의 입장에서 보자면 자기 반성하는 목사가 미덥지 않게 보였을지도 모릅니다. 그러나 저는 목사님의 힘이 거기로부터 나온다 생각합니다. 예수님도 "누구든지 나를 따라오려거든, 자기를 부인하고, 제 십자가를 지고, 나를 따라 오너라"(마 16:24)고 말씀하셨습니다. 아마도 목사님은 예수님 말씀을 지키려 최선을 다했을 것입니다. 안중근이 일본군 포로를 인간적으로 대우하며 석방한 것은 대한의군 참모중장의 신분에 대한 자기부정입니다. 안중근이 배신한 동지를 처단하지 않은 것은 이토 히루부미를 척살하려는 동의단지회(同義斷指會)의 수장으로서 자기부정인 것입니다.

김종수 목사님의 설교문을 읽을 때마다 드는 생각은 '말씀'을 통하여 사람의 변화를 추구하려는 목사다운 목사라는 것입니다. 목사님의 설교를 통하여 변화하고자 했던, 아니 지금도 변하고자 발버둥 치는 교인의 하나로 김종수 목사님이 그리운 순간입니다.

에 필 로 그

말씀에 대한 사랑이 여기에 남아

　코로나 격리가 끝난 후 아직 기력이 회복되지 않은 상태였지만, 목사님은 사무실에 나오셨습니다. 목사님은 후배 목사님들과 설교 모임을 해오고 계셨는데 그날이었습니다. 목사님을 차로 약속 장소에 모셔다드렸습니다. 오랜만에 나선 길이었기 때문에 모임 장소 근처에서 장사하는 교우 부부에게 목사님이 퇴원하셔서 오늘 나오셨다고 인사하게 했습니다. 계단 하나도 오르기 힘든 몸이었습니다. 그렇게 천천히 한 걸음 한 걸음 디뎌 여느 날들처럼 회복하시리라 굳게 믿었습니다. 그러나 그날이 목사님과 얼굴을 보며 이야기를 나눌 수 있는 마지막 날이었습니다.

　목사님이 설교 한 편에 얼마나 마음을 다했는가는 설교들을 읽어나가기 시작하면 곧 알게 됩니다. 그 열정이 읽는 이의 가슴으로 옮겨와 마음속에서 요동칠 테니까요. 그것은 목사님의 힘일까, 말씀의 힘일까 잠시 판단을 머뭇거리게 합니다. 12년 동안 목포 지역의 시민운동에서도 특별한 역할을 감당하셨지만, 목사님의 근본적인 힘과 자부심은 설교자로서 기본에 충실한 데서 나왔습니다. 시민운동조차 목사님을 움직인 힘은 오직 말씀이었습니다. 성경 속에서 길을 찾고 방향과 방법을 추구하셨습니다. 그리고 찾아내셨습니다.

그랬기 때문인가 봅니다. 목사님은 카페에 설교원고를 올릴 때 '복사 금지'를 하지 못하도록 하셨습니다. 누구라도 그대로 긁어다 설교를 한다고 해도 아무렇지 않아 하셨습니다. 그것은 누군가가 목사님의 설교를 좋아하고, 찬사를 던져서 그런 것이 아니었습니다. 오직 하나님의 말씀이 한 사람에게라도 더 읽히고 전해진다는 사실에 기뻐하는 것이었습니다. 그 자부심과 자신감은 말씀에 대한 끊임없는 연구와 묵상 그리고 그 말씀 앞에 선 자신의 삶에 대한 철저한 성찰과 반성으로부터 나온 것이었습니다.

목사님이 돌아가신 지 벌써 2년이 되었습니다. 아직도 물컹하게 눈시울을 채우는 뜨거운 눈물이 목사님이 돌아가시던 그 밤에 폭포같이 쏟아지던 빗줄기처럼 솟구치는 것 같습니다. 호를 '석천'(錫川)이라고 하시더니, 내내 오랫동안 남은 이들의 눈물로 흐르고 있습니다. 그러나 이제 눈물이 아니라 말씀의 시냇물로 다시 흐르도록 우리를 말씀 앞으로 부르십니다.

1주기 추모집 『석천, 한없이 낮고 한없이 높은』에 목포산돌교회에서 12년 동안 선포하신 설교 중 열두 편을 골라 한 부분을 채웠지만, 목사님이 산돌교회에만 남기신 설교만도 600편이 넘는 것을 생각하면 그대로 묻혀 두기에는 너무나 아까운 말씀들입니다. 살아계셨을 때 매년 한 권의 설교집을 냈더라면 얼마나 좋았을까, 후회가 되기도 합니다. 언젠가 목사님의 설교들이 여러 권의 책으로 나올 것이란 것은 알고 있었지만 그것이 목사님이 떠나신 후일 줄은 몰랐습니다.

'석천을 그리는 사람들'에게 약속한 것은 매년 한 권의 설교집을 내겠다는 것이었습니다. 이제 첫 번째 석천 설교집 『한결같은 마음을 가진 사람들 — 석천(錫川) 설교집 1권』을 냅니다. 2011(12월)~2012년도의 설교 중 스물여섯 편을 골랐습니다. 부득이하게 원래의 원고에서 분량을 약간씩 줄였습니다. 혹시 과도하게 덜어낸 부분이 있다고 느껴지신다면, 원본은 언제든지 다음 카페 '목포산돌교회'에서 보실 수 있습니다.

스물여섯 편 이상 담지 못한 것은 오로지 시간이 부족했기 때문입니다. 저의 선택 때문에 놓친 귀한 설교가 있지 않을까 싶어 마음이 무겁습니다. 또한 교정을 좀 더 꼼꼼히 보지 못해서 오탈자가 발견될 수도 있습니다. 미리 용서를 구합니다. 교정을 도와주신 김지희 사모님과 공통적으로 느낀 점 하나가 있습니다. 신기하게도 다 생각난다는 것입니다. 13년이 지난 설교임에도 불구하고 다시금 가슴이 뛰었습니다. 아니 더욱 강렬하게 들려왔습니다. 목사님은 떠났지만, 말씀은 언제나 살아 있기 때문일까요?

마지막으로 서평과 감상문을 써주신 분들께 감사 인사를 드립니다. 특별히 서평을 써주신 김원배 목사님과 문환희 목사님께 감사합니다. 두 분 모두 짧은 시간 내에 석천의 설교를 깊이 읽어주시고 애정 어린 평을 남겨주셨습니다. 특히 문환희 목사님이—고인과 같은 남성으로서— 자기반성적으로 설교를 읽어주신 점은 13년 전의 설교를 책으로 엮으면서 내내 마음 한편에 남아 있던 이물감의 정체를 비로소 인식하게 해주었습니다. 이는 십여 년의 시간이 가져온 변화이자, 그 변화와 더불어 이루어진 의식의 진보라 생각합니다. 목사님께서도 기꺼이 동의하시며 고마워하실 것입니다.

감상문으로 함께해 주신 분들께도 깊이 감사드립니다. 혈연도 아니요 오직 말씀의 연으로 목사님과 형제처럼 이어진 이석주 장로님,

함께 구역공과를 만드시며 말씀과 신학을 두고 우정을 쌓아오셨던 김영일 목사님, 역시나 짧은 글 속에 반짝거리는 통찰을 담아 감상문을 남긴 전상규 목사 그리고 목사님의 설교로 인하여 변했고, 지금도 변화하고 있는 동안교회 최은기 집사님, 모두 감사드립니다.

말씀을 사랑한 한 설교자, 그 말씀을 영의 양식으로 부지런히 먹이던 한 목회자, 무엇보다 말씀 앞에서 언제나 고뇌하던 한 사람, 비록 그의 육신은 이 세상을 떠났지만 그 사랑은 이 세상에 남아 생명으로 계속 흐르고 있습니다. 목사님의 호흡과 손길이 담긴 한 편 한 편의 설교가 하늘과 땅, 삶과 죽음, 나와 너, 그때와 지금의 경계를 흐르는 말씀의 시냇물, 錫川이기를 기도합니다.

김경희
(동안교회 목사)

석천을 그리는 사람들
(가나다순)

강명숙 강원구 강지관 강 진 고주현 곽진숙 김거성 김경호
김경희 김극배 김금숙 김남중 김대원 김대한 김덕진 김동한
김동휘 김매실 김미랑 김미영 김선구 김선화 김성복 김성태
김성희 김수진 김양수 김연희 김영일 김영임 김영제 김영춘
김영호 김옥태 김우정 김원배 김은곤 김의선 김종분 김종우
김주일 김지희 김진웅 김진환 김창주 김형준 김형진 김희상
나현승 문귀화 박권철 박미정 박석종 박수현 박의배 박종찬
박주현 박진성 백은경 서병수 서옥자 서철민 송미정 신두철
신민주 심경섭 양재성 염경숙 오내원 오성희 오승희 오진해
유선경 유채림 윤민영 윤은자 윤종오 이권춘 이나경 이병일
이수호 이석주 이연옥 이윤선 이종환 이 진 이진아 이혜숙
임미경 임홍성 장계화 장미경 장우영 전상규 전상원 전은수
정동관 정동석 정승호 정안섭 정우담 정인숙 정일상 정종대
정준모 정찬영 조인영 조희경 진해령 차정환 채미라 최명덕
최송춘 최승민 최은기 최장원 최현태 최형묵 한미경 한수영
한슬기 한해식 한현실 허호익 홍순원 홍승호 황인갑 황현수
(그 외 이름 없이 몇 분)